U0070459

周成功，恩茜
————著

好人緣的
送禮社交術

選對禮物×抓準時機×看場合説話，
讓你送禮不踩雷！

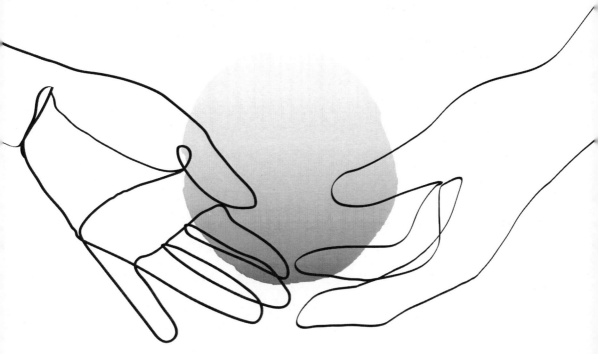

目錄

目錄

♥ 第六章　愛要有「禮」才完美 —— 打動愛人的送禮經濟學

♥ 第七章　節日有「禮」 —— 節日禮物的饋贈藝術

目錄

♥ 第八章　師出有名 ── 不同場合的送禮藝術

第一章

有「禮」走遍天下 —— 小禮物解決大問題

生活在這社會，每一個人都不是獨立存在的，幾乎每天都要存在各式各樣的人際社交，包括與家人、親戚、同事、朋友、上司、下屬等。而送禮這一獨特的社會文化，在某些情況下，禮品成為維繫人際關係，或達到個人目的的必要手段。在這方面道理不難懂，難就難在操作上，你送禮的功夫是否到家，能否做到不露痕跡，又能夠打動人心。這是送禮的關鍵。

送禮那點事

東方人由於受周公之禮、孔孟之道的影響，一向崇尚禮尚往來。《禮記・曲禮上》說：「禮尚往來，往而不來，非禮也，來而不往，亦非禮也。」這正是華人對禮的認識的真實寫照。

送禮作為一種特殊的社會現象，它有著非常悠久的歷史。人們相互饋贈禮品，是人類社會生活中不可缺少的交際內容。

饋贈，是與其他一系列禮儀活動一同產生和發展起來的。我們知道，禮起源於遠古時期的祭祀活動。在祭祀時，人們除了用規範的動作、虔誠的態度向神表示崇神和敬畏外，還將自己最有價值、最能展現對神敬意的物品（即犧牲）奉獻於神靈。也許從那時起，在禮品的含義中，就開始有了物質的成分和表現了。即禮可以以物的形式出現。

關於禮物這個概念，還有人說它最初來源於古代戰爭中由於部落兼併而產生的「納貢」，也就是被征服者定期向征服者送去食物、奴隸等，以表示對被征服者的服從和乞求征服者的庇護。史書中曾有因禮物送得不及時或不周到而引發戰爭的記載。如春秋時期，因楚國沒有按時向周天子送一車茅草，而引發了中原各國聯盟大舉伐楚的戰爭。還有人認為，最初的禮就是一種商業性質的物品的有來有往，原始的「禮尚往來」，實質上就是以禮品的贈與酬報的方式進行的產品交換。

從禮品的各種形式的起源中我們可以看出，禮品一般是以物的形式表現出來的，它的範圍很大。在古代，禮品可以是錢幣類的金銀等，《春秋》、《史記》等史書和古籍中，常有天子賜予諸侯或功臣以「千金」、「萬金」之記載，也可以是工具、武器等器械，「寶劍贈英雄」更是千古佳話；還可以是馬等特殊作用或特殊意義的動物，《三國演義》中關羽座下的「赤兔馬」、劉備騎乘的「的盧」，分別是曹操、劉表所贈。至於衣物、珠寶食

物及田宅等更是平凡的了。最特殊的是古代，人也被作為禮品贈來送去，世界各地無不如此。古代美人西施被范蠡當作禮品獻之與吳王夫差，貂蟬也是王允用連環計獻給董卓的禮品。奴隸社會時期的任何國家，如古希臘的斯巴達，奴隸主之間互相贈送奴隸更是極其正常的事。

人類社會經過幾千年的發展。進入近代社會以後，隨著人們認知的不斷提高，「送禮」這一獨特的社會現象進一步發展，逐漸摒棄了一些違反道德和個人意願的送禮行為，遂成為一種特殊的社會文化，有其特有的內涵，有其諸多的表現方法。

關於送禮的習俗，古代流傳著這樣一個故事：

相傳，孫臏18歲離開家鄉到千里之外的雲夢山拜鬼谷子為師學習兵法。一去十二年，既沒回家，也沒寫過信。有一年的五月初五，孫臏猛然想到：「今天是老母八十歲生日，烏鴉十八日反哺母娘，羊羔吃奶跪乳，禽獸還知恩達禮，我卻有十二年沒報母親的養育之恩。」於是向師尊請假回家看望母親。鬼谷子摘下一個桃送給孫臏說：「這桃我是不輕易送人的，你在外學藝未能報效母恩，我送給你一個帶回去為令堂祝壽。」孫臏謝別師傅就急上路了。

這天孫臏的家裡，正大擺酒宴為老母親慶壽。全家人勸慰母親時，孫臏回來了。他從懷裡捧出師尊送的桃送母親說：「今日告假回來，師尊送我一個桃孝敬母親。」老母親接過桃吃了一口說：「這桃比冰糖蜂蜜還甜。」桃還沒吃完，母親的容顏就變了，以前雪白的頭髮變成了如墨的青絲，昏老的雙眼變得明亮了，掉了的牙又長了出來，臉上的皺紋也不見了，走路也不用拐杖了。全家人都非常高興。

人們聽說孫臏的母親吃了桃變年輕了，也想讓自己的父母長壽健康，便都效仿孫臏，在父母生日的時候送鮮桃祝壽。但是鮮桃的季節性只有7月中旬前後到9月中旬，於是人們在沒有鮮桃的季節時，用麵粉做成壽桃給父母

拜壽。所以送壽桃的故事就是因為這樣而出名的，也由此引出送禮的概念，發展為送禮的習俗。

送禮，是從古到今留下來的習慣，其中包含著很豐厚的情意。送禮作為一種社會風俗，實際上展現了道德的準則，象徵著人情的溫暖。

著名的西班牙禮儀專家就說過：「禮品是人際社交的通行證。」不管我們承認與否，禮品對雙方都有意義，它在我們的生活中扮演著重要角色。我們對禮品的渴求也就是對贊同、慈愛、理解和愛情等等的渴求。我們贈送與接受禮品的行為牽涉到生活的許多方面。透過禮品我們可以激勵他人、教育他人，可以取得權力、獲得補償，可以顯示知識和修養、表達友善和愛心，也可以擴大個人的影響。送禮不是為了滿足對方的欲望或對自我的誇耀，禮品本身沒有意義，而是為了表示您的情感和某種特定關係的存在。

人們常說禮尚往來，不管是親戚間的走動也好，還是生活中互惠互利的幫忙也好，很少有單方面的行為。其實，禮物不僅是一個表達心意的媒介，它還紀念著人際往來的關係。只有送禮，而沒有還禮，那麼，這樣的來往就被認為是失去了規矩。有了「一來」，還要「二去」。

我們從禮物的流動中可以看到生人變熟，熟人更熟，社會關係像一張大網逐漸被織就的過程，其實，禮物的流動是為了更重要的一個東西。這一點古人早有認知。《詩經・衛風・木瓜》中就有這樣的三段詩：

> 投我以木瓜，報之以瓊琚，匪報也，永以為好也。
> 投我以木桃，報之以瓊瑤，匪報也，永以為好也。
> 投我以木李，報之以瓊玖，匪報也，永以為好也。

「禮」作為一種社會行為的規範，提倡人與人之間若以禮相待，便會增進感情，增進社會凝聚力。

送禮是普遍存在的社會現象，它存在於人類社會的各個時期、各個地區。一件理想的禮品對贈送者和接受者來說，都能表達出某種特殊的願望，傳遞出某種特殊的訊息。

禮品是一個宣言，它既宣告了你與接受者的關係：普通的朋友、友善的親戚、感激下屬的老闆或是一位熱心的崇拜者。它也反映了你希望自己在別人心目中樹立怎樣的形象，一位能讚賞別人的人、一位情趣高雅的人，抑或是一位知道如何用微笑來促進關係的人……更重要的是，它對接受者來說也是一個肯定：對方的忠誠得到了你的認可，對方的堅忍精神值得讚揚，對方的領導才能對本部門至關重要，對方的健康令人牽掛……它把你和他緊密地聯繫在一起，促進了你和他的情誼。

送禮讓彼此的交往更順利

我們生活在一個講「禮」的環境裡，如果你不講「禮」，簡直就是寸步難行，被人唾棄。求人要送禮，聯絡關係要送禮，「以禮服人」、「禮多人不怪」，這是古老格言，它在今天仍有十分實用的效果。

生活之中，凡是拜訪陌生人或者初次見面的人都會帶上一份禮物，因為禮物猶如一個盛裝情感的器皿，表達的是一種親情和友情。透過它能使情感得以更好地建立、傳遞和保存。有人將它稱為「敲門磚」，不但能夠敲開對方的門，還能敲開對方的心！

北部某大學生畢業分配到南部工作，他不知該怎樣與同事們打好關係，打破最初的隔閡，後來經人指點，在他第一天到公司報到時，帶去了一些具有北部地方特產的小禮品送給周圍的同事們，並誠懇地請他們在今後的工作中多多指教。這一舉動果然奏效，他很快在新的環境中順利地展開了工作。

第一章 有「禮」走遍天下—小禮物解決大問題

禮物能夠代表一種誠意，作為表達想法、加深感情、加強交流的一種方式，關鍵是一種感情和意義上的互通交融。不管是首次拜訪還是後來登門，帶上一份精心準備的禮物，首先，能夠說明你對待對方的態度是積極的、是比較重視的，這樣從開始就能給對方一個好的印象，為下一步的交流奠定了基礎。另外一點就是帶著禮物上門還能夠化解見面時的尷尬氣氛，哪怕對方原本不願接待你，也很難在你的熱情之中冷漠打發你。

英國著名社會學家理查德・泰斯穆斯（Richard Titmuss）說：「在一些社會，無論是過去還是現在，禮物饋贈都旨在換取和平，表達情感，聯合群體，聯繫情感，實現契約上的義務和權利，表達懺悔、羞愧，丟臉以及象徵人類的其他感情。」我們往往用禮物來表示自己的真誠，表示對友誼的重視程度。

禮物是禮儀的點睛之筆，在社交禮物上多下點工夫，會讓社交活動更加順利。我們生活在一個講「禮」的環境裡，如果你不講「禮」，就會造成人際關係的尷尬。

2009 年 3 月初，英國首相戈登・布朗（James Gordon Brown）在巴拉克・歐巴馬（Barack Obama）上任以來首次訪問美國，給歐巴馬帶來了一個筆筒。這是他精心準備，充滿了象徵意義，強調英美之間的傳統友誼的禮物。可以和歐巴馬總統橢圓形辦公室裡那張名為「堅毅桌」的書桌相配。這張書桌在白宮已有 129 年歷史，是用 19 世紀英國皇家海軍「堅毅」號軍艦的船身木材打造而成。布朗送給歐巴馬的這個筆筒取材於英國皇家海軍「塘鵝」號軍艦的船身木材，而「塘鵝」號和「堅毅」號是姊妹艦，這個禮物的挑選可謂煞費苦心。歐巴馬回贈布朗的卻是 25 張好萊塢大片的光碟，包括《星際大戰》（*Star Wars*）、《大國民》（*Citizen Kane*）、《教父》（*The Godfather*）、《蠻牛》（*Raging Bull*）等，甚至還有《驚魂記》（*Psycho*）。更火上澆油的是，這些光碟由於美規國和歐規影片的差異，導致在英國無法

跨區播放。這一意外還被一些媒體抓住借題發揮，引申為「兩國關係確實特殊，特殊到像螢幕上顯示的一樣 —— 錯誤地區」。

隨著媒體口水戰的越演越烈，《泰晤士報》（*The Times*）還指出，歐巴馬總統夫人蜜雪兒‧拉范恩‧羅賓森‧歐巴馬（Michelle LaVaughn Robinson Obama）送給布朗兩個兒子的禮物 —— 美國總統專用直升機「海軍一號」塑膠模型 —— 同樣不經思考、沒有品味。這家報紙說，「這禮物絕對是最後一分鐘在白宮禮品店裡順手抓的」。而英國首相夫人薩拉‧布朗送給歐巴馬兩個女兒的禮物則是從英國品牌 TopShop 精心挑選的衣服加上配套的項鍊，還有一套英國兒童作家的書籍。

英國首相和首相夫人精心挑選而送出的禮物，更反襯出歐巴馬回贈的禮物的不合時宜，著實讓歐巴馬政府尷尬異常。

送禮是一種藝術和技巧，有其約定俗成的規矩。送給誰、送什麼、怎麼送都很有奧妙，送禮送得好，方法得當，會皆大歡喜;送得不好，讓人擋回，觸了霉頭，定會煩心數日。所以，只有巧妙掌握送禮的技巧，才能把整個送禮過程劃上一個漂亮的句號，絕不能亂送、胡送、濫送。

用禮物妝點自身形象

生活中，不少人認為送禮只是一種形式，隨便花點錢應付了事。這種出發點是對自己的一種嘲笑，是對自身形象的一種玷汙，這樣做不僅沒有正面意義還會落得個負面影響。其實，禮品是一種門面，它直接決定了我們以何種面目示人。既然要送禮，就一定要送的好，與其損害自身形象，不如給人留個好印象。

在《紅樓夢》第三十一回，有一個關於送禮的經典案例。

話說史湘雲來到賈府小住，之前，她已經派下人送了幾個絳紋石的戒指給林黛玉等人，這次，她又親自帶了四個戒指來送給丫鬟。林黛玉就說了：為什麼不一起送來。史湘雲說，送給小姐們的禮物，下人送進來後，一看就知道是送給誰的。但是，送給丫鬟的，還要告訴下人這個丫鬟那個丫鬟的名字，記錯了就麻煩了。所以，她親自帶來。

　　這絳紋石的戒指也不算什麼厚禮，只能算是個挺別緻的小禮物。史湘雲展現在她的送禮對象，她把這四個戒指送給了襲人、鴛鴦、金釧兒、平兒。襲人是寶玉屋裡的「臨時女主人」，鴛鴦是賈母房中的「行動小祕書」，金釧兒是王夫人身邊的「貼身副手」，平兒是鳳姐辦公室的「特別助理」。這四個丫鬟的主子是榮國府權力體系的頂尖人物。這一回中史湘雲送禮，並不代表她有意拉攏這幾個當家人，只是表現她除了天真之外，也有通曉人情世故的歷練。

　　史湘雲不愧為送禮的高手，就連給丫鬟送禮這點小事，她也考慮周全，做得無可挑剔，又怎能不給人留下好感呢！所以說，禮品就像一面能夠折射的鏡子，它能夠折射出送禮人內心的真正想法，是一個人的人品展現。

　　收禮者需要什麼樣的禮品，只要是會送禮的人一般都能看出來，這些禮品恰恰能夠反映出這個人的人品，因為一個人內心的欲望是無法掩蓋的，就好比一個人的人品最終會暴露在大家面前一樣。所以，我們應該在贈送禮品時多用心，這樣才能用禮品來改善人們對我們的看法，從而達到最佳的送禮效果。

　　潘祖蔭是咸豐時期的進士，在他任職軍機大臣期間的某個假日，諸多官僚到他家裡玩麻將，邊玩邊聊。聊到了某地方的提督，潘祖蔭對這人滿口稱讚，說此人忠肝義膽，德才兼備。

　　同僚李文田聽了有些好奇，就問潘祖蔭：「此人有什麼功績？」潘祖蔭說：「不太清楚。」李文田又問：「此人的長相如何？」潘祖蔭又說：「沒有見過。」這就奇怪了，不知其功，不曾見面，卻說這人德才兼備。潘祖蔭

為何會讚美此提督呢？潘祖蔭自己說出了原因：「此人送我的鼻菸很好，我就知道此人不錯。」

僅憑一個鼻菸，潘祖蔭就對沒有見過面的地方提督作了這麼高的評價。暫不說官場上的潛規則，但從送禮這一點上，我們可以看出，禮品定人品，禮品是人品的延續。

一般來講，送禮是不會得罪他人的。因為它有利於增強他人對你的好感及自身的形象。但有時也會有例外。人的感情既有無私的優點，也有自私的優點。有人希望你只喜歡他一個人，只想他一個人得到你的禮品。如果別人也得到了你送的同樣的禮品，他就覺得不滿足，就會對你有意見，也就不太珍惜你的禮品了。

有一位推銷員談到他一次有趣的經歷時說：「那是我到某大客戶拜年時所發現的一樁事情。當時我看到對方負責採購的經辦人員手裡拿著打火機說：『嗯，我豁出去了，買了進口貨。還是法國都彭（S.T.Dupont）的呢！』對方得意洋洋地回答我（其實，是否真的是他本人花錢買的鬼才知道）。我到隔壁科長辦公室，科長也拿著個都彭打火機。真奇怪！整個採購部門幾乎每人拿一個。

「後來我才知道，甲公司的推銷人員得知乙公司送給這家客戶負責採購的經辦人員一個都彭打火機後，為了使這家客戶不被乙公司拉走，他回公司立即採取對策，也同樣送了些都彭打火機給該部門所有的相關人員。

當該客戶的相關人員看到彼此間都拿著同樣的打火機後，心照不宣，但心裡都很不舒服。當我下次再去該客戶訪問時（儘管相隔時間不太長），就沒有看到一個人手裡拿著都彭打火機了。」

送禮是一門很深的學問。只有主觀意識上重視送禮這一活動，謹慎送禮，方能送得好、送得巧，讓收禮者滿心歡喜，對你產生好感，否則就會費錢費力不討好。

送禮是表達心意的一種形式。禮不在多，達意則靈；禮不在重，傳情則行。在送禮的時候，送上一份能夠拿得出手的禮物，不但能夠提升自己在他人面前的形象，而且還能讓這個禮物不白送，這才是一個聰明人應該做的。

送禮讓你心想事成

　　在生活中，我們經常看到有人送禮，這是很正常的現象。找人做事都少不了要送禮。華人從古到今，都有送禮的習慣，送禮之風更加猛烈。逢年過節，需要送禮！走親訪友，需要送禮！拜訪客戶，需要送禮！求人做事，需要送禮！感恩答謝，需要送禮……總之，想讓他為你做事，就得有「禮」。有禮才能好做事。

　　在寸土寸金的繁華的慕尼黑（Munich），最好的安身立命之地就是學生宿舍了。而在這當中竟也大有文章可做。在開始的時候，張玉芬是被告知要想申請留住宿舍，就要排隊等半年到兩年，她也就信了。直到一個比她慢申請宿舍的同學都拿有宿舍了，張玉芬才大吃一驚，當時的她還四處顛沛流離，為自己的住宿問題而煩惱，同學卻享受到了德國政府資助的學生宿舍。原來，有禮走遍天下。原來大家都懂得要送禮給宿管，例如：像特產之類的小東西。張玉芬的禮物是一小罐鐵觀音茶葉，不料真有奇效，當天早上送的禮物，到了下午宿管就打電話給她了。這個經歷真的讓她哭笑不得。過去搬家的艱辛，由於捨不得搭計程車，幾十公斤的行李都是張玉芬一個人拖著，從城南搬到城北，從城東搬到城西，卻始終不懂得終南捷徑是文人所不齒的行賄送禮。其實這個禮，無非是個小禮，然而她的心卻受到了重大的傷害。回想一下，當時到宿管處三番兩次苦苦哀求，卻沒有任何效果，如今一個小小的禮物竟省去了多少惶恐與淚水。

　　由此可見，送禮好做事。「禮」是人際社交的方式，「禮」是做事的敲

門磚。真可謂：有「禮」走遍天下，無「禮」寸步難行。

　　清朝中堂大人李鴻章夫人 50 歲大壽快到了，滿朝文武大臣忙得不亦樂乎，都準備前往祝壽。消息傳到合肥知縣那裡，知縣也想前去送禮，因為李鴻章是合肥人，又是朝中寵臣。可是細一想，知縣又煩惱了：我這七品芝麻官能送多少禮？少了，等於不送；多了，又送不起。想來想去拿不定主意，於是請來師爺商量。師爺說：「這事情容易，一兩銀子也不用，還保證你的禮品最為注目，保證中堂大人喜歡，列於他人禮品之上。」

　　知縣聽說一兩銀子也不用了，自然高興，想想天下哪有這種好事，便問：「送什麼東西？」

　　「也就是一幅普通的壽聯。」師爺回答。

　　知縣聽完直搖頭，表示難以相信，師爺連忙說：「不要懷疑，送禮之後，包你從此飛黃騰達，不過這壽聯必須由我來寫，你親自送上，請中堂大人過目，不能疏忽。」知縣滿口答應。

　　第二天知縣帶著師爺寫好的壽聯上了路。他晝夜兼程趕到京城。等著祝壽之日，他通報姓名來到李鴻章面前，朝他一跪說：「卑職合肥知縣，受人之託，前來給夫人祝壽！」

　　李鴻章隨口應了一聲叫他站起來，知縣忙拿出壽聯，將上聯先打開，李鴻章一看是「三月庚辰之前五十大壽」。

　　李鴻章心想：夫人二月過生日，他寫了「三月庚辰之前」，還算聰明。正想著，知縣又「嘩啦」一聲打開了下聯，李鴻章一見，忙雙膝跪地。原來下聯寫著：

　　「兩宮太后以下一品夫人」

　　「兩宮」指當時的慈安、慈禧，李鴻章見「兩宮」字樣，不由地跪了下來。於是他命家人擺香案，將此聯掛在《麻姑上壽圖》兩邊。

這副壽聯，深得李鴻章的賞識。這位知縣也因此而官運亨通，飛黃騰達了。

　　一個重人情的社會，很多事情靠公事公辦往往做不成。因此，溝通就成了做事的必要環節，要想有個良好的溝通就應該有所行動，而送禮就是這種行動的最佳表現。同樣的做事，有的人送禮就能把事情做成，有的人送禮就沒有什麼效果。可見，送禮也是一個學問。

　　某公司的區域經理去拜訪他的一位客戶，希望對方付款 100 萬元進貨，客戶拒絕了。在和客戶交談時，他發現客戶心不在焉，一副心事重重的樣子。事後向客戶手下的員工打聽才知道原來客戶的父親病了。正巧，這位經理的母親是某中醫院的教授，他買點水果之類的禮品，帶著母親到客戶家為客戶父親看病。看病第二天，他公司就收到了客戶匯款的 100 萬元貨款。

　　有「禮」好做事，這是一個很普遍的現象。其實很多時候，對方在乎的並不是送去的財物，而是一種得到尊重和重視的感覺。因此，可以說，「送禮」是一門藝術。「禮」不在多，關鍵要能夠抓住對方的心。在這方面，日本人深諳此道。

　　三井不動產商江戶英雄，以專門贈送新鮮蔬菜有名。江戶在自己住宅旁開闢一個菜圃，每天早上親自下園工作，將生產的菜贈送好友。

　　有一次，大家在料亭與江戶共餐，開飯時，他把自己種的青菜取出，撒上鹽巴即生食，聽他說這對身體相當有好處，味道也很好。江戶將他親手栽種的菜送給別人，大家都非常渴望他的贈品。

　　送禮是社交活動中的重要手段之一。得體的送禮，恰似無聲的使者，透過這一方式把你所需表達的感情送到對方的心坎裡，給交際活動錦上添花，給人們之間的感情和友誼注入新的活力，從而達到增進友誼，互相關懷，生活愉快，事業順利的目的。

求人做事需重「禮」節

很多時候，求人做事都會讓人很為難，不是怕張不開口，就是怕被對方拒絕。但有一點是肯定的，求人做事總得表示一下，否則沒人會幫忙。最好的辦法就是先混熟，不著痕跡地送禮，然後就可以等著對方回禮，達成你的願望。

古人云：「衣人之衣者，懷人之憂。」意思是說，穿了別人的衣服，懷裡就會裝著別人的心事或隱憂。換句話說，收下了別人送來的禮物，就得為別人做事。所以，要想求人做事，就得首先學會給別人送禮。

齊健強已經在公司效力六年多了，心中一直惦記著部門經理這個位子。但是新來的總經理好像對他有成見似的，總是不說提拔他的事情，這讓齊健強甚是苦悶。他突然想到送禮這一招，可是這位經理的脾氣又有誰知道呢？更不會有人知道他的喜好。

一天，當齊健強走進總經理的辦公室時，發現他的桌上放著一幅古字畫，再一看，他的辦公室竟有好幾幅古字畫。從辦公室內走出來後，齊健強的心頭不由得閃出一個計策。他帶一個懂古字畫的朋友幫他物色了一幅明清時期的字畫，十分珍貴，自然價格也是不菲的。

機會來了，齊健強看著同事們一個個在下班之後都離開了辦公室，但是總經理還在辦公室。於是他便帶著朋友幫忙買來的古字畫走進了總經理的辦公室。

「總經理好，聽說您是古字畫的行家，我這偶然得來一幅明清時期的字畫，還請您幫我鑑定一下真偽呀。」

正埋頭忙工作的總經理一聽是關於字畫的問題，立刻引發興趣。當他打開字畫的那一刻，齊健強看到他的眼中閃過一絲驚喜。「嗯，不錯，確實出自於明清時期。齊健強，你這幅字畫怎麼得來的呀。」

「是一位朋友送的，其實我對這並不感興趣，前幾天還差一點當廢品賣掉了。」

「哎呀，這麼好的東西怎麼可以隨便賣掉呢？應該給它找個好的歸宿才對嘛。」

聽著對方充滿了心疼的話語，齊健強知道時機到了。「是啊，我也正想著這件事呢。既然是這麼好的東西，而我又不感興趣，放在我這是有點暴殄天物了。這樣吧，總經理，既然您是行家，而且又如此喜歡此畫，不妨就放您那好了，也算是幫它找了一個好歸宿。」

「這，這怎麼行呢。如此名貴的東西，可要值很多錢呢？」齊健強看得出，對方雖然嘴上如此說，但心中還是很希望得到此畫的。

「總經理，您就別再推辭了。這麼好的字畫只有放在懂得欣賞它的人那才能展現出其價值呀。」

「那，那我就恭敬不如從命了。但先說好了，你要是想要拿回，隨時可以來取。」

果然，對方不再推辭了。齊健強就知道會是這樣的結果。

「對了，齊健強，你最近的表現不錯呀。我一直都在向董事長推薦你做部門經理呢。只是董事長的意見一直沒下來。」

「哦，沒事，您能推薦我，我就十分感激了。」

走出辦公室後，齊健強的心裡欣喜若狂，因為他知道自己離當上經理一職的距離不遠了，雖然花了不少的錢，但他感覺值了。果然，一個月後，齊健強順利地晉升成了部門經理。

由此可見，求人送禮，一定要了解對方的興趣，有的放矢，巧妙安排，對方易於接受禮物，做事也就十拿九穩了。

求人做事，送禮送得好，方法得當，會皆大歡喜。送得不好，被人擋

回，便覺得窩心。所以，求人送禮要掌握藝術。

.... ※ ....

　　戰國時期，衛子期在一個蔡國當上大夫，身受國君器重。但蔡國在當時是地小人少的小國，經常受別的大國欺負，為此，衛子期深感不安，與國君商量要找個大國作為靠山，最後，他們挑中了地處鄰毗的楚國。

　　可是怎樣才能將這種意思傳達給楚王呢？又怎樣才能成功呢？還有，應怎樣做才能做得既顧及國家體面，又可達目的呢？

　　這些問題困擾了衛子期很長一段時間，他經過日思夜想，終於，他想起了一條路：那就是找楚王身邊的侍從公羊獨，他是蔡國山齊郡人，與衛子期剛好是朋友。

　　於是，衛子期在透過其他人與公羊獨接觸，就化妝成一個商賈，前往楚國都城。

　　到了楚國，衛子期才感到公羊獨的許可權之大，一路下來，尋常百姓都知道楚王身邊的公羊獨，因此可知其乃炙手可熱的人物！衛子期暗自慶幸沒有找錯人。

　　到了公羊獨的府第，衛子期托僕人將一盒東西送進去給公羊獨，不一會兒，只見公羊獨親自帶領家人，前來迎接衛子期。

　　是何物竟使得公羊獨如此看重呢？原來，衛子期當時在蔡國也為要送給公羊獨什麼禮品深感頭痛，他知道公羊獨家產龐大，富可敵國，如送黃白之物其定然不喜，於是他出奇制勝，特叫人準備蔡國山齊郡的特產鹹魚乾二十馬車，一路浩浩蕩蕩來到楚國。

　　公羊獨在楚國什麼都有，什麼也不缺，但他有一個癖好，就是愛吃鹹魚乾，可一直苦於吃不到正宗的鹹魚乾，這次，衛子期以如此大「禮」相贈，他焉能不喜，焉能不樂呢？

隨後，在衛子期說明來意後，公羊獨毫不猶豫的答道：

　　「此等小事，先生敬請放心。」

　　第二天，公羊獨選擇一個適當的機會，向楚王講述了蔡國地理位置的優越性，以及提出要與蔡國聯盟之事，楚王馬上答應了他，並交由公羊獨辦理簽盟之事。

　　最後，楚國以公羊獨為代表，蔡國以衛子期為代表，雙方在楚蔡兩國交界處定下了盟約。

　　很多時候，求人做事都會讓人很為難，不是說不出口，就是怕被對方拒絕。你不妨利用人們無功不受祿的心理，先不著痕跡地給對方送一份禮，等著對方回禮。有時候因為你「不經意」的一件禮物打動了別人，也許就會獲得意想不到的大禮。

　　總之，求人做事時，只要學會了送禮，就會獲得意想不到的回報。正所謂：「吃人家的嘴軟，拿人家的手短」，說的就是這個道理。

送禮是一個大學問

　　送禮是一門很深的學問。它能反映出送禮者的一種文化和教養、交際水準，還能反映出他對對方的一種了解程度、關係的遠近。如果送禮送得恰當的話，會獲得非常好的成效，它不僅讓收禮人接受得輕鬆、愉快，而且送禮者自己也會很開心。但有的時候也會因方法不當、時機不對、禮品不妥而事與願違，反而人情未結，芥蒂又生，真是划不來的。

　　在現代這個禮尚往來的社會中，送禮做事之所以要稱之為藝術，關鍵還在於是否會「送」。做事人的聰明才智將在這個字上表現的淋漓盡致，也可能送錯禮表錯情而造成反面效果。

　　在送禮的過程中，「送」是整個禮尚往來做事過程中的最後一環，送

得好，方法得當，就會皆大歡喜。送得不好，讓人退回，觸了霉頭，定會煩悶數日。所以，只有巧妙掌握送的技巧，才能把整個過程劃上一個漂亮的句號。有時送出的禮品也可以傳遞資訊。

人人都贈送和接受禮品。不管送禮是否自願，禮品須經挑選後方能呈送出去。每件禮品都成了你人品的延伸，對方從中也衡量出你的興趣，甚至包括你的智慧和才幹。送什麼、如何送都會給人留下重要的、持久的印象。

要知道，一件非常理想的禮物，對於贈送者和接受者來說都傳遞著某種能夠表達願望的資訊。一件精心挑選的禮品展現了你希望如何被人看待的心理。

在 1960 年，日本首相吉田茂訪美的時候，恰逢理查‧尼克森（Richard Milhous Nixon）參加總統競選。吉田茂想向尼克森表示一下自己的關心，但是，總統競選之事前途未卜，難以保證。他想來想去買了一個雕刻工藝品送給尼克森，說是請日本一位有名的雕刻家特意製作的，並告訴尼克森這件藝術品的名字叫「勝利」。當時，尼克森接過藝術品很高興。而吉田茂此時說的這幾句話，讓尼克森聽了覺得很符合他的心意。

可見，送禮真的就是一門學問和藝術。禮物的輕重關係不大，總之就是一定要讓收禮人開心和實用，這樣才能展現出送禮物的意義。

送人禮物，未必一定是禮品或錢財，送人書籍，甚至送人機緣或姻緣都是送禮。比如：在上司面前為他美言幾句，或是幫助人家寫推薦函助人升遷，就是一份很好的禮物。更有些人樂當紅娘，成就不少好姻緣，這更是人生的大禮。你可能很難想像，你其實可以天天送禮物給人家，比如：送人好話。每個人都喜歡被人讚美及鼓勵，一句讚美的話，甚至可以讓一個灰心喪氣的人，又重新出現光明色彩，甚至對人生燃起新的希望。

戴爾‧卡內基（Dale Carnegie）從小是一個公認的淘氣壞男孩，在學校可一點都不聽話，因為調皮搗蛋、惡作劇，他幾次都差一點被學校開除。

9歲的時候，父親娶了第二任老婆，當時他們還是窮苦人家，繼母卻來自比較優越的家庭。他父親一邊向太太介紹卡內基，一邊跟她說：「親愛的，希望你注意這個全州最壞的男孩，他可讓我頭疼死了，他可能會向你扔石頭，或者做出什麼壞事，總之會讓你防不勝防。」

令人驚訝的是，他繼母不但不以為然，反而微笑著走到卡內基面前，托起他的頭看著他，然後告訴丈夫說：「你錯了，他不是全州最壞的男孩，而是最聰明，但還沒有找到地方可以發洩熱忱的小男孩。」

聽到這話，卡內基心頭暖暖的，眼淚幾乎要掉下來，就因為繼母用這句話作禮物，他和繼母開始建立起友誼，這句話也成為激勵他的一種動力。他14歲的時候，繼母買了一部二手打字機送給他，並且告訴他說，她相信他未來會成為一位作家，並鼓勵他開始向當地的一家報社投稿。他親眼看到他的繼母如何用她的熱忱改善他們的家庭，致使他日後也能幫助千千萬萬的普通人走上成功和致富的光明大道，而成為20世紀最有影響力的人物之一。

送人一句好話，也能影響別人的一生。所以說，決定禮物好壞的關鍵不是數量而是品質。有時候僅僅一句問候，就能讓對方倍感溫馨，而一大束鮮花就好像在向對方傾訴內心的感受一樣。

事實上，人們對禮品的渴求就是一種對贊同、慈愛、理解和愛情等的渴求。我們贈送與接受禮品的行為牽涉到生活的其他許多方面。透過禮品我們可以激勵他人、教育他人、可以取得控制、獲得補償，可以顯示知識和修養、表達友善和愛心，可以擴大個人的影響甚至組成團體等。禮品可以幫助建立或挽救一種關係，也可能改變或結束一種關係。對大多數人來說，精心挑選的禮品可以在事業和個人關係方面有所幫助。令人遺憾的是，每天都有人將大量的時間、金錢和能量浪費在毫無生氣、不受人歡迎的禮品上。在當今這個五彩繽紛的社會裡，人們年復一年在禮物上花費大量的錢財，每年又

增添一些送禮的節日 —— 從祖先的誕生日到你鄰居家小貓小狗的生日，真可謂面面俱到了。

有時候為了買合適的禮品，很多人會感到自己的時間和想像力不夠豐富。有些人甚至一下子買回大批同樣的東西，如 10 個電子血壓計 —— 但卻往往又不適合於送給所有的人。因而，花小錢辦好事就非常重要了。真正掌握送禮藝術的人不會簡單地用禮品去討好別人或是去盡義務，他會用適當的方式將他所要傳遞的資訊準確地傳遞出去。所以說，送禮是一門大學問。

用禮物來編織人脈關係

「人脈關係」觀念，一直在左右著人們的行為。在社會中，「人脈關係」扮演著微妙的角色。潛規則就是「人脈關係」的規則！在求助無門的情況下，就有了尋找有足夠擁有「人脈關係」能量之人。

一個人事業的成功，85% 歸因於與別人相處，15% 才來自自己的心靈。人是群居動物，人的成功只能來自他所處的人群及所在的社會，只有在這個社會中遊刃有餘、八面玲瓏，才可為事業的成功開拓寬廣的道路，沒有非凡的社交能力，免不了處處碰壁。

曾任美國某大鐵路公司總裁的史密斯說:「鐵路的95% 是人，5% 是鐵。」所以說，無論你從事什麼職業，學會處理人際關係，掌握並擁有豐厚的人脈資源，你就在成功路上走了 85% 的路程，在個人幸福的路上走了 99% 的路程。無怪乎美國石油大王約翰‧戴維森‧洛克斐勒（John Davison Rockefeller）說:「我願意付出比天底下得到其他本領更大的代價來獲取與人相處的本領。」

機遇帶來成功、帶來財富，而人脈創造機遇。在前進的道路上我們必須有堅定的信念和經營人脈的理念。因此，可以說人脈是成功、財富、幸福之

源，故而一語道破天機 —— 人脈決定成敗。如何獲得更多的人脈，利於我們平時的交往，那我們就要掌握一定的送禮技巧，拉近彼此的距離。這樣我們就可以建立一個好的人脈關係網，從而到達事事暢通的地步。

清代鉅賈胡雪巖很善於經商，也善於經營自己的關係網，他送禮的高妙之處在於他善於抓住不同人的特點，送別人急需之物。

在胡雪巖的那個時代，要求人做事，肯定離不開銀子。胡雪巖深諳此道，自然也從不吝惜銀子，甚至到了有「求」必應的地步。比如：時任浙江落司的麟桂調署江寧藩司，臨走時在浙江虧空的 2 萬多兩銀子需要填補，又一時籌不到這筆款項，便找到胡雪巖請他幫助代墊。胡雪巖二話沒說便爽快地應承下來，以至於麟桂派去和胡雪巖相商的親信也「激動」不已，稱胡雪巖實在是「有肝膽」、「夠朋友」，要他一定不要客氣，趁麟桂此時還沒有卸任，有什麼要求儘管提出來，反正惠而不費，他一定肯幫忙。胡雪巖做得卻也實在「漂亮」，他沒有提出任何索取回報的具體要求，只是希望麟桂到任之後，有江寧方面與浙江方面的公款往來，能夠指定由他的阜康票號代理。這一點點要求，對於掌管一方財政的藩司來說，自然是不費吹灰之力。事實證明，胡雪巖的投資是有眼光的，最終得到了意想不到的收益。

後來，胡雪巖為了取得左宗棠的信任，也做了兩件事：

第一，獻米獻錢。胡雪巖回杭州，帶回杭州有 1 萬石大米和 10 萬兩銀子。本來這 1 萬石大米有一個名目，那就是當初杭州被圍時，胡雪巖與王有齡商量，由胡雪巖冒死出城到上海採購大米以救杭州糧絕之急，胡雪巖購得大米 1 萬石運往杭州但無法進城。只得將米轉道運至寧波，後來杭州收復。胡雪巖將這 1 萬石大米又運至杭州，且將當初購米款 2 萬兩銀子面交左宗棠，等於是他既回覆了公事，以此證明自己並非攜款逃命，而又另外無償獻給左宗棠 1 萬石大米。那 10 萬兩銀子則是胡雪岩為了敦促攻下杭州的官軍自我約束，不要擾民而自願捐贈的犒軍餉銀。清軍打仗，為鼓勵士氣，有一

個不成文的規矩，攻城部隊只要攻下一座城池，3 日之內可以不遵守禁止搶劫姦淫的軍規。胡雪巖獻出 10 萬兩銀子，是要換個秋毫無犯。

第二，主動承擔籌餉重擔。左宗棠幾萬兵馬東征鎮壓太平軍，每月需要的餉銀達 25 萬之巨，當時清政府財政緊張，用兵打仗採取的是「協餉」的辦法，也就是由各省徵出錢來做軍隊糧餉之用，實際上是各支部隊自己想辦法籌餉。胡雪巖聽到左宗棠談起籌餉的事，毫不猶豫地表示自己願意為此盡一份心力，而且當即就為籌集軍餉想出了幾條行之有效的辦法。

當時，左宗棠急於求事功，胡雪巖正好給他送去了能使其成就事功所必須的東西，一送之下，也就送出了意想不到的效果。後來，正是因為有了左宗棠這座大靠山，胡雪巖不僅生意飛黃騰達。而且得到了朝廷特賜的紅帽子，成為冠絕天下的「紅頂商人」。胡雪巖說：「送禮總要送人家求之不得的東西。」可見他是深諳此道的。

可見，學會送禮、樂於送禮，才能禮尚往來打造良好人脈關係。每個人生活在社會中，時刻都牽扯著各種各樣的人際關係，自己與家人、自己與朋友、自己與同事、自己與社會各階層、各行業的人員，我們每天都在接觸新的人際關係，都在維護已有的人際關係，同時，也在為以後發展人際關係做準備。面對「人際關係」的各種挑戰，送禮則是維護關係的最佳選擇。

聽說法國有一本名叫《小政治家必備》的書，教導有心在仕途上有所作為的人，至少把你覺得 20 個將來最有可能做總理的人的資料羅列清楚，接下來是週期性地帶禮物去拜訪他們，保持良好的關係，這樣大有益處。據說，書中引用的案例有世界上許多國家部長級的人物，因為任何一位被委任組閣的總理受命伊始，最焦慮的問題是怎樣迅速物色七、八位部長：所以被選的人除了具備傑出的才能以外，「和總理有些交情」能夠互相信任，是最要緊的事情。

現在社會，人與人的交流越來越頻繁，送禮是人際社交的手段之一，一份禮物可以成為人與人之間聯繫的橋梁，可以在你努力開拓人際關係時多一條道路。而掌握了送禮的學問，就能幫助你建立良好的社交形象。

送禮是維繫情感最有效的方式

華人崇尚「禮尚往來」，而送禮、回禮是「往來」的典型表現形式。人與人之間的距離也是在反覆的送禮、回禮中，得以持續維持關係，越走越近。

先不論送出的禮品是什麼，也不論送禮的具體目的是什麼，有一點是所有送禮人在送出禮品時的共同願望，那就是希望送出的禮品能很好地表達自己對收禮者的那份感情或心意。因為，只有讓對方感受到你的這份真情實意，你附加在其之上的所圖也好，所求也好，才有可能得以實現。因為真摯的感情，是無法以價值來衡量的。就如同「千里送鵝毛，禮輕情義重」這個典故一樣，即便你送的是一根鵝毛，它所代表的意義也是能被他人所理解和感受到的。

春秋時，吳王壽夢有一個兒子，名叫季札。他是一個賢良、重情義的人，深受當時列國的不少賢士大夫甚至國君的敬重。有一次，吳王派他出使列國，在途經一個小國 —— 徐國時，他專程去拜會了徐國的國君。徐君很敬慕季札，他特別喜歡季札的那把佩劍，但他沒有明說。季札也覺察到了徐君的心思，但考慮到還要出使其他國家，不能沒有佩劍，所以暫時把佩劍留著。當他出使完畢，再專程到徐國時，徐君已經死了。季札非常悲痛，找到了徐國國君的墓塚，拜祭過後，便把寶劍卸下來，掛在墓旁的樹上，然後離去。可以說，季札和徐君的友情，顯示出樸實與淳厚，這種真誠之情足以打破生死的間隔。季札寧願捨棄寶劍，以慰亡友之靈，由這把寶劍所表現的朋友情義同樣是令人感嘆的。

其實許多時候，我們送出的禮物本身並無太多的價值，送禮只是一種傳播情感的方式，是一種精神世界的東西，這種東西可以讓相隔千里的兩人成為一生的知己。

送禮對現今社會的每一個人也都是必要的，而且是促進人際關係的重要方法。為做事送的禮物，多數可以理解為給做事者的一種回報；朋友間的禮物，沒有那麼多的功利，是一種友誼的表達方式，好友間互贈禮物，或者探親訪友帶點吃的或特產，除了能表示對對方的尊重，還是一種情誼的黏合劑。朋友間的禮物更多的代表著一份感情，不一定要多貴重，但一定要能表達心意，所以送朋友禮物未必要多貴重，但一定要花心思。

現實生活中，無論是探望親朋好友，還是拜訪陌生人，我們一般都會帶上一份禮物，因為禮物猶如一個盛裝情感的器皿，表達的是一種親情和友情。他像拉近人與人之間的橋梁，能使情感得以更好的建立、傳遞和保存，使人與人之間的關係得到良好的推動。因為它代表著一種誠意，寄託著交流雙方的情感價值，甚至在更高層次上，它是一種心靈的交流和溝通。

阿華和阿強是普通朋友，生活在同一個社區裡，一次機會他們認識了，但走得並不十分近，見面時都能有說有笑，但誰都不會去主動找對方一起出去。在阿華的眼中，阿強只是一個認識的又正好談得來的人，並沒有打算兩個人會成為好朋友。直到有一次，阿華又在路上遇到阿強，阿強從口袋裡掏出了一件小禮物，對阿華說：「我前陣子去旅遊了，那邊真美，我幫你帶了一件小禮物，是一個牛角雕，你喜歡嗎？」當時阿華的感覺有些受寵若驚，接著就非常感動，真沒想到阿強出去玩，在挑禮物的時候還會想到自己，原來他一直把自己當成朋友。之後，阿華開始主動聯繫阿強，一起出去玩，一起聊天，一來二去，他們成了好朋友。

人的感情需要培養，僅用話語來表達你對朋友的關心和友誼不太實際。

僅憑兩張嘴是無法建立友好關係的，還要有點物質上的交流。這就需要你運用一些小禮品來溝通與朋友的關係。

張曉麗是一個個性大方、舉止優雅的女孩子，平日裡一點都不矯揉造作，而且反應相當靈敏。她不僅僅是公司裡最能幹的女孩，也是整個辦公大樓裡最搶眼的人。或許有人會因為嫉妒而討厭她，但更多的人卻是傾慕於她的，這當然也包括一些女性，隔壁公司的阿雅就是一個。由於阿雅和張曉麗不是同一個部門，所以彼此並不是很熟，只有在廁所、走廊上、電梯裡碰到時，才會互相問候。「早啊！」「吃過了沒？」雖然只是短短幾句寒暄話，阿雅卻可以感覺到張曉麗溫柔的個性，令人心情愉快。

「真想跟她多聊聊，成為她的好朋友！」阿雅不知不覺間產生了這個念頭。機會比預期中要來得早，在一次旅遊活動中，兩人同時被分到服務小組。第一次開小組會議時，阿雅毫不猶豫地坐到她身旁，然後試著邀約。

「哪天有空，下班後一起去喝咖啡吧！」阿雅說。

張曉麗立刻露出友善的笑容，輕鬆地說：「好啊！等到這個會議結束後去吧！」

當天的話題從公司的閒言閒語開始，一直聊到男人、化妝、打扮等，兩個女孩子談得非常愉快。雖然這個談天的契機使她們立刻親密起來，但若說是好朋友，可還有一段距離。一直想和她成為好朋友的阿雅，想出了一個如何使兩個人更親密的方式 —— 送一份禮物給她。

張曉麗平時喜歡以黑色為主做各種時髦的裝扮，所以選她喜歡的禮物很簡單，阿雅決定送她一個黑色的手環。選擇一個價格合適的手環，等於是代替日常的問候。「逛街時發現這個手環，覺得滿適合你的，於是就買回來了。」說完後，阿雅便在一次會議中很自然地交給了鄰座的張曉麗。

第三次會議見面時，張曉麗已經把阿雅送給她的手環戴在手腕上了。

「謝謝你送我的禮物，現在請接受我的一點心意。」說完後，張曉麗遞給阿雅一個小盒子，裡面是一副漂亮的白耳環。

　　從此以後，兩個女孩子的關係日益密切，時常互相贈送黑與白為基本色調的小東西，同時也成為了很好的朋友。

　　送禮是一種感情的投資，能縮短人與人之間的感情距離，便於人們的溝通交流，達成共識。禮多情就多，這是人們送禮總結出來的經驗。學會了送禮，就等於學會了人際社交的一門藝術。

第二章

有「禮」更要有節 —— 掌握一定的送禮原則

　　當今社會，禮尚往來，是人際社交的一項重要內容。送禮當然也有其約定俗稱的規矩。幾千年流傳下來的送禮習俗和人們對事理的認識，逐漸形成了一套獨特的送禮藝術，送給誰、送什麼、怎麼送都有原則，絕不能瞎送、胡送、濫送。它包括所送禮品的形式、送禮的目的、送禮的場合、送禮的時機和收受禮品的禮儀等一系列內容。因此，掌握一定的送禮原則，在人際社交中可以減少不必要的麻煩，不必要的尷尬。

人靠衣裝，禮靠「包裝」

當今社會是一個講究包裝的社會，明星要包裝，個人要包裝，禮品當然也要包裝。好的禮品包裝，不僅能給人視覺上的享受，還可以使禮物顯得更精緻、得體，讓人愛不釋手。

禮品包裝是一種精緻的藝術，是一種創意，也是一種體貼的心意及人文關懷，表達人們對人性的頌揚、對美好生活的追求。

禮品作為具有特殊用途的商品，在包裝設計上有別於一般商品的包裝。一般商品只是購買者自己消費往往講究經濟實惠，而禮品是用來贈送給別人的，它得展現送禮者的心意，所以精美的禮品包裝能使人感到情深意重，使對方感受到他在你心目中的重要地位，從而能夠強烈地打動對方的心。

德國的席司諾公司在 2006 年一次針對禮品的調查中發現，包裝是否招人喜愛是決定禮品的關鍵。調查顯示，有 37% 的消費者因為禮品有可愛的包裝而願意購買並不熟悉的產品，而 70% 的消費者在不知道禮品的實際用處時，也是透過禮品的包裝好壞來判斷第一印象。因此，包裝對禮品非常重要。另外，精美的包裝會讓接受者在看到禮品的第一眼產生強烈的被尊重感，從而增加對贈送方的好感度和信任度。

小芳是辦公室裡的「女傭」，辦公室的人想用的時候就用，不用的時候就隨便丟到一邊。她總是幫同事買咖啡、影印、加班等，但是從來沒被邀請過參加同事的聚餐、聚會。為此，她曾努力想改善和同事們的關係，逢年過節就給他們送禮，但是送過去的禮物，常常受到同事們的冷落，她和同事的關係依然如故。

雅麗是在辦公室裡唯一和小芳關係不錯的人。雅麗為人善良，很會打扮自己，嘴巴又甜，又特別會玩，在辦公室裡深得人心，她對小芳也常常照顧有加。

過幾天就是春節了，公司要舉辦一個派對，大家都在準備禮物，小芳也不例外。雅麗有事走到小芳的辦公桌前，看著小芳把禮物一個一個往禮品袋裡裝，便笑著問道：「你就打算這樣把禮物送出去？」

　　小芳回答：「是的，我每次都是這樣的。」

　　「這樣不行唷！」雅麗非常無奈地說道，「既然是送人就要正式一點，買一些漂亮的包裝紙，自己把禮物好好包裝一下，或者拿到外面請人包裝。像你這樣拿個袋子一裝就送出去，會讓人覺得你給他送禮只是在應付，沒把他放在心上，沒有多少真情實意。另外，像你這樣對待禮物，會讓禮物減少價值的。」

　　「你說得有道理，怪不得他們每次收到我的禮物都不喜歡呢，原來是這樣。」小芳恍然大悟道。於是，她把禮物拿到外面好好包裝了一下。

　　公司派對上，當同事們拿到小芳包裝精細的禮物，紛紛露出驚詫的表情，隨即立刻給了小芳一個肯定、感謝的微笑，然後小心翼翼地把禮物收好。那晚小芳和同事們玩得非常開心，她第一次在公司體會到了被接納、被肯定的幸福。

　　包裝作為禮品不可缺少的外在形式，它已是禮品的重要組成部分，不僅美化了禮品、增加了禮品的價值，還展現了你的心意和情意。包裝是方式，禮物是內容，二者一致，才會有美感，就這點而言，包裝與禮物是一體的，而不是裝飾品。

　　包裝和禮品一樣重要，在送禮時，假如將禮品略加潤飾，就會令平常的禮物立刻顯得細膩起來，使收到禮品的人感覺心曠神怡，獲得視覺上的效果。再則，精心的包裝能使人感受情深意長，使對方感受到他在你心目中的重要位置，然後更能感動對方。

　　出門在外整整一年了，過幾天終於可以回家與家人團聚了，伊安心裡別提多高興了！今天趁著週末和朋友逛了大半個商場，很順利地幫家人都買好

了禮物。提著沉甸甸的禮物往住處走的時候，好友問道：「你就這樣把禮品提回家？」

「要不然怎樣？」伊安不解地問道。

「既然是送禮，就送得正式一點，好好包裝包裝，讓家裡人高興一下。」

「有道理，但是這麼多禮物怎麼包裝，難道每一份都要包裝成一樣嗎？再說，我一個大男人做這個有點勉為其難吧！」

好友笑著說：「當作給自己一次改變的機會，以後保證你成為禮品包裝達人。」

「什麼達人不達人的，我不在意。」伊安說，「趕緊先解決眼前的問題，把這些包裝好再說。」

於是，他們又轉到了精品店挑選包裝紙。根據店家的建議，給長輩的禮物，伊安挑了一款深藍色的紙質包裝紙，這樣看起來簡樸厚重；家裡的姐妹們活潑好動，伊安就挑了一款粉色印著小花的閃光塑膠包裝紙，看起來時尚、活潑；給自己的哥哥，伊安挑選了一款淺藍色不帶圖案的紙質包裝紙，簡單明快……經過這樣一番精心包裝，伊安發現禮物果然有模有樣了，相信家裡人看到這些禮物一定愛不釋手。

禮物一定要有包裝，形式雖然不能代替內容，但是形式帶給人的美感卻是禮物需要承載的一個重要的功能。禮品的包裝就好比把一件實用品變成了藝術品，不僅代表尊重，還能展現你的用心。

周宏利一直暗戀著一個女孩子，但久久未能表白。不久就是那個女孩子的生日了，他決定要自己親手設計禮物的包裝，給對方一個驚喜。「要怎麼做才能在其他那些花花綠綠的包裝中脫穎而出，給她留下深刻的印象呢？」周宏利頗是頭疼，「看來要多下點心思了。」

於是，周宏利找了他的一些朋友到家裡來幫自己出點子。有的說人人都包裝的時候不包裝就是創意；有的說，只要是自己親手做的，包裝俗氣一點

也沒關係；有的則建議周宏利按傳統的方法包裝……當然這些都被周宏利否定了。突然有一個朋友提議周宏利用舊報紙和舊雜誌包裝。這個提議讓周宏利眼前一亮，他馬上找來舊報紙和舊雜誌。他找出一張顏色鮮亮的舊報紙當包裝紙，然後從舊雜誌裡取出一頁彩色頁，剪成 9 條等寬的紙條，用膠水黏成一個花團，黏在報紙包裝好的禮品上。報紙的顏色和舊雜誌花團的顏色雖然不是很統一，搭配起來居然也相得益彰，說不出的一種獨特美感。

女孩生日那天，當周宏利遞出自己獨特的禮物時，女孩先是愣了一下，隨即對他露出欣喜的表情，悄悄地對周宏利說道：「這是我收到的最獨一無二的禮物。」得到女孩的肯定，周宏利心裡樂壞了。

送禮要講究時尚、情調，而且一定要有品味。你送的禮品在很大程度並不取決於你花多少錢，而在於你賦予禮品本身的內涵，很多地方都展現在細節之處。比如包裝、顏色、禮物的品味等等。

精美的包裝可以添加禮物的價值。相同的禮物，包裝精巧與否，其價值是不相同的。

在歐洲，有時包裝的費用甚至比禮品自身還要貴，花十美元包裝一件價值一美元的禮品，這樣的事情習以為常。包裝的價錢已融入了整個禮物的價值之中。

禮物包裝應隨禮物而設計，假如不是很鄭重或不是為了營造氛圍的話，禮物要盡量透過包裝顯露出來，包裝應凸顯禮物，不要使禮物在精巧的包裝面前相形見絀。

禮物包裝設計要美觀不吝嗇，簡練流暢，不用過於繁瑣。成功的包裝不只能使禮物增色，也會增加送禮者的期望。像珠寶首飾，有名的工藝品等，包裝精巧、華貴，富於藝術價值，能有效地凸顯商品昂貴的特點，為收禮者及送禮者帶來視覺上的滿足。

禮物的包裝也是對其自身的維護，選擇的禮物假如是易破裂物品，如玻璃器皿、陶瓷等，恰當的包裝可以防止禮物撞碰、磨損。

　　在物質匱乏的年代，人們並不會在乎禮品的包裝，甚至是禮品的外觀造型他們關心的主要是這個禮品是否能夠很好地應用到生活中。但是時代的發展帶動了人們的生活水準的提高，在新技術、新產品日新月異的今天，不但很多商店的結構、功能、款式在變化，人們的消費觀念也發生著變化，只有良好的包裝效果才能打動人們。

一定要尊重收禮者

　　送禮是一件令人感到愉快的事，無論從送禮者和收禮者的角度考慮都應如此。要真正做到這一點並不是一件簡單的事。幾千年流傳下來的送禮習俗和人們對事理的認識，逐漸形成了一套獨特的送禮藝術，有其約定俗成的規矩，送給誰、送什麼、怎麼送都有原則，絕不能瞎送、胡送、濫送。它包括所送禮品的形式、送禮的目的、送禮的場合、送禮的時機和收受禮品的禮儀等一系列內容。因此，掌握一定的送禮原則，在人際社交中可以減少不必要的麻煩，不必要的尷尬。

　　小麗外表漂亮，個性爽朗，頗受人歡迎。下週就是她的 30 歲生日，為了答謝好友們對她的喜愛和幫助，她打算把朋友全都邀請到自己的家裡，好好地慶祝一番。雅琴是她新認識的好朋友，是「富二代」，她也邀請了雅琴。

　　接到小麗的邀請，雅琴非常高興，為了表現自己對小麗這個朋友的重視，順便彰顯一下自己的富貴氣派，她特意挑選了一套自己非常喜歡的鑲著寶石的晚禮服送給小麗，還故意不把晚禮服的價格標籤撕去。

　　很快小麗的生日就到了，當接到雅琴的禮物時，她愣了一下。這麼漂亮而高貴的晚禮服讓她有點不知所措。其他朋友也紛紛圍過來觀看這件晚禮服，特別是他們看到晚禮服的價格時，都發出了一聲驚呼。

「這……這太貴了，雅琴。」小麗把晚禮服遞給雅琴，「我不能要，再說我從來不出席那些場所，也穿不到，你還是收回去吧。」

雅琴笑笑：「送你的我怎麼能收回去。不就一點錢，別放在心上。」

沒想到小麗把臉一沉嚴肅地說：「對於我們這些『貧民窟』長大的人，這麼貴重的禮物我收不起，對不起。如果收了以後我也還不起。」一席話把雅琴說得很尷尬，整個生日聚會也因為這件事被弄得不歡而散。

收到禮物，理應是一件愉快的事情，但是有些禮物還必須在合適的標準內，才能讓收禮者欣然接受。所以，送禮一定要以收禮者的心裡感受作為送禮考量。在挑選禮物時，心中可以假設一下收禮者在收到這份禮物時會有何想法，盡可能地設身處地去思考，從多個層面去周全考慮收禮者的感受，可以有效避免送錯禮。

如果你比較富有，送禮給一般的朋友也不宜出手太過於闊綽，以免使對方無所適從，有時會引起不必要的尷尬，得到反效果。而送一些富有心思的禮品也許會取得更好的效果。

若是買來的禮品，送禮時要記得把禮品上的價格標籤拿掉。把標籤留在禮品上，禮品就變成只能傳遞兩個資訊：一個是，「我們的情誼值多少錢」，另一個是，「看著吧！下次要還給我同樣價格的禮品。」而這些資訊，可以把所有送禮的情分都粉碎！此外，不論禮品本身價值如何，最好還是要用包裝紙包起來。有時注意這細微的地方更能顯示出送禮者的心意。

所送的禮品是雙向的，不能只以送禮者的意志為轉移，也不能以自己的喜好而嫌棄對方所送的禮品。只要雙方能將心比心，多為對方想一想，就不會犯太大的錯誤了。

選擇你自己也希望接受的禮品。如果你送的禮品連自己都不喜歡，人家怎麼會喜歡呢？從收禮的一方考慮，不要把收到的禮品再轉送給別人，或索性丟棄它，因為送禮的人通常都會留意你有沒有使用他所送的禮品。

此外，還要考慮到接受禮品的人，在日常生活中能否應用上你送的禮品。比如：朋友喬遷之喜，你準備送他一幅大大的裝飾畫，首先應考慮：他家裡擺得下這麼大幅的畫嗎？

　　張曉麗出國辦公事，在回來之前，沉重的心才剛剛得以輕鬆，這時一位長年移居國外的老朋友，送來了非常珍貴的一口大金魚缸。此時，她才想起來，自己無意間對朋友說自己喜歡養金魚。於是，這位朋友也就不惜重金的送來了這口魚缸。

　　但是，等朋友放下禮物走了之後，她對著這口足以養幾千條金魚的大缸，差點就暈過去。本來訂好機票就可以輕鬆的回去了，又來一個龐然大物，最麻煩的就是到底怎麼運送回去才是問題。

　　從這件事看來，朋友的深情厚誼倒是變成了她的頭痛事了。所以說，送禮也要會送，其實，禮物的輕重關係並不大，總之就是一定要讓收禮人開心和實用，只有這樣，才能展現出送禮物的意義。

　　每個人都會因為收到禮物而高興，但是如果收到的禮物正好觸犯了自己的忌諱，那可就不好了。因此，聰明的人在送禮前，一定要對送禮的禁忌有所了解才好。

　　有一天小劉去一位退休多年的老教授家做客，但是不知道買些什麼禮物才恰當，送些吃的顯得太寒酸，其他的一些小玩意又拿不出手。正在煩惱的時候，他突然看見一家鐘錶店裡有一座非常古典的鐘錶，鐘錶上的雕刻很是精細，是一些古代人物和田園風景，生動的反應出一些歷史畫面，小劉心想，老教授是研究歷史的，送這個古樸的東西，他一定會喜歡。但是，他沒有想到當老教授看到這件禮物的時候，臉色一下子沉了下來，而且接下來的談話氣氛也很緊張。弄得小劉一頭霧水，不知哪裡冒犯了教授，後來才知道，「送鐘」有「送終」的諧音。年紀大的人都很忌諱。

　　有鑑於此，送禮時，一定要了解一些禁忌，免得送禮送出麻煩。

　　送禮禁忌就是由於某些原因對具體事物產生的顧忌，禁忌大概分為兩大類，一類是由於個人的具體原因產生的；另一類就是當地的文化習俗。

　　而我們在送禮的過程中所要做的，就是盡最大努力避免這些可能會引起對方顧忌的事物，否則真有適得其反、費力不討好的危險。

　　下面這些送禮的細節請大家參考：

1. 不要送舊東西。禮物雖然代表的是一番心意，但始終還是新的好，因為沒有人會喜歡收到二手貨。

2. 不要送可能會冒犯對方的禮物。要知道送禮不是使自己高興，而是要讓別人開心。任何試探別人口味的物品都不可作為送禮之選。

3. 在送禮的數目上，喜事宜送雙數，所謂好事成雙；喪事宜送單數，表示只此一回。但西方人認為單數是吉利的，有時只送三個梨也不覺得被冒犯，這一點不同於華人講究成雙成對。另外，很多人忌諱「4」這個偶數，因為在中文發音，「4」聽起來就像是「死」，是不吉利的。

4. 華人有不送手帕、傘、鐘、剪刀的習俗。忌送鐘，因為「送鐘」諧音「送終」；又忌送傘或送扇，因「傘」字、「扇」字與「散」字同音，有分手之意。也有「送扇，無相見」的說法，也會引起絕交的猜疑；又忌送剪刀或菜刀，因為會引起「一刀兩斷」、「一剪兩斷」的聯想。忌送手巾是因為「送巾，斷根」，「送巾，離恨」之說。這次因為舊時喪家常於喪事辦完後送手巾給弔喪者，用意在於讓弔喪者與死者斷絕來往。因此在通常的情況下，贈人手巾，就會令人想起不吉的喪事或永別的意思。以上都是送禮極需避免之物。

5. 白色雖有純潔無瑕之意，但華人比較忌諱，因為在白色常是大悲之色和貧窮之色。同樣，黑色也被視為不吉利，是凶災之色，哀喪之色。而紅色，則是喜慶、祥和、歡慶的象徵，受到人們的普遍喜愛。

6. 西方人收到禮品，一定要馬上打開，當著送禮人的面欣賞或品嘗禮品，並立即向送禮者道謝。而華人非常含蓄，要直到客人離去才查看禮品，否則會引起客人的不快。

送禮時說的話很重要

一般來說，送禮時，送禮者與收禮者之間會進行一些語言交流。這其中蘊藏著很深的學問。

先讓我們看看下面兩個反差強烈的例子：

小周與小呂在一家合資企業工作，他們都是參加聯合婚禮的新郎。說來也巧，儘管新娘小朱與小徐年齡差兩歲，但生日都是 8 月 10 日。新婚才 3 個月的小周與小呂商量，買些什麼禮品送給新婚後的新娘過第一個生日，他們決定，根據他們的收入狀況，各買一條流行的包金項鍊，買一盒心形粉紅色的奶油蛋糕。

生日那天，小周一面哼著「祝你生日快樂」的曲調，捧著蛋糕走進新房，一面說：「小朱，我準備了一件你的生日禮物，你喜歡嗎？」說著，放下蛋糕，打開盒蓋；又從包中拿出首飾，取出色彩繽紛的包金項鍊。小朱激動地欣賞著心形蛋糕，又試戴著項鍊，說：「哇，真好看，我喜歡！」小周又介紹道：「聽說，這種項鍊現在在歐美很流行，連著名影星也佩戴它呢！」小朱感激地說：「謝謝你的禮物！」他們親熱地擁抱起來。

小呂卻沒有這般幸運，那天的生日氣氛完全搞砸了，問題出在他的言語上。小呂一進門，一聲不說，便把蛋糕放在桌上。小徐迎上來，高興地說：「生日蛋糕，真謝謝你啦！」說著，打開了外盒，讚嘆道：「多美，我生日也過了好幾次，就這盒蛋糕最令我喜愛了！」小呂也得意起來，說：「我精心挑選的，不過這個形狀真是不划算，吃起來差不多，但是要比圓形貴了

五十塊錢呢！」小徐聽著，臉色沉了下來。小呂才趕忙安慰道：「不過生日嘛，總得花點錢！」說著，又拿出了首飾盒遞過去，說：「你們女人最喜歡的東西。」

小徐打開盒子，見到一條彩虹般閃光的項鍊，又露出了笑容，佩戴起來。小呂說：「我知道你喜歡！所以甘願被老闆『坑』！」小徐張大眼睛，不解地望著他，小呂又說：「現在流行這個，我想著，包金的東西怎麼比純金的便宜不了多少？還不是流行，就坑人吧！」小徐把項鍊放進首飾盒，躺在床上抽泣起來⋯⋯

可見，送禮時一定不能忽視語言的重要性。俗話說：細節決定成敗，送禮也是如此。如果送禮語言不加以注意，不但會讓整個送禮過程出現不必要的煩惱，還會讓收禮者對你的禮物產生排斥的心理，而你送禮的用心良苦，則會在這一細節汙點中化為烏有。所以，送禮時特別要講究語言的表達。

陳月明是一個聰明能幹的年輕人，然而他進公司一年了卻一直得不到重視，陳月明為此甚是煩悶。陳月明的上司四十幾歲，工作十分嚴謹，對下屬要求也是非常嚴格。陳月明雖然一直都想得到上司的重視，可是他卻不知道如何去接近這位嚴謹的上司。年底了，陳月明看到市場上各式各樣的禮品，突然靈機一動想到買禮物去拜訪上司這一招。

他知道主管愛喝茶，他常看到主管的辦公桌上擺有各種名茶。這樣看來，主管的家裡肯定是不缺少各種名茶的，那麼該送什麼好呢？茶具，這兩個字突然閃現在腦海裡。是呀，有名茶沒有好的茶具也是一種缺憾。當機立斷，他尋找了幾家賣瓷器的店，終於尋得了一套比較滿意的茶具，當然價格也是不菲的。

第二天，他便拜訪了主管的家門，開門的恰是主管。陳月明看到主管先是愣了一下，於是連忙說道：「王總，新年好、恭喜發財，身為進公司最晚的一名員工，我來拜訪您一下。」

「哎呀，小陳，你真是個有心人呀。不過這麼冷的天氣，讓你跑來一趟，我心裡過意不去呀。」

　　當主管把陳月明請進門時，忙說道：「沒事啦，我年輕不怕冷。王總，您德高望重，為公司辛苦一年了，我來拜訪您是應該的。」陳月明不失客套地說道。

　　「哪裡呀，小陳你過獎了。我只是盡自己的一份職責罷了。」

　　「不管怎樣，來公司這半年裡，您都一直挺照顧我的，以後還得仰仗您提攜我呢。平時也沒有時間來拜訪您，過年了，我也沒什麼好送給您的，知道您愛喝茶，就買了這套茶具略表心意，還望您一定要收下。」

　　「小陳呀，你能來我就已經很高興了，還帶什麼禮物呀。不過，你放心，大過年的，就憑你這份真誠，我一定收下。」

　　陳月明知道計畫已經達成了，就起身環顧了一下主管的家居，「王總，您真是個有品味的人，從您這家居環境就看得出來呀。」

　　「呵呵，哪裡……」

　　接下來又聊了一些無關緊要的話題，陳月明知道自己該起身告辭了。主管見陳月明真的要走，也便沒有做過多的挽留。就這樣陳月明輕鬆達到了自己的目的。第二年，春節剛過沒多久，陳月明便被提拔為副理一職了。

　　送禮時，語言的表達是至關重要的。落落大方的動作再加上得體的語言，會給你的禮物增色不少，也會讓收禮人樂於接受你的禮物、感受到你的真摯情誼。

　　下面，讓我們來具體地看一看送禮時該如何得體的說話。

　　一般來說，在呈上禮物時，送禮者應站著，雙手把禮品遞到收禮人手中，並說上一句得體的話。

　　送禮時的寒暄一般就應與送禮的目的吻合，如送生日禮物時，說一句

「祝您生日快樂」，送結婚禮品時說一句「祝兩位百年和好」等，拜年送禮時可說一句「新年好」。

送禮時，有人喜歡強調自己禮品的微薄，如「區區薄禮，不成敬意，請笑納」、「這是我們的一點小心意，請收下」。其實，這種時候你完全可以說出自己在禮品上所花的心思，以表示自己的誠意，如「這是我特意為您挑選的」。

一般而言，送禮時運用謙和得體的語言，會營造一種祥和的氣氛，無形中增加相互間的友誼。但過度地謙虛最好避免，如「微薄」、「不成敬意」或「很對不起」等，這可能會引起對方的輕視。

當然，如果在贈送時以一種近乎驕傲的口吻說：「這可是很貴重的東西！」這也不合適。在對所贈送的禮品進行介紹，應該強調自己對受贈一方所懷有的好感與情義，而不是強調禮品的實際價值。否則，就落至了重禮輕義的地步，甚至會讓對方覺得你是在炫耀，這樣，好端端的情義禮品，反被你的一番話給糟蹋了，那豈不冤枉？

有些人到對方家中拜訪直到要離開時，才想起該送的禮品，在門口拿出禮品時，收禮人卻因為謙遜、客套而不肯接受，此時在門口拉拉扯扯。頗為狼狽。

避免這樣情況的辦法是：進到大門，寒暄幾句就奉上禮品，這樣就不會出現因為對方客套而不收禮的尷尬情形。如果錯過了在門口送禮的時機，不妨等坐定後，在收禮人倒茶的時候送。此時，不僅不會打斷原來談話的興致，反而還可增加一些話題。

綜上所述，送禮時，一定要選擇恰當的語言送出你的禮品，不恰當的語言不僅毫無作用，還會影響彼此的關係。

送禮間隔要適宜

生活中，有不少人對於送禮的間隔問題一直都不重視，他們認為，只要頻率和禮物的分量都達到一定的標準了，這份禮物就一定能夠送到位，而對方就一定能夠喜歡。其實不然，過於頻繁地送禮並不能夠達到相對的作用，相反，有時它還會變成反作用，讓收禮一方的心裡產生一種疑惑，容易讓他人認為你送禮必定有問題。因而，他人有可能會拒收你的禮物。

那麼，送禮的時機和頻率應該怎樣把握才能夠將禮物送好呢？

其實，這個時間過於頻繁和過長都不合適。長時間不送禮給對方，即使是親朋好友，難免也會覺得你人情淡漠；另一方面，如果你時不時地登門送禮，或許是因為你重情義，或許是因為你做事心切……可是這樣的最終結果將會適得其反，對方可能會因懷疑你懷有某種目的而對你心存疑慮。另外，過於頻繁的送禮，如果人家很講究，會以禮相還，這樣也會加重對方的經濟負擔。久而久之，只會促使對方遠離你。因此，掌握好合適的時間間隔送上你的禮品，既可培養感情，又能達到做事的目的。

對於間隔長短的問題，最好以你們的關係而定，關係好的你可以稍微頻繁一些，不過送的禮物就不必過於講究了，有時候就算只是送上你家自做的點心，對方也會高興的。相反，如果是不經常走動的人，有事求人家或者單純的想做好關係的話，那就不必過於頻繁了；如果你想加深彼此的感情，更不要急於一時，由疏遠到親密需要一個循序漸進的過程，心血來潮，過於頻繁的送禮會讓對方詫異。

其實，送禮的頻繁與關係的密切程度關係不大，不要片面的以為關係好就一定要多送禮，關係不好就少送禮。其實有的時候這個關係恰恰相反，對於那些關係不好的反而要多送禮，因為只有多溝通多交流才能將彼此的關係做好，才能在某些問題上互惠互利，達成共識。

選擇價值適當的禮品

有這樣一個故事：

有一年，清朝湖廣總督張之洞回老家探親，正遇上他的一個姑姑去世了。出殯那天，張之洞在靈堂前行了跪拜禮，馬上便有人把他帶進了帳房。帳房老先生問道：「張大人今日有多少大賞賜呀？」張之洞不慌不忙從身上摸出四兩銀子，輕輕往桌上一放，說：「大家一看便知。」「怎麼了，就四兩？」滿屋的人全愣住了。張之洞心裡早就明白了大夥的用意，微微一笑說：「常言道，人敬我一尺，我敬人一丈。隨禮，是相互往來之事。我隨他家，可拿出三五百兩，若我家有事，他再隨我，就很難拿出啦。之洞一生為官清貧，積蓄不多，今日又不是來炫富的。他家何時真的有困難，我及時周濟就是了。」

可見，送禮要輕重得當。送的禮物不要過於奢侈，以免造成收禮者的心理負擔，但所送的禮物也不能過於隨便。禮物的價值應與收禮者的關係而衡量，以避免令雙方尷尬。送禮是雙方共同的行為，適度是原則。

小王是一個熱心腸的人，非常喜歡幫助別人，但卻對那些受惠者送來的禮物深感尷尬，因為許多人並不富裕，卻送來非常昂貴的禮品，其實自己只是舉手之勞，他常覺得受之有愧，常常嘆息地說：「其實完全可以不用送如此大禮。」

受到別人的照顧或恩惠時，為了表達謝意，贈送一些禮物本來是無可厚非的，但一定要選擇輕重適當的禮品，否則就會給收禮者造成不少困擾。

挑選禮品的時候，人們經常會為送多少價值的禮物而感到煩惱。不少人認為，價格高的禮物當然能表達送禮者特別的感情，能給收禮者留下深刻的印象，所以，在許多場合中，人們都會選送價格不菲的禮物，希望自己給對方留下好的印象。特別是有要事相求時，厚禮更是如魚得水，發揮出它獨到的優勢。

其實，送禮並非越貴越好，送禮的多少與輕重，應視與對方的關係、送禮的目的以及收禮者的身分而定。我們要用非常理性、非常現實的思維來審視這些問題。

在現實生活中，我們在商場的禮品櫃檯前都會聽到許多夫妻低聲商討「這份禮是否有點微薄了」、「送如此昂貴的東西值得嗎」之類的話。反之，從收禮者的角度來看，若得到的遠比預期的低，便會大感不悅，甚至比根本沒有送禮來得更為氣憤；可能責備對方「不識時務」、「沒有禮貌」等，有一種身分地位被貶低的憤怒。因此，送禮應該視雙方的關係、身分、送禮的目的和場合，加以適當掌握，不可太微薄，也不可太貴重。

與您關係密切的人，您當然可以送他重禮，也可以送一般的禮物，關鍵看在怎樣的場合。泛泛之交，互贈禮品時免不了幾分試探，一般總是抱著不讓對方吃虧的心理，你贈我一盒點心，我還你一盒水果；你送我一本書籍，我回贈一枝鋼筆。

價格相當，互利互惠，隨著交往由陌生到熟悉，由膚淺到深入，由疏遠到親密的發展，禮品的輕重往來也隨之發生變化，由外在的互利互惠，進而深入到內在心靈的交流。特別是密友知己之間，互贈禮品更是烘雲托月，輕重相宜，送多送少已不重要了。

有人送禮是為了求人做事，那麼，禮物的輕重就與做事的大小有關。求人辦大事，禮物太微薄，事情就難辦成。禮物太豐厚，收禮者迫於壓力有可能拒收，事情就更難辦成。

試圖靠送禮來打通關節，聯絡感情，巴結權貴，博取功名，這樣的禮品即使再貴重，但它所蘊含的情意卻是虛假的。送禮者在患得患失中早已關閉了心靈的門窗，情感無法進行交易，靠金錢堆築而成的「情誼」之堤，一經風雨就會潰決。即所謂「以勢交者，勢傾則絕；以利交者，利窮則散」。這樣的禮物送得再豐厚，充其量只是庸俗意義上的交換。

　　當然，並不是說輕微的薄禮必顯情意，貴重的厚禮一定是為了功利，關鍵看禮品是否真正成為心靈的媒介，情誼的象徵。「禮輕情意重」的另一層含義就是：禮輕、禮重都是相對的，再貴重的禮品，和人與人之間的情意相比都是輕微的。

　　一般講，禮品太輕又意義不大，很容易讓人誤解為瞧不起他，尤其是對關係不算親密的人更是如此，而且如果禮太輕而想求別人辦的事難度較大，成功的可能幾乎為零。但是，禮品太貴重，又會使接受禮品的人有受賄之嫌，特別是對上級、同事更應注意。除了某些愛占便宜又膽大的人之外，一般人就很可能婉言謝絕;或即使收下，也會付錢，要不就日後必定設法還禮，這樣豈不是強迫人家消費嗎？如果對方拒收，你錢已花費，留著無用，便會生出許多煩惱，就像平常人說的：「花錢找罪受」，何苦呢？因此，以對方能夠愉快接受為尺度，選擇輕重適當的禮品，爭取做到花少錢，多做事，多花錢，辦好事。

　　「送多少」是一個籠統的概念，從禮物的數量多少、體積大小以及價格的高低來說，送禮還是有講究的。

　　一般而言，送的禮品要以小、少、輕為宜。少，就是不求數量多，要求少而精；小，指體積不宜太大，小巧玲瓏，易送易存是最高境界；輕，則指價格適中，不求昂貴。總的原則是充分地重視禮品的精神價值和紀念意義。

　　歐美人送禮，往往一束花、一本書、一小簍水果均成敬意。送禮對他們而言，是一種禮貌、尊重、感謝的表示，而不是給對方的物質援助或經濟補貼。

　　而我們通常出於面子的需要，覺得很少的東西拿不出手，要送，就得送多些，送得貨真價實。送水果就買個 10 斤，超市裡的商品，恨不得全搬了去。錢雖然花了不少，但效果卻未必好。特別是第一次見面，你提了那麼多禮物，人家還認為你有什麼不可告人的目的呢！誰還敢收？如果主人不肯收，你的處境就尷尬了，提走不是，不提走不是。於是你推我讓，最後，難

下臺的還是你。退一萬步說，主人就算收下禮物，心裡肯定老大不愉快；你這一次送我這麼多禮品，下一次可夠我還的。您自認為是好意，人家的心裡卻有了壓力。

其實，禮物不在多，送禮不怕少，只要精緻美觀，富有創意，送出去就會受到歡迎。

送禮要考慮場合

送什麼禮、什麼時候送及怎樣送是經常困擾人們的問題，尤其是在怎樣的場合下送禮至關重要。場合不當，即使是送上最珍貴的禮品、擁有最深的愛有時也無濟於事。

彭文賢在一家公司上班兩年多了，業績一般，也沒有其他特長，屬於默默無聞的那類。眼看過年快到了，一天晚上吃飯的時候，媽媽提醒他：「應該給你們部門的主管送點禮物了，這兩年來，他們對你挺好的。」晚餐後。他和媽媽一起到商場裡買好了東西，燕窩、花旗參、紅酒……

主管的家住在哪裡，彭文賢不知道，也不知道向誰去打聽。第二天早上，彭文賢早早帶著禮物來到公司。停好車，打開後車廂，彭文賢開始猶豫了，這些禮物要不要帶到辦公室去？想了很久，他決定，趁現在時間還早，趕緊把禮物拿到主管的位置上。

當彭文賢像做賊似的提著禮物來到主管的辦公室，沒想到主管已經在那裡了。更難堪的是，還有另一個人正在跟他談事情。彭文賢結結巴巴說明來意後，主管尷尬地把自己的車鑰匙交給他，示意他將這些東西放到車裡。

彭文賢恨不得找個地洞鑽下去，萬分後悔自己沒有事先探明情況。正在煩惱間，他找到了主管的車，打開後車廂將東西放進去，轉身離開時，正和另一名同事撞個正著，彭文賢的臉刷地一下紅了。

可見，送禮時要注意適當的場合和時機，否則，再好的禮品也可能受到冷落。所以，在送禮時，我們要學會看場合。

贈送禮品可以在公開的場合，也可以在私下場合，這主要看禮品的性質。

如果贈送的禮品實用價值不高卻具有某種象徵意義，不妨在公開場合贈送。如一束鮮花、一枚徽章、一張賀卡等禮品，就可以直接送到對方的辦公室，這樣，在向收禮者表達心意的同時，既讓收禮者感受到送禮者的尊重，場面也不會尷尬。

如果禮品是個人用的東西，即使是送給特別親密的人，也不適合在公開場合相贈。因為這樣會產生行賄受賄嫌疑，很容易引起收禮者同事的反感、誤解，有損收禮者形象。年輕人在私密僻靜的地方把貼身禮物送給心愛的女孩是合情合理的，女孩會因男孩的細心、體貼而覺得幸福、溫馨。但如果男孩將此類貼身衣物在女孩的辦公室當中相送，那就合情而不合理了，女孩就會覺得男孩不懂看場合而陷入難堪。

一般來說，在大庭廣眾面前，宜送高雅、大方、體面的書籍、花束、禮盒一類的禮物，而送與食衣住行相關的生活用品只有在私下的場合才是合適的。

如果贈送的禮品是食品或者其他實用品，即使送親朋好友，也不宜在公開場合相贈，因為，這容易引起旁人的誤解，讓人感覺有賄賂的嫌疑，使收禮者的形象受損，並可能招致他人的反感。所以，送禮時，一定要把握好送禮的場合。如果場合不當，即使送上最珍貴的禮品有時也會適得其反。

把握好送禮的時機

　　對於送禮者而言，送禮要把握好時機。用「師出有名」來形容送禮的時機最恰如其分了。如果你能找到一個恰當的理由，那麼在給別人送禮的時候，就可以使收禮者不感到突兀，感覺自然而容易接受了。相反，如果你只是想著送禮，不講究時機，那你這個禮多半是送不出去的。即使送去了，也得不到好的效果。

選擇好送禮的時機

　　不管給誰送禮，送什麼禮，都要有一個充分的理由，要「事出有因」，這樣既讓你的禮能夠送出去，又讓收禮者感到自然，同時又加深了你們之間的情感，達到了送禮的目的。

1.　利用生日。平時，把同事以及親朋好友的生日記在一個小本子上，並在家裡的掛曆上標上記號，等到他們生日那天，送上一份特別的禮物。

2.　利用偶發事件。例如朋友的父母不幸病故，同學突然失戀等等，遇到這類事情或安慰、或祝賀，禮物是少不了的。

3.　利用臥病在床的機會。人一旦生病臥床不起，都會變得脆弱煩躁，名聲虛榮也都顧不上了，這時他最需別人探望和關心。如果朋友、同事因病在家，你應該在完成一天的工作後，帶著禮物去他家裡探望慰問。閒聊時不要談及工作，要表現出關心、同情、誠懇的樣子。

4.　利用婚喪嫁娶的時機。親朋好友、同事本人或他們的孩子有婚嫁之喜、生小孩之喜時，要及時送去禮物，並且熱心幫忙；聽說朋友或同事的親人去世，應主動慰問死者的家屬，舉行葬禮時還要去送行。

選擇恰當的送禮時間

　　何時送禮並無習慣可言，一般來說，禮品應當在一見面時就送給對方，如果此時不太方便，也可以在道別時再贈送。

　　根據不同的場合，你可以選擇不同的送禮時間。

1. 當表達所受的盛情款待的感激之情時，禮物最好是在臨別時再送，表明您送禮的動機僅僅是感謝。

2. 如果您離家借宿，那麼您最好在離開之前表達您對主人的感激。在離開的那天送上一束花是再適合不過的了。

3. 如果被邀請到一個您從未去過的地方度週末，您可以帶上準備好的禮物或是事後送上一些禮物以表感謝。

4. 在會面和商談事情時，如果準備向主人贈送禮品，一般應當選擇在起身告別之際。

5. 拜訪、赴宴、道喜、道賀時，如擬向對方贈送禮品，通常選擇在雙方見面之初相贈。

6. 如果您將去一所豪華宅邸或鄉村別墅小住，首次最好不要帶禮物去，旅行家德布雷特是這樣解釋的：「禮物最好在訪問之後再送，因為第一次能使您有機會了解到主人的興趣愛好。」

7. 為專門的接待人員、工作人員準備的禮品，一般在抵達後盡早贈送給對方。

8. 參觀觀光工廠時，如果參觀公司向自己贈送禮品，最好在當時向對方回贈一些禮品。

9. 出席宴會時向主人贈送禮品，可在起身辭行時進行，也可選擇在餐後吃水果之時。

10. 觀看演出時，可酌情為主要演員預備一些禮品，並且在演出結束後登臺祝賀時當面贈送。

11.作為東道主接待外國來賓時，如要贈送一些禮品，可在來賓向自己贈送禮品之後進行回贈，也可以在外賓臨行的前一天，在前往其下榻之處進行探訪時贈送。

得體的接受及回贈禮品

收禮和答謝是收禮人對饋贈者深情厚誼的肯定，它可以從另一方面幫助饋贈者完成送禮的任務。生活中，我們大多數人都很幸運地接受過禮品，不過，這並不說明我們總能禮貌得體地接受禮品，所以我們還要學習一下相關的禮儀。

大方得體的接受禮物

1. 接受禮物時的禮節

在一般情況下，對於一件得體的禮物，收禮人應當鄭重其事地收下，大多數人很幸運的收到過禮物，卻並不是每一個人都能禮貌地接受別人的禮物。

當別人對你說有禮物相贈時，不管自己在做什麼，都應立即停下來，面向對方，在對方取出禮物準備贈送時，應保持風度，在贈送者遞上禮物時，要盡可能地用雙手前去迎接，不要一隻手去接禮物，特別是不要單用左手去接禮物。在接受禮物時，勿忘面帶微笑，雙目注視對方。收禮者應用左手托好禮物（大的禮物可先放下），抽出右手來與對方握手致謝。

如果現場條件許可，時間充裕，人數不多，禮物包裝考究，那麼，在接過他人相贈的禮物之後，應當盡可能地當著對方的面，將禮物包裝當場拆封，它表示自己看重對方，同時也很看重獲贈的禮物。在打開時，動作要井然有序，不要亂扯、亂撕、亂丟包裝用品，撕破包裝紙被認為是

粗魯的舉止。當面拆開包裝後，要以適當的動作和語言，表示你對禮物的欣賞，但請注意，結婚禮物是不可當場打開的。

2. 向送禮者表示感謝

不少人受到禮物後，常常會對禮品本身讚不絕口，甚至激動萬分。但是「謝謝你」這三個實實在在的字眼卻不會從他們口中聽到，而這正是表達謝意的關鍵所在。它表明你謝的不是禮物本身，而是對方送禮物給你的這個舉動。

讓對方感受到你的愉快。你確實可以找到一些悅耳的話，或者至少是令人開心的模稜兩可的話來說。你可以感謝送禮人所花費的心血：「你能想到我太好了。」你可以感謝對方為買到合適的禮品所付出的努力，如：「你竟然還記得我收集古代地圖。」當然，如果你確實喜歡某件禮物，那就明確地告訴對方。

重視別人送的禮物。千萬不要拿禮物開玩笑，或者說任何被人認為是開玩笑的話，除非那是一件惡作劇的禮物。要表現得真心喜歡這件禮物，並對禮物所包含的意義表示感謝。例如，「哦，多精緻的工法！」「這麼罕見的顏色。」「我從沒見過這樣的東西！」或只是一句，「你想得真周到。」

另外，接受禮物時，不要過於推辭，沒完沒了地說「受之有愧，受之有愧！」以致傷害送禮者的感情，即使送的禮物不合你意，也應有禮貌的加以感謝！

回贈禮物

贈送，是人際社交中的一項重要舉動。成功的贈送行為，能夠恰到好處地向受贈者表達自己友好、敬重或其他某種特殊的情感，並因此讓受贈者產生深刻的印象。而怎樣回贈禮物，同樣很有學問。它展現你的修養、友善以及尊重。

曾有這樣一個關於鄰里之間送禮與回贈的故事：

為表示友好，王家用小碗給周家送了一碗餃子；為了還禮，沒過幾天，周家用中碗給王家送了一碗餃子；來而不往非禮也。於是，王家過幾天給周家用大碗送了一碗餃子；周家一看急了，不能失禮呀，於是用盛湯的瓷盆給王家送了一盆餃子；王家一看，嘿！不能讓人小瞧了！趕緊做了一鍋餃子給周家送去……

我們知道，禮尚往來，是人之常情。收到饋贈的禮物後，收禮人一般要回贈，從而加強聯繫，增進友誼。但回贈禮物時，一定要把握分寸、把握時機，千萬不能因送禮、還禮而受累。

下面介紹一些回贈禮品的禮節：

1. 注意回贈禮品的時間。回贈禮品時，要注意時間間隔的把握。因為如果你還禮的時間過早的話，就會讓人有種「等價交換」的還債的感覺，甚至讓對方覺得你是要和他劃清界限。如果拖延的時間太長，等感激之心已經完全冷卻了再還禮，就沒有了禮尚往來的感覺，如果對方比較敏感的話，可能還會再對你進行還禮，如果你又等一段時間才還禮就顯得過於失禮，但是馬上還禮也顯得不好，總之，不把握合適的時間，一切都會讓你顯得失禮。例如：在節日慶典時，可以在客人走時立即回贈，在生日婚慶、晉級升遷等時候接受的禮物，應在對方有類似的情形或適當時候再回贈。

2. 注意回贈禮品的形式。回贈禮品的形式得體，雙方皆大歡喜，若回贈禮品的形式出現問題，那麼可能回贈還不如不回贈。所謂的回贈禮品的形式包括了回贈禮品的類型、回贈禮品的價格、回贈禮品的場合等，把這些問題處理好才能夠漂亮地完成回贈禮品的任務。

　　回贈的禮物切忌重複，一般要價值相當，也可以根據自己的情況而定，但也不必每禮必回。每接受他人的饋贈，應留心記住禮物的內容，回贈時以選擇類似的物品為宜。因為一般人在選擇禮物時，無意之間會選擇自己喜歡的禮物，因此，回贈對方時，不妨參考一下對方饋贈的禮物，較易讓對方感到喜悅。

拒絕收禮的方法

　　年底正是送禮旺季，通常是各階層「禮尚往來」的高峰時期，原本心情很好的李小姐卻有了一個很大的煩惱：「我最近就在煩惱怎麼拒收人家禮物又不讓人覺得被『侮辱』，收了不妥當的禮物不如不收。而有些人的禮物很麻煩，最好不收，但又不知道如何拒絕……」

　　生活中經常會出現這樣的情況，人家送禮可是自己不能收，那麼該怎麼辦呢？作家賈平凹說：「每個人都應有接納與寬容之心，但也要學會拒絕。」拒絕，就是不接受。雖然接受禮物是一件令人愉快的事情，但某些不宜接受的禮物是必須拒絕的。既然是對別人意願或行為的一種間接的否定，那麼就應該考慮不要把話說絕，給別人以臺階下。古人在拒絕收禮這方面給我們做出了良好的楷模。

　　北宋大臣呂蒙正，中過狀元，三任宰相，以正直敢言、清正廉明著稱，官僚士紳都知道他厲害，無人敢向他行賄送禮撈好處。朝裡有個官兒「偏不信邪」，思索了三天三夜，終於思索出一個「錦囊妙計」。原來他家有件祕

不示人的傳家寶──一面青銅古鏡，不知出自哪朝哪代哪位巧匠之手，渾然天成，鈕座聯珠，銘文重圈，鏡面幽光熠熠。銅鏡本為古人照臉之具，可是這面古鏡據說竟能照清二百里遠近景物。他想獻鏡給呂，憑宰相一言九鼎，自己必能平步青雲。但若直接送上，又必定碰一鼻子灰甚至碰得鼻青臉腫，必須採取迂迴戰術，施計巧獻，讓呂相爺乖乖受賄而不知是賄，一切自然妥貼，天衣無縫。

於是，他到呂蒙正弟弟呂蒙休家，讓蒙休鑑定古鏡。蒙休連誇：「寶鏡寶鏡，日月生輝，明鑑天地！」他一看有機會，心中大喜，卻裝作不經意似的說：「明鑑天地，滿朝文武只有令兄大人配得上！小弟我人微福薄，留著它早晚要惹禍，神偷慣盜把它偷去不說，還可能殺人滅口哩！侯門似海，相府森嚴，只有那裡才最安全，寶鏡萬無一失，小弟我也跟著平安無事，高枕無憂了。」呂蒙休聽懂了他話裡的「意思」，卻不敢代收代轉古鏡，搖頭說：「絕對不行！我哥那脾氣誰不知道？」那人笑道：「令兄是古器物鑑賞專家，您帶古鏡去讓他鑑定一下，這不難吧？只要他老人家微露愛意，您不就可以說話了嗎？反正我也不是送禮，不過是為了保住古代文物罷了。」蒙休只好答應，卻不敢持鏡見哥哥，便對那人說：「寶鏡您先拿回去，我去試探試探再說。」

呂蒙休見了哥哥，說了一大堆「引言」，才引到古鏡上，末了說：「哥給鑑定後就留下照臉用吧！」呂蒙正哈哈大笑道：「老二呀，你看哥這張老臉，不是也只有碟子大小嗎？何須用能照方圓二百里的天大鏡子呀！」在場的人全都笑得前俯後仰。

這事傳開後，人人嘆服，連那位「偏不信邪」欲行巧賄者也佩服得五體投地──想不到自己三天三夜想出來的錦囊妙計，被鐵面宰相一句笑談輕輕一碰，頃刻間化為烏有，反成了朝裡朝外大小官員飯後茶餘的笑話！他自慚形穢，對人說：「我現在才知道人世間終究是邪不勝正⋯⋯」

看來，拒禮收禮不僅是一種技巧，而且還是一種藝術。有句古話：「官不打送禮的」，說的是在送禮人面前，再嚴厲的官也不好意思板下臉來訓人。面對送禮人，不受禮受賄是一個原則，但如何拒禮拒賄卻是一種藝術。所以，拒絕收禮也要注意分寸，講究禮儀。

1. 婉言相告。受贈人應該採用委婉的、不失禮貌的語言，向贈送者暗示自己難以接受對方的禮品。比如：當對方向自己贈送手機時，可告知：「我已經有一臺了，謝謝。」當一位男士送舞廳門票給一位小姐，而對方打算回絕時，可以這麼說：「今晚我男朋友也要請我跳舞，而且我們已經有約在先了。」

   公儀休，春秋時期魯國人，官至魯國宰相，因為廉政，不收禮而被流傳後世。有一次，有人就送魚給他，他拒而不受。送魚的人說：「聽說你喜歡吃魚，為什麼不肯接受我送的魚呢？」公儀休說：「正因為我喜歡吃魚，所以更不能接受你的魚！我現在做宰相，買得起魚，自己可以買來吃，如果我因為接受了你送的魚而被免去宰相之職，我自己從此就買不起魚了，你難道還會再給我送魚嗎？這樣一來，我還能再吃得到魚嗎？因此，我是絕不能接受你送的魚的。」

2. 直言緣由法，也就是直截了當而又所言不虛地向贈送者說明自己之所以難以接受禮品的原因。在公務來往中拒絕禮品時，此法尤其適用。比如：拒絕別人所贈的大額現金時，可以講：「我們有規定，接受現金饋贈一律按受賄處理。」如果是比較貴重的禮品，可以說：「按照相關規定，您送我的這件東西必須登記上繳，您還是別破費了，事情能辦我會盡力的。」

   東漢楊震拒絕收禮的故事發人深省。

   一天，楊震路過昌邑，昌邑縣令王密為報楊震舉薦之恩，於夜晚獨自一人趕到楊震下榻的驛館，拿出 10 斤黃金，獻給楊震。楊震十分生氣地說：

「我是了解你的，你為什麼一點不了解我？」王密以為楊震怕人知道而不肯接受，便說：「晚上沒人知道。」楊震氣憤地說：「天知、地知、你知、我知，怎能說沒有人知？」

3. 援引案例，藉以示人。很多人送禮時，總是借親情、友情、同鄉情誼等理由來掩飾，往往也令人防不勝防。因此，在遇到這種情況時，一定要頭腦冷靜，立場鮮明地予以拒絕。對方既然談感情，那麼不妨舉一些生活中發生的案例來作為「擋箭牌」：「最近我們公司發生過這樣的情況……他們為此丟了飯碗，既然你為我好，就應該為我考慮，不要讓我為難。」

4. 薄受厚饋，宛然相拒。生活中，我們往往會碰到送禮人是親朋好友的情況，不收，他們會埋怨你不講情面，甚至可能會結下怨仇；收下吧，又違反工作紀律和法律。遇到這種「兩難」局面，你可以先收下禮品，然後再回贈他更貴的禮物。這樣一來，既不得罪他，又讓他明白送禮也是白搭，反而要讓收禮人付出更多。如此一來他送禮的意圖就難以實現。南北朝梁武帝時的清官郭祖深為官清廉節儉，有一次一個老嫗送他一個未熟的青瓜，他再三推辭不下，只好收下，立即讓家人送了一匹布過去。無獨有偶，宋代有位叫劉溫叟的官員，有一次家鄉親戚為求其做事送給他一車糧草，他回贈了一件價值高昂的衣服，送禮人感覺十分慚愧，於是就把糧草帶回去了。

5. 事後歸還法。有時，拒絕他人所送的禮品，若是在大庭廣眾之下，往往會使受贈者有口難張，使贈送者尷尬異常。遇到這種情況，可採用事後退還法加以處理。但是一定要注意別破壞包裝，如果其中包括一些易壞的食品，就別往回送了，或者買點新鮮的回送，或者以價值相當的禮物回贈。但要注意的是，事後歸還應該在當天把禮物送回去，不要拖得太久。

三國時期的華歆在孫權手下時，名聲很大，曹操知道後，便請皇帝下詔招華歆進京。華歆啟程的時候，親朋好友千餘人前來相送，贈送了他幾百兩黃金和禮物。華歆不想接受這些禮物，但他想如果當面謝絕肯定會使朋友們掃興，傷害朋友之間的感情。於是他便暫時來者不拒，將禮物統統收下來。並在所收的禮物上偷偷記下送禮人的名字，以備原物奉還。華歆設宴款待眾多朋友，酒宴即將結束的時候，華歆站起來對朋友們說：「我本來不想拒絕各位的好意，卻沒想到收到這麼多的禮物。但是，匹夫無罪，懷璧其罪。想我單車遠行，有這麼多貴重之物在身，諸位想想我是否有點太危險了呢？」

朋友們聽出了華歆的意思，知道他不想收受禮物，又不好明說，使大家都沒面子，他們內心裡對華歆油然而生出一種敬意，便各自取回了自己的東西。

假使華歆當面謝絕朋友們的饋贈，試想千餘人，不知道要推卻到什麼時候，也不知要費多少口舌，搞得大家都很掃興，使大家都非常尷尬。而華歆卻只說了幾句話便退還了眾人的禮物，又沒有傷害大家的感情，還贏得了眾人的嘆服，真可謂一箭三鵰。

第二章　有「禮」更要有節─掌握一定的送禮原則

第三章

「禮」到萬事成 ── 送禮要打一場心理戰

送禮如同攻城掠地，兵法需得當，所以送禮需要講究謀略。求人做事總免不了要送別人些禮品，以表示自己的誠意，殊不知送禮還是一門學問，值得人們好好研究一番。既然是要送禮給別人，當然要好好研究一下別人的心理，這樣一來，你就必須要先懂點送禮心理學。心理學是一門高深的學問，人們往往對它所發揮的作用驚嘆不已，而將其運用到送禮之中，也同樣會獲得絕佳的效果。

投其所好，送禮送到心裡

在人際社交中，交往雙方互贈禮品是常見的事。適當的禮品可以表達彼此的敬意和良好祝願。但要使贈送禮品達到最好的效果，就要學會一些技巧。

每個人都有自己的興趣、愛好，選擇禮品時，必須對送禮對象有一個把握程度，這樣才能避免「物不達意」。

每份禮品都有它特有的作用，關鍵是看送禮者怎樣選擇、運用和投放。如同一泓泉水，注入沙漠裡，會無聲無息地消失;注入小溪，便能激起浪花，唱起叮叮咚咚的歡歌。

義大利米蘭著名時裝設計師吉安尼・凡賽斯（Gianni Versace），出生在義大利的南部，他很喜歡海濱旁邊希臘神廟裡的古典雕像。在他尚未成名時，有一天，他在羅馬一家古玩店的櫥窗裡看見了一個漂亮的小雕像。這個小雕像有其獨到之處，具有輝煌的古希臘精神。那時吉安尼・凡賽斯並不富有，但還是鼓足勇氣問了問價錢。古玩商老闆說，很抱歉，已經有人買下了。

吉安尼・凡賽斯大失所望。看到他沮喪的樣子，老闆叫他留下名片，以備所需。

連續幾個星期，每當吉安尼・凡賽斯到羅馬，總要設法取道去這個古玩店，愛慕地觀望櫥窗裡的小雕像。有一次，他發現那個小雕像不見了，心裡頓時覺得失去了什麼。

意想不到的事情發生了。第二天，吉安尼・凡賽斯收到一個包裹，裡頭就是那尊小雕像，還帶了張便條：請收下這份禮物。與您同樣的藝術品愛好者贈。至今，吉安尼・凡賽斯還珍藏著這尊小雕像。它的價值遠遠超過吉安尼・凡賽斯所收集的任何古玩。

那位慷慨大方的古玩老闆，就是羅馬著名的古玩商，他投其所好送給吉安尼・凡賽斯的小雕像，也讓兩個人建立了深厚的友誼。

不管送什麼樣的禮物，投其所好才是最重要的。「投其所好」送上小禮品，往往能打動人，給對方留下深刻印象，使人脈關係更加牢靠。

　　張嘯天的上司是個青年才俊，據張嘯天所知，他有兩大嗜好。一是喜歡收藏一些稀奇古怪的東西；二是極其熱愛戶外活動，自然也十分喜歡旅遊。一到假日就會穿著輕便的衣服，背起行囊遊走天下。而張嘯天作為公司的新進人員，又極其希望與這位年輕的上司打好關係，以利自己日後的晉升。當他知道這位年輕的上司極其熱愛戶外活動時，他本打算從戶外用品著手，然而一來專業級的戶外用品太貴，對於一個月薪資只有兩萬多元的張嘯天來說，顯然是有點消費不起的。二來戶外用活動該用的裝備，上司也都置辦齊全了，他也無從下手。把戶外用品排除後，張嘯天只能把目標鎖在一些稀奇古怪的物品上了，可是眼下手中也沒什麼稀奇的東西。怎麼辦呢？這可煩死了急著想接近上司的張嘯天。

　　皇天不負苦心人，機會還是來了，當張嘯天休假到了馬來西亞度假時，發現那裡的錫製品很出名，樣式也十分特別。於是就想著挑一個很特別的錫製火車頭送給上司，因為他曾聽說上司喜歡搜集各地各類最古老的火車頭擺設。假期結束後，張嘯天立刻把錫製火車頭送給了他的上司。果然，上司異常喜歡，馬上把火車頭放在了辦公桌上。不僅如此還藉機誇獎了張嘯天一番，說他工作認真，能力出色，是個可造之材等。

　　聽上司這麼說，張嘯天的心中不由得欣喜若狂，他知道一定是自己的禮物奏效了。果然兩個月後，他被升遷為了經理特別助理一職。

　　送禮作為表達自己的感情、加深與別人間的溝通和交流的一種方式，是感情和意義上的互通交融，至於禮物輕重、何種形式都不重要，關鍵是能表達自己心意，並且投其所好。

　　每個人都有自己的興趣愛好，每個民族每個國家都有各自的風俗習慣，選擇禮品時一定要有所考慮，有的放矢投其所好，不要盲目選擇。饋贈者可

以透過仔細觀察或透過打聽了解收禮者的興趣愛好，然後針對收禮者的喜好精心選擇合適的禮品，盡量讓收禮者感覺到饋贈者在禮品選擇上是花了一番心思的，是真誠的。

宋士凱前年畢業後參加了公務員考試，他一路過關斬將順利進入政府機關工作。

剛從象牙塔走出的傲氣和銳氣讓宋士凱吃了不少苦頭，不僅工作上經常出現小差錯，而且跟同事之間也處得不好。在這種情況下，宋士凱所在部門的主任仍然對他和顏悅色，依舊把一些較重要的工作交給他做。幾個月後，宋士凱適應了環境，工作得心應手，成績直線上升，曾經想看他笑話的同事也不禁刮目相看。看著自己今天的成績，宋士凱一直想對主任表達謝意，可是又怕請吃飯、送禮品被同事知道後說閒話，直到現在也沒決定好該怎麼辦。

眼下又是年終了，宋士凱決定借著這個機會給主任送個禮物，表達一下自己的感激之情。但是給主任送什麼呢，這讓他頭疼。他曾聽部門的同事說主任非常喜歡鼻菸壺，家裡已經收藏了幾百個了，想到這裡，宋士凱決定去挑幾個精美鼻菸壺好好包裝，當做禮物送給主任，豐富主任的收藏。

果然，主任收到宋士凱的鼻菸壺特別開心，愛不釋手，一邊把玩一邊對宋士凱表示感謝。宋士凱則謙遜地站在一邊回道：「主任您喜歡就好，也只有您這樣的高雅人士，才能真正欣賞這些藝術品。要是在別人手裡，恐怕只會暴殄天物。」一席話說得主任更是欣喜若狂，對宋士凱印象更好了幾分。

送禮，其實傳統意義上都是送些實物，多注重投其所好，不管你送禮的目的是什麼，總是要送一些對方喜歡的東西。如果不知道對方的喜好和個性，就要想辦法去尋找機會去了解，以便做到送出的禮物是對方真正所需求的，只有這樣才能把禮物送到對方的心裡，以此引起對方重視。

當然，饋贈禮物之前，饋贈者一般不能直接問收禮者喜愛什麼。但是，饋贈者可以旁敲側擊，或者仔細觀察，或者透過向收禮者的朋友打聽，了解其興趣愛好。如果禮品投合收禮者的興趣、愛好，會令受贈對象特別感激。因此他認為自己受到了尊重。

李建華在過年過節時經常會收到一些禮品，他每次都是將這些禮品與送禮者的名字記下來，為的是作為回禮的參考。天長日久，他逐漸悟出：從對方所送的禮品上可以觀察此人的性情愛好。如果對方送陳年美酒給你，其實表示送者也對美酒有所偏好；若贈送造型典雅的茶具，則送者必是對茶具有愛好者。

投其所好是送禮最基本的要求，只有知道了他人的個人喜好，才有可能做到投其所好。如果做禮物達不到投其所好，那麼你所送出去的禮物也是白送，因為在他人的眼裡，你的禮物展現不出價值。

每個人對禮品的選擇，經常在無意識中透露出自己的喜好，即便是價格頗為高昂，也會產生「這也是自己所喜愛的」這種心理，而不去在乎其價格的高低了。然而從另一方面來說，這也就帶有一種強加於人的色彩，容易給對方一種強迫感。因此，挑選禮品切勿以自我為中心，而不考慮對方的需要、愛好、興趣等。如果將自己很感興趣的東西強送給人，希望對方接受或喜歡，會讓對方感到有壓力，同時也會令對方難堪，這樣，贈送禮品就達不到溝通、交流的目的。

如果收禮者滴酒不沾，一瓶酒顯然不是一件受歡迎的禮品。如果收禮者愛好民間藝術，一件帶有鮮明的地方特色的工藝品會使他愛不釋手。如果收禮者喜歡集郵，一套珍貴的郵票會使他欣喜萬分。請記住：一味地選擇自己所喜歡的禮品送給別人將失去送禮的意義，只有贈送對方所需要的，並且能真正表達自己的誠意的禮品，才是真正「送禮的藝術」。

有新意的禮品，讓人過目不忘

　　禮品是寄託思想感情的載體，其價值不是以金錢的多小來衡量的。更重要的是以禮品本身的意義展現的。因此，選擇禮品時要力求別出心裁，富有新意，不要落入俗套。

　　葉鳳珠在一家大公司裡當技術顧問。秉持著努力工作，提早升遷的偉大目標，她處處想要彰顯著沉穩老練的特色，希望得到公司的重視和欣賞。

　　雖然葉鳳珠經過一番努力成功得到他人的認可，但是一段時間後便發現自己對這份工作有點失去熱情了，常常感到無聊、枯燥、提不起精神。特別是每次回到辦公室裡屬於自己的唯一的「方寸之地」，看著除了散落的文件還有幾支常用的簽字筆外，沒有任何裝飾品的辦公桌，心裡更是說不出的煩悶。「難道自己真的就要如此沉悶下去嗎？」

　　葉鳳珠暗自嘆息。不僅她有這樣的感覺，整個辦公室的人似乎都是這般的死氣沉沉。

　　元旦馬上就要到了，看著同事們忙著準備元旦禮物，葉鳳珠靈光一現，她決定這次要送給大家一份象徵驚喜和「輕鬆」的禮物。葉鳳珠決定利用自己能拿到辦公室鑰匙之便，她直接把禮物放在同事的辦公室，雖然有點驚險，但是可以給他們一個很大的驚喜。

　　於是，葉鳳珠像做賊一樣的利用中午休息時間，成功地把包裝好的禮品放到了同事的辦公桌上。下午，當同事們回到辦公室工作發現自己辦公桌上的禮品時，非常好奇，拆開禮物，裡面居然是一個造型奇特、印著可愛圖案的杯子，裡面還附著葉鳳珠的小卡片，上面寫著：「如果渴了，請喝喝它；如果累了，請看看它 —— 讓它的可愛和實用，帶給你開心一笑。」看著這樣一個可愛的杯子，再看看自己平時喝水用的單調簡單的杯子，同事們忍俊不禁，工作中擁有這樣一個造型獨特的水杯，在喝水的那一瞬間，不僅讓茶水變

得更甘甜，更能讓你體驗到工作的可愛，同事們對葉鳳珠的禮物充滿了感激。

都說送禮看心意，事實上「新意」或許就更能表達你的「心意」。生活中，送禮是每一個人都會遇到的事情。每逢過年過節、大小喜事……人們就會為送什麼禮物煩惱。在如今千篇一律的禮品市場，挑出一件令人滿意的禮品著實不易。與其從眾，不如另闢蹊徑，投其所好地送有新意的禮物。看看下面這個事例：

趙凱倫是杜清明的客戶，也是杜清明的好朋友。趙凱倫要過生日了，杜清明思索著給趙凱倫送什麼禮物好。趙凱倫家裡不缺錢，人也正派，吃的用的都不缺。去年送了一盒高級的花旗參茶，但基本上等於白送，那天送花旗參茶的還有好幾位，「同質化」非常嚴重。

杜清明去一位老朋友家喝酒敘舊，邊喝邊聊，聊起了送生日禮物給趙凱倫這事，朋友建議送張鈔票做生日禮物。如果能找到一張編號與趙凱倫的出生日期一致的幸運鈔票，送給他，他肯定會十分珍惜的。杜清明認為這個很特別。

經過一番努力，終於弄到了一張面額約為 50 元美金的幸運鈔票。特別是趙凱倫今年正好是 50 大壽，再加上鈔票那吉祥漂亮的數字編號，這種鈔票做生日禮物堪稱一絕。

在趙凱倫生日的那天，杜清明發現，當趙凱倫看幸運鈔票時，雙眼發亮，樂得合不上嘴。後來趙凱倫還特地給這張幸運鈔票弄來一個水晶框架，擺在客廳顯眼的地方，據說時不時還會跟客人說起這張鈔票的事，自然也會提及杜清明了。這天趙凱倫的一個朋友順便問了杜清明的情況，正好這位朋友有一大筆業務可以和杜清明合作，於是趙凱倫極力促成了這筆交易。

這個事例告訴我們：大眾的禮品太普遍，但很容易讓人忽略，而有新意的禮物總會讓收禮者念念不忘，留下深刻的印象。因此，送禮就要有新意，讓人過目不忘。

在生活中，送禮是一門技巧，更是一門學問，它能夠融洽人際關係，送去自己最真誠的祝福，為收禮者增添歡樂和驚喜。某些時候，送禮還能為自己的事業發展盡點心力，使各種難題迎刃而解。學會送禮，善於送禮，你將收穫另一份屬於自己的大禮。

讓贈送的禮物具有意義

禮尚往來是傳統美德，可以送什麼、怎麼送卻不得而知，只好效仿他人，造成了禮品選擇上的千篇一律。這樣的禮品哪裡會有新意，也自然無法承載送禮人想要表達的「想法」和「心意」。

禮品是感情的載體，因人因事因地施禮，是社交禮儀的規範之一。任何禮品都表示送禮人特有的心意，或酬謝、或求人、或聯絡感情等等。對於禮品的選擇，也應符合這一規範要求，要針對不同的收禮者，選擇合適的禮品。要讓收禮者覺得你的禮品非比尋常，備感珍貴。

小敏的好友文文生了個小孩。大家都前去探望，有的送了一個紅包，有的送了小孩穿的衣服，還有的送來了水果、奶粉等。小敏也剛生過孩子，深知十月懷胎非常不易，但她知道，文文現在最大的願望，是當一個好母親。於是，她買了一束代表母愛的康乃馨和一本親子教養專書給文文，真誠地祝福她永遠像鮮花一樣美麗，並成為一位偉大的母親。文文接到這份禮物非常高興，和小敏的關係也更緊密了。

送禮要表示出送禮人的心意。選擇禮品時，應該與你的心意相符，並使收禮者感知你的心意。所以，最好的禮品應根據對方的興趣愛好選擇，耐人尋味卻不露痕跡。選擇禮物時，最好選那些具有思想性、趣味性、紀念性的東西，力求不落俗套，別出心裁。

常言道：送禮送到心坎上。禮物是感情的傳遞物，是傳送友誼的媒介。所以，我們在選擇禮品時，應根據自己的感情和心理來挑選禮物，也就是說要想辦法將自己的心意透過特定的禮品表現出來。讓對方在接受禮品時，能感受到你的一片深情厚誼，即以物見情，以情感人。只有做到這一點，才能使你的送禮行為高尚、文雅、親切、友好。

禮物對收授雙方均有意義，儘管深淺不同。運用下列一些策略送禮不僅能省時省力，而且能融入個性和創造力，讓自己贈送的禮物具有特殊的意義。

合乎身分的禮品更受歡迎

任何對象都有其特別適合的禮品可以贈送，這在許多社交場合非常重要。

· 對於慶祝結婚紀念日的夫婦，你可以送兩人野餐用的食品籃、一瓶葡萄，再加一本詩集。
· 對剛退休的人，你可以送帆布躺椅和娛樂或旅遊雜誌。
· 對於行動不便的長者或者病人，你可以送去一臺收音機、電視。
· 對於一位長輩，你可以送一些裝飾精美的相框。
· 對於一位廚師，你可以送去方便好用的廚具搭配一件圍裙。
· 對於青少年，你可以送他們喜歡的搖滾樂團、體育比賽或演唱會的門票。
· 對於樂於做東的人，你可以送有質感的盤子搭配餐巾。
· 對於長年旅居國外的人，你可以送自己家鄉的特產或紀念品。

為了某人而收集一些物品

生活中，很多人都喜歡收藏某些東西，如相機、紀念鈔票、郵票、瓷器、明信片、書籍、鏡子、編織物、方巾、拳擊手套、飾品等等。我們平時可以多注意他們的喜好，作為送禮時的參考。

對新郎新娘或是結婚一周年的夫婦，你可以在第一個耶誕節時為他們選聖誕樹上用的水晶或飾品，而後每年的耶誕節送去不同的飾品增添他們的收藏。

對那些挑剔的婦女，可以替她們收集銀器、各種尺寸的鏡框或奇特的書籤和有名人簽名的瓷器。

喜歡旅遊的人通常喜歡收集岩石、花瓶或來自異國的紀念品和記載這些東西的書籍。除了從你這裡收到，他們在自己的旅遊過程中也會收集這類物品，這會為他們增添樂趣。

為了某人而收集一些物品表明你對他本人或他的生活極有興趣，也幫你解決了今後可能因買不到合適的禮品而發愁這一難題，同時又使你從一門有趣的學問中學到不少知識。

意義深遠的禮品更能打動對方

有些禮品意義深遠，雖然它們本身不一定豪華和昂貴。它們之所以特別是因為這些禮品飽含了贈送者的深情。它們能打動對方的心靈，同時是你欣賞對方的表現。

在附近的公園、教堂或學校種植一棵掛有你朋友姓名牌子的樹。

為某人寫一首詩、作一首曲子或是寫一個故事。

請家裡的長輩談談他們的童年，他們對自己父母的回憶或其他差不多忘卻的家庭趣事，記錄下來送給家庭其他成員。

新年前給對方送年曆時，在年曆上標出所有家庭成員和朋友的生日、結婚周年紀念日和其他特殊節日。

送對方一些常令他想起你的東西，如幫他訂一份雜誌或為他取得某個協會的會員資格。將一次聚會或慶祝活動錄音、錄影送給對方。以某人的名義贈送一本珍貴的書給當地圖書館、學校。

送禮貴在雪中送炭

有這樣一個小故事：

從前，有一個書生，家貧如洗，窮困潦倒，靠替人念寫書信維持生計。一年，適逢科舉，書生為籌措盤纏，遂向親友借貸，但均遭拒絕。無奈之下，書生只好沿途乞討赴考。萬幸的是，書生高中，衣錦而歸。鄉人聞之，紛紛前來巴結，親友更是奉迎不迭。霎時，書生門可羅雀之庭，車水馬龍，門庭若市。

遇此情形，書生感慨萬千，悟出一副對聯。

上聯是：回憶去歲，飢荒五六七月間，柴米盡焦枯，貧無一寸鐵，賒不得，借不得，雖有八親九戚，誰肯雪中送炭。

下聯是：僥倖今年，科舉一二三場內，文章皆合式，中了五經魁，名也香，姓也香，不拘張三李四，都來錦上添花。

用紅紙寫了，貼於門口。見此聯者，無不羞愧掩顏。

一副對聯將書生中舉前後，截然不同的兩種生活境遇，表現的淋漓盡致，入木三分。細品此聯，「雪中送炭」與「錦上添花」兩種人生境界，躍然入目，令人深思，讓人感嘆。

生活中，多數人都喜歡錦上添花，畢竟，在好的事情面前多一句讚美，說幾句好聽話，實是一種交際手段。但聰明人更知道雪中送炭的可貴。雖然雪中送炭和錦上添花都可以施得人情，可兩者的效果是完全不一樣的。因為如果一個人處在極度的困境之中而你施以援手，那麼他便可能會感恩一輩子。其實以「急人所急」的方式贈禮又豈無異曲同工之妙呢？

在三國鼎立之前，周瑜並不得意。他曾在軍閥袁術部下為官，被袁術任命做過一回小小的居巢長，一個小縣的縣令罷了。

這時候地方上發生了飢荒，收成既差，加之兵荒馬亂，糧食問題就日漸嚴峻起來。居巢的百姓沒有糧食吃，就吃樹皮、草根，很多人被活活餓死，軍隊也餓得失去了戰鬥力。周瑜作為地方的父母官，看到這悲慘情形急得心慌意亂，卻不知如何是好。

有人給他獻計，說附近有個樂善好施的財主叫魯肅，他家素來富裕，想必一定囤積了不少糧食，不如去向他借。

於是周瑜帶上人馬登門拜訪魯肅，寒暄完畢，周瑜就開門見山地說：「不瞞老兄，小弟此次造訪，是想借點糧食。」

魯肅一看周瑜豐神俊朗，顯而易見是個才子，日後必成大器，頓時產生了愛才之心，他根本不在乎周瑜現在只是個小小的居巢長，哈哈大笑說：「此乃區區小事，我答應就是。」

魯肅親自帶著周瑜去查看糧倉，這時魯家存有兩倉糧食，各三千斛，魯肅痛快地說：「也別提什麼借不借的，我把其中一倉送與你好了。」周瑜及其手下一聽他如此慷慨大方，都愣住了，要知道，在如此飢荒之年，糧食就是生命、價比黃金啊！周瑜被魯肅的言行深深感動了，兩人當下就成了朋友。

後來周瑜飛黃騰達了，真的像魯肅想的那樣當上了大都督，他牢記魯肅的恩德，將他推薦給了孫權，魯肅終於得到了做大官的機會。

在別人最困難、最需要幫助的時候，你伸出援助之手，就能夠讓對方銘記一輩子，時時念著你的好，這其實是一種人脈的累積。俗話說：受人滴水之恩，當以湧泉相報。你幫人忙，別人便欠了你一個人情。日後你有困難，他一定會回報你。

在別人最需要幫助時，你出現在他面前，並給他以幫助和鼓勵，不僅會獲得對方的感激之情，也會樹立起你重情義的良好形象。急人所急，並不需要多麼貴重的禮物。人在困難時，接受少量的資助也會覺得格外感激。

有位著名的畫家年輕時過了一段非常困苦的生活，經常三餐不繼。有一次，他把一幅連自己都沒信心的畫拿到畫商那裡，畫商看了半天，付給他一筆在當時他認為很多的錢，令他十分感激。就畫家來說，畫商並非買了這幅畫，而是給了他前途。後來，他終於成功了。

那筆金額是否很高呢？其實不見得，但直到今日，那位畫家對這筆款項一定還覺得非常感激。人在困頓消沉中，有人向他伸出援助之手，可以使人產生長久的感恩之情。由此可見，在別人困難時，你的禮品比在別人得志時你再送的禮品要珍貴得多。

春秋時，趙宣孟（即趙盾，諡號宣孟）有一次看見一棵枯樹下有一個人躺在地上，奄奄一息，眼看就快要餓死了。便停車下來，給他東西吃。那個人一點一點地嚥下食物，慢慢地有了精神。

宣孟問他：「你為什麼餓成這個樣子呢？」

那個人回答說：「我在回家的路上被人打劫，吃的都被搶走了，我羞於向人乞討，又不願擅自拿別人的東西，所以才餓成這個樣子。」

於是宣孟便送給他一些肉乾，那個人拜了兩拜，接受了肉乾，卻不肯吃。

宣孟問他是什麼緣故，他回答說：「我家還有母親呢，我想把這些肉乾留給她吃。」

宣孟說：「你把這些吃了吧，我另外再給你一些。」於是又贈給他兩束肉乾和一些錢，便離開了。

過了兩年，晉靈公派兵追殺宣孟，其中有一個士兵跑得最快，追上了宣孟，宣孟心裡想著我命休矣！

沒想到這個士兵對宣孟說：「請您上車快跑，我來保護您。」宣孟問：「你為什麼要這樣做呢？」

第三章 「禮」到萬事成─送禮要打一場心理戰

那個士兵道：「我就是枯樹下餓倒的那個人。」於是他奮力保護宣孟，最終讓宣孟得以逃脫。

無獨有偶。戰國時代有個名叫中山的小國。有一次，中山國君設宴款待國內的名士。當時正巧羊肉羹不夠了，無法讓在場的人全都喝到。有一個叫司馬子期的人，因沒有喝到羊肉羹而懷恨在心，到楚國勸楚王攻打中山國。楚國是個強國，攻打中山易如反掌。中山被攻破，國王逃到國外。他逃走時發現有兩個人手拿武器跟隨他，便問：「你們來做什麼？」兩個人回答：「從前有一個人曾因獲得您賜予的一碗飯而免於餓死，我們就是他的兒子。父親臨死前囑咐，中山有任何事變，我們必須竭盡全力，甚至不惜以死報效國王。」

中山國君聽後，無限感嘆地說：「我因為一碗羊肉羹而亡了國，因為一碗飯而得到兩個忠心的勇士。」

上面這段故事記錄在《戰國策》一書中，後面還有兩句評語：「與不期眾少，其於當厄；怨不期深淺，其於傷心。」意思是說：給別人的好處不在於多少，而在於正當別人處境困難急需幫助的時候；結怨不在於深淺，而在於傷了人的自尊心。可見，關鍵時候的雪中送炭勝過錦上添花。處在困難之中的人，哪怕得到的是很小的援助，也會令人格外感激。

當一個人有最迫切而又無法滿足的需求時，是其意志最薄弱、最容易被征服的時候。如果我們想與他人做好關係，應該盡可能的採取「雪中送炭」法則，送他所缺，給他需要的幫助。那麼，哪些禮物可以作為「雪中送炭」的「炭」來贈送呢？比如：經濟困難的同學要考試，你送上一些複習講義；朋友遇上意外之災，你及時去看望他們，並送上他們急需的物資；同事生病了，為他買些營養品等等，病痛使人精神受挫，產生悲觀的情感，把事情盡往壞處想。醫生只能解除他身體的痛苦。精神的痛苦，就只好寄望於守候和來看望他的人了。病中能看到自己的朋友、同事，心情會格外舒暢。他要從人們對他的關懷中感覺出他在人們心目中的地位，從而增加克服病痛的力量。你在這時去

看望他，在朋友最需要幫助的時候，你以朋友的身分送上禮物出現在他們面前，給予幫助和鼓勵，會建立深厚的情誼，建立你的良好形象。

常言道：「情願雪中送炭，不要錦上添花」，當別人處於困難當中時，你伸出援助之手，就相當於你在寒冷的風雪中送了別人一簍炭。在別人需要時及時送到，不僅幫助了別人會讓你感到愉快，還會讓別人終身難忘。

千里送鵝毛，禮輕情意重

有這樣一個小故事：

唐朝時，雲南一少數民族的首領為表示對唐王朝的擁戴，派特使緬伯高向太宗貢獻天鵝。

一路上，緬伯高餐風露宿，跋山涉水，歷盡艱辛，終於來到了陝西境內的沔陽湖。就要到達長安了，緬伯高的心裡特別高興。他望著碧波蕩漾的湖水，心想：眼看就到長安了，可是白天鵝經過幾個月的折騰，潔白的羽毛弄髒了，我何不給牠洗個澡，乾乾淨淨地獻給大唐帝王？念及此，他放下鵝籠，打開籠蓋，抱出天鵝，準備給牠洗洗乾淨。誰知，他剛把天鵝放入水中，白天鵝翅膀一拍，飛上了天！緬伯高急忙去抓，可是天鵝展翅高飛，天上只落下一根鵝毛。緬伯高無奈地撿起這根鵝毛。沒有辦法，他只好拿著這根鵝毛去見皇帝。

到朝廷之上，緬伯高雙手捧著鵝毛，把沿路經過的情況說了一遍，最後又吟誦了一首詩：

> 將鵝貢唐朝，山高路遠遙。
> 沔陽湖失去，倒地哭號號。
> 上覆唐天子，可饒緬伯高。
> 禮輕情意重，千里送鵝毛。

第三章 「禮」到萬事成—送禮要打一場心理戰

　　唐太宗聽罷，非但沒有怪罪他，反而覺得緬伯高忠誠老實，不辱使命，就重重地賞賜了他。

　　這個故事展現著送禮之人誠信的可貴美德。今天，人們用「千里送鵝毛」比喻送出的禮物單薄，但情意卻異常濃厚。

　　「千里送鵝毛，禮輕情義重」，重視傳情達意、精神交流，是送禮真諦。然而，當今社會，很多人用禮品價格衡量送禮心意，把高級禮品視為身分象徵，在貴重程度的比較中炫富，誤以為「禮越重越親」，寧願「只送貴的不送對的」。在時代潮流沖刷下，禮品的情感內涵、文化意味被稀釋乃至變味。面對一件件華美精緻而人情味不足的禮品，人們難以感受到孝心、敬意和祝福。這種「重禮輕情」的社會心理滋長蔓延，不僅持續炒作著一些高級禮品價格，更讓不少人逢年過節有「送禮焦慮」。

　　華人向來重「禮」，禮尚往來不僅是社交的基本規則，也是被人稱頌的文化傳統。但是，如果「禮物」僅僅注重於「物」，那麼，禮尚往來也就變了味道。

　　其實，禮品的輕重並不能代表情意的輕重，「君子之交淡如水」，君子間送禮通常是禮輕情義重。歷史上許多「生死之交」、「莫逆之交」、「刎頸之交」，他們之間所饋贈的禮物很多都不是現實中的有形物品，而更多的是他們的真情、熱血，乃至生命，這樣的禮物才是最有價值、最能維繫感情的。

　　人情往來，重在心的相通，感情的交流，自古以來親朋好友間雖然也有相互饋贈一些禮物的，但是，這種「禮尚往來」，主要是展現一種感情的交流，因而講究「禮輕情意重」，「禮」是為了展現「情」，看重的是「情」而不是「禮」。只有出自真心的禮品才是最好的禮品，所以禮品的價值不能以價格來衡量，主要是看禮品象徵的意義。人際社交少不了禮物饋贈。所謂「千里送鵝毛，禮輕情義重。」情義是無價的，情義是無法用金錢來衡量的。一件小禮品，雖不值多少錢，但若在上面花點小心思，使禮品能「投其所

好」，就會令對方深感「禮輕情意重」。

英國女王伊莉莎白（Queen Elizabeth II）訪問日本時，有一項訪問 NHK 廣播電臺的安排。接待人是 NHK 的常務董事野村中夫。野村接到這個重大任務後，便收集有關女王的一切資料，仔細研究，以便在初次見面時能引起女王的注意，留下深刻的印象。他打算送一份最好的禮物給女王，可是他絞盡腦汁，也沒有找到適當的禮物。

偶然間，野村中夫發現女王的愛犬，於是靈感隨之而來。他跑到服裝店特製了一條繡有女王愛犬圖樣的領帶。在迎接女王那天，他打上了這條領帶。果然，女王一眼便看到了這條領帶，微笑著走過來和他握手。他所送的禮物就是讓女王感覺到他的真誠。

送禮不在於禮物的貴賤，而在於感情的真摯。只要心意到了，就是最珍貴的禮物。「烽火連三月，家書抵萬金。」說明「情」的價值，絲毫也不誇張。因此選擇禮物時，勿忘一個「情」字，應挑選價廉物美、具有一定紀念意義，或具有某些藝術價值，或為收禮人所喜愛的小藝術品，如紀念品、書籍、畫冊等。

送禮的 6 種攻心術

世上沒有辦不成的事，只有不會做事的人。一個會做事的人，可以在紛繁複雜的環境中輕鬆自如地駕馭人生局面，凡事逢凶化吉，把不可能的事變為可能，最後達到自己的目的。其中的關鍵是看你用什麼方法、用什麼技巧、用什麼手段。

送禮送得好，方法得當，會皆大歡喜。送得不好，收禮者不願接受，或嚴詞拒絕，或婉言推卻，或事後退回，都只會令送禮者十分尷尬。弄得錢已花，情未結，當真是賠了夫人又折兵。所以，只有巧妙掌握送禮的技巧，才

能把整個送禮的過程畫上一個漂亮的句號。下面是一些常見的，也是比較有效的送禮的技巧：

以「下不為例」為藉口

有人詢問過深諳送禮之道的人，問他們一旦遇到對方不好意思收禮或不敢收禮時怎麼辦。大多數人說，最好的辦法，是用很誠懇的態度跟對方說「只此一次，下不為例。」說了這句話，對方十有八九就會接受。

射將先射馬

假如你是要送禮給一位先生，不要選擇他，而要選擇他的嬌妻作為送禮對象。道理很簡單，你的禮物給他的妻子，妻子會很高興地接受。因此，她很快就會成為你的盟友，她的丈夫不會願意與你們兩人為敵。事實上，當你送禮給他的愛妻時，他會有一種難以言喻的成就感，氣氛會異常輕鬆愉快；就算他極不願接受，但在他的嬌妻面前，他也有苦難言，只好強裝笑臉。

讓人銘記於心

一般人多少都有點勢利，人們總是熱心於巴結那些有權有勢，且又得志的人。但也有例外，有人因犯錯誤而被革職，他往日由於有膽有識，故巴結者也不少，為拉關係而送禮者絡繹不絕。可革職後，往日的朋友一夜之間都成了陌生人。在這一點上，您可以用他的生日禮物，他會非常感激你的，一旦重新得志，他是不會忘記你的。

當一個人不得志時，你給他送上份小禮，就很容易成為患難之交了。這是一種贏得他人的重要的心理戰術，千萬不要錯過這個機會。

以第三者身分送禮

在人際關係中，人們往往會心存戒備，不斷觀察對方的言行，而對較無利害關係的第三者，往往疏於防備，在送禮時也可以利用這種心理。

如一位女職員為了表示感謝公司經理對自己的關照，以丈夫的名義給經理送去了幾瓶酒，經理收下了。反過來，如果這位女職員直接以自己的名義送禮，對方可能會產生「你一定別有企圖」、「你是為了巴結我」的反感和戒備心理，很有可能將會拒絕你的禮物。

以家鄉特產作為禮品

送禮，最好是送「家鄉」的土產。這有 3 個好處：一是對方不好拒絕；二是能勾起對方對家鄉的思念之情；三是以這個特產為話題，可以引起雙方的共同語言，很快就能親近起來。以「家鄉人」的身分送禮，可以說是一種萬能的送禮技巧。

以「晚輩」身分

某位先生在一個重要部門工作，很有權力，但他為人正直，從不接受饋贈，對送上門的禮物，不是拒絕，就是「等價退還」。因此，來他這兒送禮的人，大多弄得很尷尬。

一位職員來到他家做客，說：「局長，您兒子年紀和我差不多吧？他有一位您這樣健康的父親，比我幸福多了。我前幾年不知道體貼家父，沒有盡孝道，結果家父得了病。做晚輩的不指望長輩有錢有勢，只希望長輩安康健在……局長您都 50 多歲了，千萬要注意身體。否則，您的兒子一定會很難過的！這些補品就算是晚輩對您的一點孝順，請多注意身體。」經他這麼一說，這位局長很受感動，最後不僅收了禮，而且對這個年輕的職員產生了很深的印象。

這個職員不是看在局長有權有勢來送禮的，而是根據自己父親的實際情況，以晚輩希望長輩安康為理由來送禮的，將自己置於局長兒子的位置，因此感動了局長。

找對藉口，送對禮

　　很多人經常遇到這樣一個的問題，選禮物難，要名正言順把禮物送出去更難。送禮之所以稱為藝術，關鍵是一個「送」字。如何把禮物巧妙的送出去，達到皆大歡喜的效果也是很值得大家學習的一門學問。其實送禮的關鍵在於藉口找得好不好，送禮的說法圓不圓融，這就是需要你發揮聰明才智的地方。一般而言，有以下一些方法。

「暗渡陳倉』法

　　如果你送的是酒一類的東西，不妨假借說是別人送你兩瓶酒，來和對方對飲共酌，這樣喝一瓶送一瓶，禮送了，關係也近了，還不露痕跡，豈不美妙。

　　在公司中，王忠亮是出了名的愛喝酒，酒量也是出名的好。同事邱志豪想請他來家中吃頓飯，送兩瓶高粱酒作為禮品，以加深友誼。他知道，王忠亮一般是不接受「家庭宴會」的邀請的。於是邱志豪便用「暗渡陳倉」法發出邀請，對他說：「有位朋友送我兩瓶高粱酒，說是絕對正宗，你知道，我不會喝酒，更不會鑑別，不知你有沒有空，幫我鑑別一下，順便來寒舍小敘。」王忠亮答應來看看。這樣，邱志豪達到了預定的目的：王忠亮不僅前來赴宴，而且品嘗了高粱，臨走又接受了高粱酒的饋贈。

「借花獻佛」法

如果你送土產，可以說是老家送來的，分一些給對方嘗嘗鮮，東西不多，自己又沒花錢，不是特意買的。請他收下，一般來說收禮者那種因害怕你目的性太強的拒收心態，可望緩和，會收下你的禮物。

無獨有偶。王宗偉是一家大機構的職員，在一次晉級評選之前，他想送給他們機構的部長一些禮物，希望能夠獲得這個晉升機會，然而，這卻是一個有難度的問題，一方面送些什麼方能讓部長樂於接受，而又能夠達到自己的目的呢？另一方面，送禮的人肯定不少，自己的禮物的輕重分量不好拿捏。經過多方打聽，王宗偉得知這個機構的部長是一個孝子，家裡還有一位老母親，患有哮喘病，而且由於早年操勞過度，又無錢醫治，至今仍無法根治。這位部長多次尋醫未果，母親的病一直是他的一個心病。

也巧，前些日子，王宗偉的老婆回老家，王宗偉的小舅子讓她給王宗偉帶兩條很奇怪的小蛇，給王宗偉泡酒喝，說是可以強身健骨，增強體質，而且這兩條小蛇泡酒喝對治療哮喘病有奇效。

其實，王宗偉對於這類東西向來不喜歡，當妻子拿回來的時候還勸他說：「我知道你不喜歡，可是小弟他硬要我帶回來，說是個好東西。對你有好處，看在他一片好心，你就勉為其難收下吧！」當時，王宗偉還不知道如何處理這兩條小蛇呢，既然是一片好意，也就買了點酒將其泡了起來。

在得知部長的消息之後，王宗偉眼前一亮，有了主意。他買了一些包裝紙，精緻的包裝了一下蛇酒，拎著它拜訪部長家，轉贈給了部長，部長一聽對哮喘病有幫助，自然就收下了。

後來，王宗偉的晉升通知下來了。一日，部長把王宗偉叫到辦公室，對他說：「多虧你呀，我母親的哮喘病好多了。」王宗偉自然也知道這晉升的事與他的特殊禮物有著密不可分的關係。

王宗偉這一送禮過程，完美的詮釋了「借花獻佛」法則。可以說，如果能夠在送禮的過程中運用好「借花獻佛」原則，是非常有效的。

「烘雲托月」法

有時你想送禮給人而對方卻又與你八竿子拉不上關係，你不妨邀請幾位熟人一起去送禮祝賀，那樣收禮者便不好拒收了，當事後知道這個主意是你出的時，必然改變對你的看法，借助大家的力量達到送禮聯誼的目的，實為上策。

汪女士與洪女士在同一家銀行工作，兩人在工作中有些矛盾，發生了爭吵，事後關係趨於冷淡。汪女士檢討這場風波，認為自己態度不夠與人為善是風波的起因，因此想登門和解。正逢洪女士喬遷之喜，汪女士就聯絡一些同事，送了一套別緻的餐具以作賀禮。那天很熱鬧，汪女士見到洪女士時，洪女士正因喬遷之喜滿面春風，汪女士說：「姐妹們來看看您的新居，我也湊個熱鬧，這點小禮物也許用得上，大家要我代表一下送給您。」洪女士哪有拒絕之理，她們握手言和，從此冰釋前嫌。

「移花接木」法

送禮當然是親自登門拜訪最好！但如果你礙於面子擔心收禮人拒絕，而恰巧你妻子與收禮人的太太很熟，不妨讓你的妻子帶著禮物去拜訪，很容易就把事情辦妥，你也不用出面，兩全其美。有時，直接出擊不如移花接木更能獲得奇效。

老馮想請老同事老杜辦點事，他準備送點禮品給老杜，但又知老杜處世謹慎，不會輕易接受禮品。於是，他決定採用「移花接木」法。他的太太在美容院工作，頗懂美容的技巧，他讓太太帶著美容工具到老杜家串門，對老杜的愛人說：「聽說你一直想去一家高級美容院。我先生讓我上門服務來

啦！」她協助老杜的愛人設計了髮型，一直到她滿意為止。臨走時，還把美容工具留了下來，指導她使用方法。第二天，老杜對老馮表示了由衷的謝意。後來，老杜主動地幫助老馮辦了本想請他辦的事。

看來，有時直接出擊不如迂迴運動。透過這個例子，我們很容易就能看出這「移花接木」是怎樣運用的了，如果能夠熟練運用這個法則，那麼你在日後的送禮過程中將得心應手，如魚得水。

平時多燒香，危急時才有人幫

在現代繁忙的工作生活中，有事之時找朋友，人皆有之，無事之時找朋友，變得越來越少。也許你會有這樣的經驗：當你面臨一種困難，你認為某人可以幫你解決，你本想馬上找他，但你後來想一想，過去有許多時候，本來應該去看他的，結果你都沒有去，現在有求於人就去找他，會不會太唐突了，甚至可能會因為太唐突而遭到他的拒絕。在這種情形之下，你不免有些後悔。

俗話說得好：「平時多燒香，急時有人幫」。人與人之間的感情是日積月累的，朋友最不願接受的情況是當你用得著他的時候抱著禮品甜言又蜜語，用不著時一腳踢開形同陌路。所以送禮要送在平時，臨時抱佛腳是傻瓜做的事。

我們所說的「平時多燒香」，是說在無求於對方時給對方送禮品，而且也沒有任何其他目的，僅僅是為了與對方相互了解，加深感情，促進友誼。當對方有喜事時前去恭賀與對方同喜；當對方在困難時給對方送去溫暖，幫助解決；當對方生病時前去安慰表示關心……這種情況下你送的禮品就算不貴重，對方也會非常高興的。

某位企業董事長的交際手腕高人一籌。他長期承包那些大公司的業務，對這些公司的重要人物常施予恩惠，以求得到他們的支持。但是這位董事長

的交際方式與一般企業家的交際方式的不同之處在於：不僅結交公司要人，對年輕職員也殷勤款待。

其實，這位董事長並非無的放矢。事前，他總是想方設法就該公司內各員工的學歷，人際關係，工作能力和業績，作了一次全面的調查和了解，認為這個人大有可為，以後會成為該公司的要員時，不管他有多年輕，都盡心款待。這位董事長之所以如此，是在為日後獲得更多的利益作準備。他明白，十個欠他人情債的人當中有九個會給他帶來意想不到的利益。

所以，當自己認識的某位年輕職員晉升為科長時，他會立即跑去慶祝，贈送禮物。年輕科長自然十分感動，無形中產生了知恩圖報的想法。這樣，當有朝一日這位職員晉升為處長、經理等要職時，仍記著這位董事長的恩惠。因此在生意競爭十分激烈的時期，許多承包商倒閉的倒閉，破產的破產，而這位董事長的公司卻仍舊生意興隆，其原因之一就是他平常人際關係中感情投資多。

好的人際關係是求人成功的基礎，但好關係的建立不是一朝一夕就能做到的，必須從一點一滴入手，依靠平日情感的累積。所以，送禮品最忌諱的是臨時抱佛腳。尤其是你剛與對方認識就帶了許多禮品給對方，然後就提出你要辦的事，很明顯你是在用這些東西來換取他的幫助。一般情況下他會拒絕你的禮品，就是收下了也不會馬上幫你做事。

好朋友也是一樣，關係好平時多走走，有事時不用送禮對方也會幫你。如果平時不來往，有事則抱著禮品來求情，對方雖不好意思說你，但同樣不會買你的帳。

如果你要「燒香」，就找些平常沒人去的冷廟，不要只挑香火繁盛的熱廟。熱廟因為燒香人太多，神仙的注意力分散，你去燒香，也不過是眾香客之一，顯不出你的誠意，神對你也不會有特別的好感。所以一旦有事求它，它對你只以眾人相待，不會特別照顧。

但冷廟的菩薩就不是這樣了，平時冷廟門庭冷落，無人禮敬，你卻很虔誠地去燒香，神對你當然特別在意。同樣的燒一炷香，冷廟的神卻認為這是天大的人情，日後有事去求，自然特別照應。如果有一天風水轉變，冷廟成了熱廟，神對你還是會特別看待，不把你當成趨炎附勢之輩。

　　其實，人際社交與燒香拜佛一樣。有的人能力雖然很平庸，然而風雲際會，也會成為通達人物。人在得意的時候，把一切看得都很平常、很容易，這是因為自負的緣故。如果你的境遇、地位與他相差不多，交往當然無所謂得失。但如果你的境遇、地位不及他，往來多時，反而會有種趨炎附勢的感覺。即使你極力結交，多方效勞，在對方看來也很平常，彼此感情不會增進多少。

　　俗話說：「在家靠父母，出外靠朋友。」生活在社會上，每個人都要靠朋友的幫助。平時禮尚往來，相見甚歡，甚至婚喪喜慶、應酬飲宴，幾乎所有的朋友都是相同，倒也不覺得有什麼的。而一旦運勢低落，門可羅雀，能不被人落井下石、趁火打劫就不錯了，還有誰敢期望雪中送炭、仗義相助？「雪中送炭君子少，錦上添花小人多」，能夠在別人遇難的時候幫上一把，別人終生都會記得你，以後東山再起的時候，也首先會想起你。

　　有一位朋友曾擔任某公司總經理，每年年底，禮物、賀卡就像雪片一般飛來。可是一當他離職退休之後，所收的禮物只有一兩件，賀年卡一張也沒有收到。以往訪客往來不絕，而這年卻寥寥無幾，正在他心清寂寞的時候，以前的一位下屬帶著禮物來看他，在他任職期間，並不很重視這位職員，可是來拜訪的竟是這個人，不覺使他感動得熱淚盈眶。

　　過了兩三年後，這位朋友被原來公司聘為顧問，當然很自然地就重用提拔這位職員。因為他能在沒有利益關係的情況下，登門拜訪，因此，在他心中留下了很深刻的印象。同時更讓他產生了「有朝一日，一旦有了機會，我一定得好好回報他」的想法。

在生活中，榮枯盛衰亦是常伴之物。既有逐步攀升的人，也有失足沒落的人。得意的人身旁有大批人包圍著，可能沒有覺得你的存在對於他的重要作用；相反，落魄的人身旁則無人靠攏，此時他的心中或許你的分量最重，你會被其視為可以共患難的摯友。並且，一度失敗的人在某種機緣下再度翻身爬起的例子亦數不勝數。如果等到對方再度成功之際才來攀附交情，則為時已晚矣。

英雄也有困難的時候，壯士也有潦倒的時候，這些都是常見的事。只要一朝交泰，風雲際會，仍是會一飛沖天、一鳴驚人的，所以平時多走動，送些小禮品，在關鍵時候就有用處了。

送對方合適的禮物

送禮是一門很深的學問，不同的送禮對象，不同的送禮目的，需要選擇不同的禮品。針對不同性格，不同地位和品味的人，所送禮品也各不相同。

一般來說，一個事業心很強的人，在生日或喜慶之日，若能送些含有「大展宏圖」、「馬到成功」之意的生日禮品，他定會心滿意足。晚輩給長輩送禮，要選擇保健、滋補類的禮品為宜。送禮對象是一個商人，您一定要送些「財源廣進」、「生意興隆」之象徵意義的工藝禮品，會使得他眉開眼笑。

對於追求精神享受的人，宜選擇精美高雅的禮品，如名人字畫、工藝美術精品等；對於偏重於追求物質享受的人，宜選擇一些新穎別緻、精美時髦的日用品作為禮物，其中應以吃、穿、玩為主。

對於生活比較困難，除了生存以外很少有其他要求的人，就不必去買那些他生活中根本用不著的東西，他最缺什麼就送他什麼，最好送經濟實惠的東西，有時包個紅包，效果也很好。

不同的人有不同的需求，針對人的不同，選擇適宜的禮物是最恰當的。

一位富有想像力的澳大利亞企業家，為他的穆斯林商業夥伴設計了一件獨特的禮物。他知道虔誠的穆斯林每天要祈禱 5 次，祈禱時必須面對聖地麥加，而在旅行時很難確定麥加的方向。這位澳大利亞人便送給他朋友一個純銀製的指南針，裝在一個便於攜帶的木盒中。可以想像，他的穆斯林朋友收到這份禮物將會多麼的開心！以後，如果他有求於那位穆斯林朋友的話，對方肯定會鼎力相助的。

作為送禮者，想要送一份讓對方滿意的禮品，必須要了解他的身分。送禮要看對象，不同層次的人，其生活需要是有差別、有距離的。所以，送禮時，要選擇與收禮者身分相依的禮品。選擇與收禮者身分相宜的禮品，才是恰如其分的送禮方式。

1. 送禮給富裕的人：收禮者家庭消費水準一般都非常的高，那麼一般禮物很難引起他的注意和興趣。你勒緊褲帶，花了半個月薪資買下的禮品，在他那裡可能只是一件再平常不過的東西。就如土耳其諺語說的「把禮物送給富人，就像提水倒入大海。」但是，有時那份禮又不能不送，勸你還是從精巧上花點心思。比如：送去一柄用山藤根雕刻的菸斗，既是件工藝品，又未花分文；或是送去一枚你自己親手刻製的印章，使其在繪畫的時候可以用之。這可能會引起收禮者的興趣，他可能在讚賞你對他細緻了解的同時，非常珍惜你的那份心意。

2. 送禮給貧困的人：家貧者，生活必不寬裕，你送去的禮物如果是實惠的生活消費品，必定會對他有貼補之用。與其送去只具觀賞性的工藝品，讓其束之高閣，還不如送上食物穿用讓他即時消費，更可令其心花怒放。他也會對你「雪中送炭」、「雨中送傘」感激涕零。

3. 送禮給戀人：黃金有價情無價，戀人之間送禮，不重在禮品的貴賤，而在於寄託在禮品上的那份相思與相知。你們定情時，那一首小詩；你們

第一次郊遊時，你送她的那一片紅葉；你生病時，那一束鮮花，那一陣撫摸，那一番情話，都會像一串熱吻，深印在幸福的記憶中。

4. 送禮給老人：對於老人來說，贈送可口的食品，舒適的衣服，急需的用品，可能會博得老年人的歡心。對他們的身體健康極有好處，也讓兩代人之間的關係更融洽。

5. 送禮給朋友：朋友之間最注重的是情誼，禮尚往來時可以多在趣味性上想一些點子。在他布置房間時，你送去用布縫製的滑稽小猴，置於沙發之上，會令其捧腹大笑；朋友生日，送去代表他生肖的工藝品，可能會令其開心；她出國時，你送她一條簽著全班同學名字的手帕，會令其激動不已。

6. 送禮給孩子：現在的孩子食衣住行都很充裕，作為孩子家長所期望的是他們智力上的開發。所以，圖書繪本、益智玩具、學習用品等能啟發他們智慧的禮品會備受青睞。

7. 送禮給外國友人：通常，外國人對具有異國情調的禮物感興趣，你不妨送些有本土特色的禮品，以博其歡心。

總之，在社會交往中，饋贈禮品要恰如其分，注意選擇與收禮者身分相宜的禮品。如果你能從興趣愛好、言談話語、房間陳設、脾氣個性、經濟情況等多方面對收禮者進行深入的了解和研究，並根據自己的經濟狀況，恰當地選擇合適的禮物，就一定能博得收禮者的歡心，從而實現和達到你送禮的初衷。

第四章

職場有「禮」── 職場送禮的潛規則

身在職場，人與人之間少不了以送禮的方式來聯絡感情，還人情債。「禮」是人際關係的潤滑劑。但職場送禮要把握好分寸和時機，因為「千錘百鍊」的職場人，對禮物都有一種本能的警惕。人與人交往，貴在真誠、大義，然而，有一定的「禮物」為鋪墊，則恰似一種催化劑，會增進其關係的進程。當然，這「禮物」定要恰如其分，合情合理，而運用這手段，則要光明磊落、目的純潔，否則「禮」多人不受，受之則良心不安了。

職場有禮人緣好

　　在社交活動中，互贈禮品本身就是一種禮儀往來，是營造好人緣的一項重要舉動。同樣，身處職場也少不了以送禮的方式來聯絡情感。但一提到「禮」，很多人就會聯想到「拍馬屁」。尤其是向上司送禮時，不少人因為上司給予自己不少指點，想把謝意轉化成禮物。可禮物太輕，意義不大；禮物太重，又有「行賄」之嫌，分寸拿捏愁煞人。而站在收禮者的角度，那些在商場和人情中「千錘百鍊」的職場人士，對禮物都有一種本能的警惕。所謂「無事獻殷勤，非奸即盜」，如果你想透過送一份昂貴的禮物，來達到你索取什麼的目的，當然很難如願。搞懂這個道理不難，難就難在操作上，送主管、送客戶、送同事，你送禮的功夫是否到家，能否做到既不露痕跡，又能夠打動人心呢？

　　過年長假，阿光和家人一起去了趟澎湖。澎湖的風光以及海邊的美景讓阿光恍惚忘了時間的流逝。安閒的時光總是特別容易過，幾天之後，阿光大包小包地從澎湖回到了臺灣。包裡面塞滿的當然是他四處購得的紀念品。

　　過完長假上班的第一天，公司照例要開小組會議。會議議程和往常一樣，總結一下近來的工作進度，然後說說這個星期的工作安排。會議的氣氛還是如往常一樣的輕鬆。正事談完之後，話題自然地轉到了大家在放假的趣事。阿光先眉飛色舞地將旅行中的故事講了一遍，成功地勾起了所有與會人員想要去旅行的憧憬，接著拿出了給他們準備的禮物。都是當地有特色的紀念品，他帶的非常多，並沒有規定某個禮物特定給誰，禮物攤了大半個會議桌，只是讓大家挑自己喜歡的。很自然地，第一個挑選禮物的人是主管。主管謙虛地推託了一下，開始選擇。在滿眼的精巧紀念品中，主管的眼睛明顯一亮。他看看這個，摸摸那個，最後終於選了一個。

　　雖然當中有人可能因為手腳不夠快的原因，沒有拿到自己最想要的那個禮物，但對於阿光，每個人都是會真誠感謝的。「獨樂樂」不如「眾樂樂」，聰明的阿光讓大家都分享了收到禮物的快樂。

　　其實在職場打拚，禮尚往來確實是需要的，它能鞏固你的人際關係，有利於職涯發展。而且在一定限度內，互相送禮和問候其實是合情合理的。

　　逢年過節，給老闆和同事打電話或送點禮是很正常的事情，這不算拍馬屁，也不算變相的行賄。老闆和同事也是人，他們也需要和他人溝通、交流。所以，放寬心，在節日或者生日的時候，給老闆和同事送點小禮物，聊表寸心，並不是犯忌的事情。

　　人與人交往，貴在真誠、大義，然而，有一定的「禮物」為鋪墊，則恰似一種催化劑，會增進其關係的進程。當然，這「禮物」定要恰如其分，合情合理，而運用這手段，則要光明磊落、目的純潔，否則「禮」多人不受，受之則良心不安了。

　　送禮，作為一種職場禮儀，它同樣能展現出送禮者的實力。職場送禮看上去簡單，要送得好卻不簡單，難就難在送禮講究天時、地利、人和。要將心意送得不露痕跡又能打動人心、恰到好處，這絕對是一門技術。一旦沒注意，送禮反而成了失禮。因此，送禮要掌握一些基本的原則。送禮物應該在對的時間選擇對的禮物送給對的人，才能促進人與人間的關係。

1. 生日送禮：同事之間，通常不送生日禮物，但如果是上司或同事的特別生日或有特別安排的慶生會，則可送些實惠大方的禮物。如果覺得沒有什麼特別的禮物好送，送一張溫馨的生日卡表心意，也是十分得體的，不過，如果與上司、同事除了工作上的關係，私人交情也不錯，則可視對方喜好送禮，如送蛋糕；若是長輩，可斟酌送禮金，也可以到餐館吃飯慶祝。

2. 結婚送禮：辦公室內不論同事或上司結婚，送禮金是最普通、最實惠的禮品，禮金的多寡並沒有一定，視交情而定，雙數就好。不能參加時，可託其他同事帶去，也可在新人開始請婚假前奉上，並道聲：「恭喜！」

3. 節日送禮：中秋、春節等節日，華人都有送節禮的習慣，如果辦公室內不論上司、同事，人人都有「禮」，那麼在辦公室內選擇工作較輕鬆的時段來分送，並無不可，奉上禮品時別忘了道聲：「節日快樂」或是「恭喜發財」。要特別注意的是，節禮以食品、生活必需品等為主，避免送禮金或太貴重的禮品，否則會讓人以為你別有所求，甚至將禮退回，反而使送禮者的心意大打折扣。

4. 探病送禮：生病的人最需要大家關心，面對同事或上司生病，如果可以，最好能夠親自前往探問。此時，送花、送水果、送營養品都可以，如果病情嚴重，需要龐大的醫藥費，也可以酌量送禮金。

5. 離職、退休送禮：辦公室內有人離職或退休，通常多以聚會方式來表達心意。大家可以一起送紀念品，你也可以用小卡片來祝福離職者前程似錦或祝福退休者生活幸福。小卡片對增進人際關係的功效不容忽視，可多多利用。

同事之間送禮拿捏好分寸

現代人工作時間占去大部分，而在工作時間內大多得與同事相處。工作時需要同事的合作，需要他們的理解和支援。怎樣拉近同事間的關係，是一門大學問。送禮物當然是必修的基礎課。送禮物給同事，是八小時之外建立感情，推進關係的最有效的物質橋梁；同事幫了你的忙，事後不忘認真地選一份禮物親自登門送上，既還了人情，又不致失禮；同事家有婚嫁喜事，根據關係的遠近親疏送上合適的賀禮，既添了喜慶，又買了人緣；同事生病，

及時前去探望，時間不宜過長，送些鮮花、果籃、營養品等足矣，既安撫了病人，又表達了關心。

同事之間互贈禮物是辦公室中的常見鏡頭，雖然隨處可見，卻充滿了溫馨感。

紫菱是個把禮物的功效發揮到極致的人，所以她也就成了公司裡最受歡迎的女孩。從外地出差回來，她不會忘記給同事帶些便宜新奇的紀念品；同事生病了，她會奉上自製卡片，上面歪歪扭扭地畫著同事的卡通形象，把病人逗得很歡樂；逢年過節，發張 Line 祝賀貼圖更是不在話下，同事們一點開，就彷彿看見了紫菱的笑臉。

即使是和同事鬧了矛盾，紫菱也會用禮物修補感情。坐在對面的小麗因為工作中的一個誤會，在背後逢人就講紫菱的壞話。傳到紫菱耳朵裡，她也不難過，悄悄買了本小麗最愛看的時裝雜誌放在她桌上，在內頁上寫著：「什麼時候我們一起去買漂亮的衣服？」小麗看見後，愣了半晌沒說話，接著默默收起雜誌，繼續工作了。

下班的時候，小麗突然抬起頭，笑著問：「晚上我請吃飯，然後去逛街，怎麼樣？」

問起這件事，紫菱用她一貫文靜的語氣說：「當面對人示好，或者示弱，我都會不好意思。花點心思選個小禮物，一切盡在不言中。」

送禮物給同事，是建立感情、推進關係的有效手段。在公司裡，許多人都能與同事快樂地相處，並且把他們引為自己要好的朋友。在這種情況下，選擇一些合適的禮物送給同事是必要的。一份價格不高的小禮物，送得恰如其分，能讓辦公室裡充滿溫情。

給同事送禮，要注意以下三點：

1. 禮物不要太貴重：通常，人們很容易想要買昂貴的禮物給同事留下好印象，但這可能發出錯誤的資訊。因為過高價值的禮物往往意味著你有求於他，這會給對方造成很大的心理負擔。同事之間贈送禮物，意味著表達欣賞與感激，送禮點到即止就可以了。

2. 以「實用」為原則：「實用」就是根據同事的愛好興趣或者需求而送什麼樣的禮物。以務實的方法送出針對性的實用禮物是肯定會受到同事的歡迎，也輕鬆簡單很多。但是需要記住的是，既然選擇了「實用」，就無須貪圖華麗的包裝，最重要的就是讓同事感到受益和實在。

3. 送禮要遠離辦公室：如果你只給某個人送禮，最好考慮在下班時再送。然而，如果你想送給辦公室所有同事一份禮物，要確保每件禮物有同樣的價值，特別是在公司等級上同等階級的同事之間。你不應該在送禮時偏袒某人，因為他們之間會相互比較。

   一般情況下，可以選擇以下這些小禮物給同事：

   · 桌曆：由許多美麗的圖片組合而成。
   · 盆栽：能使一間嚴肅的辦公室頓時有家的感覺。
   · 公事包：適合送給常出差的同事。
   · 迷你吸塵器：可清除電腦鍵盤上的灰塵。
   · 西裝袋：給外出洽談業務同事的禮物。
   · 小籃球框：可黏在門框上，同事休息時可用來娛樂。
   · 自製小相框：放上與同事的合影，在相框上黏一些蕾絲、蝴蝶結、乾燥花。
   · 電影招待票或圖書禮券：讓同事隨時安排時間去觀看電影或去購書。。
   · 有趣的滑鼠墊：適合所有的電腦使用者。
   · 文具用品：如墨水瓶架、家庭相架、拆信刀、鐘、精裝封面的字典、書籤等。

- 書籍、畫冊：根據對方的嗜好進行選購。

- 網球或高爾夫球：根據對方的喜愛和興趣選購。

- 開運竹、發財樹、巴西鐵樹等：是顏色亮麗，富含花語的花木。

- 特別的筆筒：實用性和裝飾性兼備的禮物。

- 對筆、鉛筆組或名牌鋼筆：對於辦公室的同事來說非常實用。

- 有保溫效果的餐袋：適合送給自帶午餐的同事。

- 皮革材質的備忘錄：可用來工作備忘，亦可成為何時送禮的備忘錄。

- 圍裙或廚具：適合喜歡下廚房的同事。

- 戲劇、歌劇、電影門票：最好兩張或多張，使同事的家人也有機會去觀看

- 名片盒：最好刻上同事的名字。

- 咖啡杯、咖啡壺：送給喜歡喝咖啡的同事。

- 咖啡豆、茶、巧克力的禮盒：送給晚上經常加班的同事。

- 一盒美食：耐放的食物會受到歡迎。

- 獲得食品評鑑獎的水果或糕點：不但味道很好，而且品質可靠。

- 經管類、勵志類的書籍：可提高工作效率或激發工作興趣。

- 一頓免費午餐：在下班時，可很隨意地邀約對方一起去餐廳。

- 新型計算機：款式新穎，且可進行多種運算，還可能有其他功能。

- 口袋型收音機：方便外出時攜帶使用。

- 高級皮製的筆記本：裡面附有筆和寫字墊。

- 小而精緻的花卉花籃：放在對方的辦公桌上作為擺設。

- 小型插電的保溫座：送給喜歡小口品嘗茶或咖啡的同事。

- 「請勿打擾」的掛牌：送給不喜歡被打擾的同事。

- 精巧的桌上型公仔、擺飾：幾乎所有的同事都喜歡將其擺在辦公桌上。

- 鋼筆禮盒：十分普通卻又很獨到的禮物。

· 隨時準備的小卡片：遇到同事高興或心情低落時，它即刻可被送出，會給同事以鼓勵。

· 造型逗趣的玩偶：如壓力球等，適合送給剛被上司訓斥的同事。

新人初入職場要有禮

職場新人剛剛踏入到社會當中，對於在社會當中生存的技巧一定也不了解。這不僅使得很多的職場新人在職場當中四處碰壁，而且還會受到職場老員工的歧視。適當地給上司送點禮物，以此來拉進跟上司的關係，那麼就可以更好的來工作了。

王錦濤是一個職場新人，出社會後遇到的第一個大節日就是過年，他不知道是否可以送禮給上司，因為在學校他們是有送禮給老師的習慣。他爸爸認為，職場上靠本事吃飯，做好自己的工作就好，沒有必要送禮給上司，但他媽媽認為，再努力工作，也要把上司巴結好，應該送點禮品表示自己的意思，也有助於和上司慢慢建立好的關係。父母的不同意見，讓王錦濤猶豫不決。

李士傑大學年畢業後在一家軟體發展公司工作，從應屆生到現在的職場菁英角色轉身，得到了上司的不少的幫助和提攜，李士傑一直想對上司表達一下謝意，可是又怕請吃飯、送禮品被同事知道後說閒話，直到現在也沒拿定主意該怎麼辦。

對於初涉職場的人來說，給不給上司送禮一直是困擾他們的難題，其實，本職工作固然重要，但是人際關係也絕不可忽視。無論是同事還是上司，都是自己職場路上絕對不能少的「風景」。因此，透過禮尚往來，恰到好處地與上司或某些關鍵職位的同事聯絡感情，有助於對方對你的印象加分，從而幫助你在職場如魚得水。

首先對於上司而言，送禮是必要的，因為畢竟這個人決定自己的「生殺大權」。很多人都在頭疼，到底送什麼禮物給上司比較合適？在何時何地送？怎樣才能不讓別人誤會自己是在拍馬屁？一系列的問題都是需要考慮在內的。因為如果送不好，反而會弄巧成拙。

多數上司收到禮物其實是開心的，但他們都有一個共同的特點，千萬不要當著人多的場合送，這樣他們會特別尷尬。選擇比其他同事早來一些，或者晚走一些，或找個合適的時間去家裡拜訪，都是不錯的機會。另外，一定要弄清楚上司的喜好，比如：有的上司特別喜歡攝影，有的喜歡皮包……投其所好一定不會有錯。最糟糕的是，即使你從遙遠的國外帶回了上好的咖啡，但偏偏上司不喜歡喝咖啡，這下就弄巧成拙了。

很多人初入職場時，都會選擇送禮作為自己獲取支持的手段。但如果送禮不當，不僅會引起別人的誤會，也會讓自己備受冷落。

小張剛剛畢業就被一家知名公司錄取了，當然免不了要對自己的老闆表示感謝。由於小張是在分公司，老闆在總公司，所以平常很難見到。於是她就將一瓶上好的紅酒交給在分公司的安娜，希望能夠代她問候老闆。安娜面露難色地說：「我不知道這合不合適，因為老闆從來都不收禮。」

但是小張堅持要安娜收下，並強調說：「我只是喜歡收藏紅酒，隨便拿了一瓶，一點心意，不必放在心上。」安娜別無選擇，只能默默地收下，希望能找到合適的時機給老闆。

兩個月之後，老闆要來分公司視察，指明要請小張吃飯。對於小張來說，簡直是受寵若驚。兩人來到樓下的西餐廳，各自點了餐。老闆先是問她一些工作的情況，然後又說：「小張，我今天是專門過來向你表示感謝的，謝謝你上次請安娜轉送給我的紅酒。但是很對不起，我對酒精過敏，所以今天要還給你。」說著，老闆就拿出了那瓶未開封的紅酒，雙手遞給小張。

小張恨不得找個地洞鑽進去，只能結結巴巴地說：「我……我不知道您對酒精過敏，只是一片心意而已。」「我知道，我還是非常感謝你的，只是這酒還是請你收回吧。」

　　小張接過紅酒，匆匆吃完飯，逃也似的跑了。

　　在沒有明白上司或老闆有何種禁忌及愛好時就貿然送禮，無疑是給自己斷了後路。對初入職場的人來說，最難了解的就是自己的上司。因為平常接觸太少，如果送禮，就會不知道送什麼好。這時可以在與同事的接觸中，旁敲側擊地打聽上司的一些禁忌。所以，在送禮之前，一定要先考慮好，等一切弄清楚之後，再送也不遲。

　　職場新人最期望的就是上司能夠記住自己，這樣自己發展的機會就會大增。要讓上司記得自己，就要選擇能夠使上司印象深刻的禮品。不一定要貴，但是一定要奇特，能與其他人有區別。而且要了解禮品所涵蓋的含義，不能盲目送禮，以免造成不必要的麻煩。另外，給上司送禮，盡量選擇比較高雅的禮品。因為對於上司來說，太過平凡的禮品，會容易淡忘。有品味，並不一定是只選貴的，而是選對的，適合上司氣質或者是上司比較喜歡的。

　　總之，給上司送禮粗心不得，因為與自己的前途有關，所以一定要格外小心。一般選擇禮物的時候，不要操之過急，有講究地送禮才能博得上司或老闆的青睞。

上司也要給下屬「送禮」

　　一般人們總認為，禮品通常是下級送給上級，或是平級間相送。上司給下屬送禮，這聽起來似乎有些不可思議，但事實確實如此。其實原因很簡單，公司的發展要靠大家的共同努力，上司給下屬送禮能夠鼓勵其更賣力，這也是上司給下屬送禮的一個重要目的。

一天半夜，工程技術人員韓宏偉急急忙忙地到了總經理的辦公室，迫不及待地展開設計圖，告訴經理：一個長期沒解決的、關鍵性的技術難題終於被攻克了。並開始熱情洋溢地彙報過程。

　　總經理聽了彙報後，也異常地興奮，因為這個問題已經困擾公司多時了，終於能解決了！總經理激動地連聲說「太好了，太感謝了」，然後搓著手來回走動，最終他意識到，此種情況下，他如果不給韓宏偉獎勵些什麼，那真的太對不起他了。於是總經理在辦公室裡開始找可以獎勵的東西。可是找了半天，沒什麼可以當獎品的。

　　就在這時，總經理看到茶几上有一個蘋果，他靈機一動，拿起這個蘋果，鄭重地說：「太感謝你了，你是最優秀的，這是送給你的。」

　　韓宏偉激動地接過總經理遞過來的蘋果，說：「謝謝總經理，請您放心，我會繼續努力工作的！」

　　第二天，當韓宏偉打開辦公室的門時，發現他的辦公桌上擺著一個黃金打造的小蘋果，旁邊有一張卡片，卡片上寫道：「送給我們了不起的工程師韓宏偉 —— 總經理」。

　　原來昨夜當韓宏偉離開總經理的辦公室時，總經理覺得送一個普通的蘋果太單薄了，韓宏偉應該獲得更珍貴的禮物。於是，總經理馬上打電話，找人打造了這個「金蘋果」，以便第二天能準時送到韓宏偉的手裡。

　　金蘋果的獎勵一時間傳遍了整個公司，公司員工個個對韓宏偉得到這樣巨大的獎勵羨慕不已。而韓宏偉因著這樣一個代表著榮譽和財富的禮物，更是表現出少有的熱情和鬥志，工作更加的努力認真，並積極地去攻克公司在技術上的難關。

　　對於上司來說，送給下屬一些禮物，可以表達出自己的一份讚賞、一份認可、一份關懷、一份祝福。這樣，下屬的工作熱情和積極性一定會更高。

同時，這種形式還可以化解上下級之間的一些誤會，進一步融洽上下級的工作關係。

也許有人認為下屬要聽命於己，定然不敢冒犯自己，更不敢提出什麼非議，給不給他們送禮全憑自己的喜好便可，甚至更有人認為，自己費盡心思地給下屬選禮物送禮品，會顯得自己低三下四，沒了身為上司的面子和架勢，也許會讓他人看不起自己。

其實，不是只有下級給上級送禮，上級給下級送禮也是非常必要的。作為一個上級，一個上司者，一個管理者，需要在下屬面前提高自己的魅力指數，這一點不僅展現在管理和上司風格上，也需要透過給下級的一些物質的激勵來展現，或者說常常給下級送些小禮，以示自己對其的重視和鼓勵，獲得下屬的愛戴和擁護。

每次走過那間高級飯店，小陸總忍不住駐足張望一下。男男女女衣著高貴，舉止優雅，在燭光前邊吃邊輕聲低語，洋溢著濃濃的浪漫氣息。小陸羨慕地嘆了一口氣。多希望自己也能有一頓如此浪漫的晚餐，可是價格那麼昂貴，家裡的房子還得繳貸款……

情人節那天，小陸一如往常地埋頭工作。生活的壓力、婚姻的平淡，讓她和先生已經很多年不過情人節了。吃過午餐回到辦公室時，她突然發現桌上多了兩張餐券，竟然就是日思夜想的那家飯店！小陸驚呆了，茫然四顧，她猛地發現老闆正笑吟吟地看著她。小陸想起來了，去年耶誕節時老闆讓每個人在紙上寫下一個願望，丟進玻璃瓶，祈禱來年願望能夠實現。大家只當是個遊戲，鬧一鬧就過去了，沒想到……小陸心理不由一熱！

這天，小陸終於和先生享受到了嚮往已久的燭光晚餐，又找回了戀愛時的感覺。

送禮物給員工是企業管理者與員工交往的重要形式。作為上司，應該深信，這的確是一種很高明的激勵手段，比現金更有人情味，也更讓人期待。

原則是，禮物的總體價格不必太高，只要讓員工感覺到上司的關懷即可。

上司給下屬送禮要盡量做到輕鬆化，比如可以以出差旅遊歸來為理由給員工帶些「紀念品」。但是在同一時間給不同員工送的禮物應該有所不同，否則跟發福利就沒什麼區別了，展現不出你的一片心意。要盡量做到禮品的多樣化，應該在不同場合分別單獨送給每個員工，否則員工之間會相互比較，影響送禮的效果。

通常情況下，上司可以利用以下幾種時機給下屬送禮：

1. 員工的生日：在員工的生日那天送上你的禮物，送出你的祝福是人之常情。現在很多的公司都會在員工生日時送上祝福或者生日禮金，而作為上司不要因為公司已經重視而忽略，這是兩碼事。

2. 當員工生小孩時：你沒有義務送嬰兒禮物給員工。然而，如果你聽到有嬰兒誕生，或接到你的員工為嬰兒出生做一些必要的申請時，可以寫張字條恭喜嬰兒的父母，這會使嬰兒的雙親滿心歡愉。

3. 下屬工作獲得成就時：每當下屬完成了重要的工作任務，或者取得重大成就時，可以適當地送禮表示感謝和獎勵。比如：你可以準備好一些禮品或禮券，當下屬完成一個重大工作時，隨時送給他們，或者每人送一件禮品當做一種慶祝和獎勵方式。

4. 法定節假日：我們的傳統節假日是最合適送禮的機會，也是常常是不可忽視的慰問下屬的最好時機。比如中秋節、春節、端午節、元旦等傳統節日，及時送上你的禮品和祝福可以讓下屬對你心存感激，從而對待工作更加的認真努力、細心周到。

另外，給下屬送禮，重在表達關懷，重在精神獎勵，不是要送多貴重的禮物。上級送禮皮不必要絞盡腦汁，以下一些常見的禮品都可以考慮：

‧ 辦公用具或現金：送給經常做額外工作的員工

· 禮儀卡、鮮花或其他文具禮品：送給過生日的員工，會讓他更加努力工作，增加對公司的忠誠
· 一套由鋼筆和鉛筆組成的套筆：送給工作已滿 1 年的員工
· 一座壁爐掛鐘：送給即將退休的員工
· 節日賀卡：上面最好有董事長或總經理的簽名，適合在節日來臨時送給員工
· 食品禮盒或金筆、鋼筆禮盒：送給受到表彰的員工
· 月餅、聖誕樹等：適合在相對的節日裡贈送
· 運動會或文藝晚會的門票：送給公司特別重要的員工

出差或遊玩回來備一份薄禮

「看，這是我們老闆上次到美國給我們帶的。他每次出差都會給大家帶禮物，選的都是適合每人個性的東西，真是有心。」職員惠婷拿出一款精緻的手機殼開心地說，「每次收到老闆的禮物，都有被尊重和被重視的感覺，可謂禮輕情意重，同事們都特別的高興。其實，我們不是重視什麼禮物不禮物的，主要是老闆的那份心。」

是的，惠婷的老闆在出差的時候經常會給一些員工送禮物，一般會給員工們帶一些好吃的特產，並讓一個員工拿去分給大夥們吃，大家吃得其樂融融，心中也感念老闆對自己的掛念。或者是他看到有什麼好玩的，有意思的小東西，就會當做禮物給員工捎回來。

這次，老闆從國外考察回來，正好臨近耶誕節，公司要舉辦一個聖誕派對。

趕上這麼個好時間，老闆沒有像以往一樣把禮物當天就給員工，他要給員工們一個驚喜。

耶誕節那天，在公司的小會議室舉行聖誕派對，老闆在會議室中間豎起了一棵大大的聖誕樹，沒想到他把每個人的姓名和祝福語及自己從國外帶回來的小禮品製成了精美的聖誕禮包，錯落有致地懸掛在聖誕樹上，顯得溫馨、浪漫、體貼，著實給了員工一份驚喜。員工們都非常感激地看著老闆。

看來，出差或外出遊玩回來，給同事們順道買一些小禮物饋贈給大家作為紀念，讓大家覺得你是時刻都在想著這群同事，他們會很欣慰的。

送的好，自然皆大歡喜；但送的不好，就會出現矛盾。出差或外出旅行，有時由於可以使用的預算有限，不可能給每一位與己有關係的人贈送禮物。這時你就應盤算好如何使每一個同事都能收到同樣的禮物，不要厚此薄彼，更不要出現有的贈送有的不贈送的現象，假如顧此失彼，必定會引發矛盾，還會影響正常的同事關係。

另一個故事，敘說出差的事情終於告一段落，後天就要回公司了，孫雅莉便在街上閒逛起來，決定買些特產帶回去給同事。然而，上了街她才發現，那些精美的有特色的東西價格都不低，如果辦公室裡每個同事都送的話，會嚴重超出自己的預算。於是，她想到了平時和自己關係比較好的幾個同事和那個馬上就要升任公司經理的同事，以及自己的上司。其他的同事，關係一般，只是工作上的往來，她決定不送了。

孫雅莉回公司的那天，收到禮物的同事個個歡欣雀躍，而那些沒收到禮物的同事，看孫雅莉的眼光則是怪怪的。

上司收到孫雅莉的禮物只是淡淡地禮貌地說了聲「謝謝」，便把禮物扔在了一邊，要她馬上彙報那邊的情況。孫雅莉彙報完後，上司要她和另兩個參與這個項目的同事阿麗、小文，一起做出一份詳細的報表。當時安排任務時阿麗、小文負責本公司的業務，就沒有和孫雅莉一起出差。這次，孫雅莉出差回來，給小文帶了禮物，沒有給阿麗帶禮物，阿麗心中難免有些怨氣，

工作起來應付了事，甚至直接就把工作推給小文和孫雅莉，自己在一邊摸魚。孫雅莉找阿麗理論時，阿麗只是淡淡地說道：「小文工作出色，和你比較默契，有你們就行了，還需要我這個外人做什麼。再說了，做好做壞都是你們的功勞。」一席話把孫雅莉說得啞口無言。

　　漸漸地，孫雅莉發現不僅是阿麗對她是那種態度，所有沒收到禮物的同事都是那樣對她，排斥她，不願與她親近，甚至也不願與收到禮物的同事親近。辦公室沒有了原先的團結友愛，工作效率也大大降低。

　　看來，送給同事出差禮物是一大學問，在辦公室送禮物要兼顧每一個人，如果你沒有經濟能力兼顧每個人，你可以私下購買一些貴重的禮物單獨贈送，但最好不要當著其他同事的面前送，這會使大多數人心中暗自盤算，自然就會有一些人會心生不滿。

　　當自己的財力有限，實在不懂得如何選擇送禮人時，不如將禮物贈送給平時無出差機會的同事。比方說，儘管和這次出差相關，卻未被當作計畫小組成員的同事們。換言之，應該為會計、人事、總務等管理部門的人購買禮物。討好也好，別有用心也好。總之，送禮物給這些人，能夠加深友誼，讓平時沒有機會往來的同事對你有一個好的印象，當然，如果能夠得到這些人的認可，在日後的做事過程中，自然會給你一路順風。

　　另外，在送禮的過程中，更不要以上司為中心贈送。對於上司而言，部下在出差過程中獲得的成果遠比任何禮物更為重要，而對於其他人來說，如果你這麼做，說不定就成了那個人們最討厭的「馬屁精」了。

　　當然，對職場人士而言，贈送禮物也是一項重要的個人能力。不過，由於出差時行程一般都很緊湊，如果為了斟酌禮物內容浪費時間未免可惜。所以，事先就應決定買什麼東西。也就是說，一旦你知道去何處出差，你就應該想好：在那裡可以購買到怎樣的禮物來送給同事們才能有紀念意義、令他

們高興呢？這一般都需要借助網路的力量，在網路可以查到相關地區的特產和紀念品，這樣，你在到了一個地方的時候，就會很輕鬆的買到贈送給同事的禮物了。

不過，贈送出差禮品的時候都贈送什麼好呢？一般而言贈送出差當地的一些土產或者紀念品為最佳，既能展現出差地的風土人情，而且還是人們在生活中不常見、不常吃的東西，既滿足了他們收禮的虛榮心，也給他們帶來一份異地的驚喜，自然會博得他們的歡喜。

給上司送禮要慎重

送禮給上司是職場競爭中必不可少的重要環節，也是檢驗職場人士的智力最好的方式之一。愚蠢的人費力不討好，聰明的人花最少的錢獲得最好的效果；高明的人投其所好又不張揚；可以說送禮是一件具有挑戰性的事。

劉智堯是一家公司的小職員，他在這個公司已工作了三年了。他一向相信埋頭苦幹，以為靠自己吃飯，憑自己的努力贏來同事尊重是最可靠的，但眼看著他不入眼的同事一個個升遷，而他一直原地踏步，心裡多少難免會發慌，再加上他的老婆和兒子也說他不長進。在今年中秋節的時候，劉智堯好好反省了一下，覺得有必要學學其他同事，要和主管套關係，送送小禮物，但絕不行賄。他鼓起勇氣從總經理開始的好幾個主管打了電話，但主管就是主管，電話很難打通。好不容易有一個人接了電話，是部門經理老張，老張最近搬進了新家。劉智堯在電話裡說：「張經理，節日愉快，我想來拜訪你的新家。」但老張在電話裡支支吾吾地說：「我馬上要出去，明天、後天大概都不在家。」弄得本來就拘謹的劉智堯大為失措，再也沒有勇氣打電話給其他的主管。中秋節期間，劉智堯和他老婆準備好的幾份禮品都沒有送出去。

老實的劉智堯後來才知道，到主管家裡去送禮，應該大過年再去。其實

討好上司並不是劉智堯送禮的主要目的，與加深感情聯絡應該才是初衷，只可惜，劉智堯選錯了時間和方式。

　　與劉智堯一相比，李宏民就顯得成熟多了。在公司的這兩年，李宏民發展不錯，受上司恩惠頗多，一直想回報，但苦無機會。一天，他偶然發現上司紅木鏡框中鑲的字畫給人的感覺是一幅拓片，跟家裡雅致的陳設不太協調。正好，他的叔叔是小有名氣的書法家，手頭還有叔父贈送的字畫。就馬上把字畫拿來，主動放到鏡框裡，上司不但沒有反對，反而十分喜愛，送禮的目的終於達到了，他的禮送到了主管的心裡去了。

　　看來，送禮是一門學問，如果送的好，皆大歡喜；如果送不好，不但達不到預期效果，還可能遭遇難堪和尷尬，甚至生出事端牽扯麻煩。

　　給主管送禮實在是為了表達自己的對主管的關懷和感情的加深，也是和對方增進感情和交流的最好方式。給主管送禮，關鍵是感情上的互動交流，至於禮物輕重，哪種形式送禮都不重要，關鍵是表達出自己的心意最為重要。

　　吳萬達有過一次成功送出禮物的經歷。這天，吳萬達和上司外出談生意，剛從客戶公司出來，手機響了。幼兒園老師告訴他，他兒子發高燒，要趕快去醫院。上司一聽到這個消息，馬上自告奮勇開車送他去接兒子。後來，上司又送他們父子二人去了醫院，直到安頓下來才離開。

　　這件事讓吳萬達對上司產生了深深的感激，很想找個機會謝謝他。可是，登門送禮，同事們會說閒話，上司會有顧忌，反而不好。思來想去，吳萬達把他的故事告訴了同事們，然後大家以群體的名義，在電臺為上司點了一首歌。聽到美妙的歌聲時，上司把感動的眼神投向了吳萬達。吳萬達明白，他的禮物上司收到了。

　　禮物是維繫人際關係的重要手段。古人云：「投我以木桃、報之以瓊瑤，匪報也，永以為好也」。所以，送禮具有傳情達意和利益交換的雙重功能。

在這當中，如果人們能夠在送禮中，要重情不要重利，就能走出送禮的困擾，達到禮輕情意重的境界。

一項關於該不該給主管送禮的調查顯示，八成被調查的企業主管認為，如果員工真的想和上司溝通感情，一個問候電話、一條祝福簡訊，甚至是一張詼諧的字條、一封有趣的 E-mail，都可以讓上司體察到你的用心。「禮品」重在「禮」而不在於「品」。

孫立偉的老闆是個極有品味的人，平時不太注重物質，為人又十分低調，這讓一直想得到主管重視的孫立偉甚是犯難。他並不想求老闆辦什麼事，就想去接近老闆，以為自己尋求更多的發展機會，但由於不知老闆的喜好，不敢輕易送禮，搞不好不僅會遭到老闆的反感，還會引起同事們的誤會。

孫立偉意識到向同事打聽老闆的喜好是行不通的，因為這樣一來勢必會造成誤會，況且老闆如此謹慎，平時又少言寡語，同事們也不一定就知道他的喜好。多一事不如少一事，孫立偉決定自己去觀察。這位老闆來公司已經一年有餘了，雖年近四十，可身材卻一直保持得非常健美。經幾次細心觀察後，他發現老闆幾乎每天下班後都會去公司附近的健身房健身。雖然現今的室內健身已經很普及了，但在當時能夠去健身房健身也是一種身分和地位的象徵。孫立偉意識到機會來了，第二天他去跑去健身房辦了兩張健身卡，雖然花了幾不少錢，但孫立偉卻認為花得很值得。

一次下班後，見老闆從辦公室內走出來，孫立偉連忙迎上去：「李總，您是去健身吧。」老闆馬上露出驚訝的表情道：「是啊，要一起去嗎？」孫立偉連忙應道：「好啊，我也是健身愛好者呢。平時只是沒有太多的時間。」一聽與自己有共同的愛好，老闆立即興趣高昂，和孫立偉分享起自己的一些健身經驗。兩人邊走邊聊，十分開心，快到地方時，孫立偉把握時機地從口袋裡拿出一張健身卡來遞給老闆，「李總啊，為了能和您一起健身，我連健

身卡都辦好了。我知道您的卡快到期了，我就順便給您辦了一張，以後我們還要一起繼續探討健身的問題啊。」老闆一聽，頓時樂了，「沒想到你還如此的心細。好吧，那我就收下了，正好我的下週就到期了。不過下次要由我來辦了。」「好啊」孫立偉開心地應道。

由於在健身房的一來一往，孫立偉逐漸成了老闆身邊的紅人，並在年底時把他預定為副理一職的候選人。

禮本身就是一個禮貌的表現所在，下級給上級送禮本就基於在一個禮貌的層面，展現下級對上級的關心。自古下級對上級的關心為「忠」、「義」所在。因此，給上司送禮要投其所好，送到上司的心裡。與其說送給上司一瓶陳年酒或一幅名畫，倒不如送給上司一套他喜歡或需要的叢書或辦公用具。正所謂，送的貴不如送的巧，送的多不如送的妙。

處理好人際關係，是職業順利發展的重要一環。特別是處理好與主管之間的關係。切莫將本來是好意的送禮弄巧成拙，斷送了自己的職業生涯，甚至連累其他人，這就因小失大了。下面介紹送禮給上司的幾個注意事項，可以幫你更快做好人際關係。

1. 最好以大家的名義給上司送禮。

   一般來講，給上司送禮物是不合適的，這樣做可能會產生副作用，人們擔心這看上去好像你在討好上司。相反，看看同事是否願意湊錢、以整個大家的名義給上司送個禮物。如果你負責買禮物，要買與辦公相關的用品，或是符合公司工作內容的禮物。如果你的上司有什麼興趣或愛好的話，還可以考慮買相對的物品作為禮物。

2. 明確送禮的目的。

   職場送禮的場合或時機，大致不外乎年節、探親、旅遊歸來以及慶生。然而在有利益關係出現時，比如績效評估、有升遷調動機會等等，就是

職場送禮最大的禁忌時機。

3. 選擇適當的送禮時間和場合。

當你給上司呈上禮物時，千萬注意別讓自己和在場的人感到難堪。清晨上班前或下班後沒多少人注意時，把禮物放在上司桌上較妥善，防止讓那些不想給上司送禮的人感到不快。

4. 禮品不要過於貴重。

禮輕情意重，就是說為了加深感情而送的禮品，不在禮品價值，而在這份情誼。禮物的價格最好在 500 元到 1,000 元之間最受歡迎，同時也是主管最容易接收的價錢範疇。超過千元的禮物則絕對較少，要根據當時的實際情況而定。最好的不一定是最貴的。讓主管感覺是份專心的禮品，就是好禮品。

5. 選擇禮品要投其所好。

送給主管禮品，注重的應是「禮」字，而不是「品」字。禮是代表心意，品是代表實物。能表達自己的心意就行。因此，一般的生活必需品、耐用消費品，比如電鍋都不適合贈送。如果主管喜歡讀書，那麼選擇一套具有收藏價值的精裝版書籍贈送，不失為好的禮品。

禮品內容最好投其所好，讓上司一眼就看出你有用心，而不是隨意應付心態。在平時的溝通中，知道了主管在某方面的喜好，可投其所好，加深感情最重要的是讓對方感覺到你的心意，用心的東西最容易讓人打動。比方說給愛美的女主管送禮，送美容券、健身卡類的禮物比較對胃口；給博學的主管送禮，送一本他愛好的、暢銷的書籍、一張曼妙的音樂 CD 或者兩張音樂會門票，都展現出你送禮的品味不俗；給年長的主管送禮，一束鮮花夾上一張寫著祝福的卡片就是不錯的禮物；給年輕的主管送禮，富有民族風情的陳設，看上去很有情調，最重要的是你的腰包又能承受得了。

送禮給上司有一個關鍵的準則要掌握，那就是古人說的：己所不欲，勿施於人。所以提示你，千萬不要把自己不喜歡的東西當作禮物送給別人。如果不知道對方喜歡什麼，那麼就建議最好是送那種可以再次分享的物品，這樣收禮者可以分享或轉送給同事或家人。

6. 送禮時要進行感情交流。

在給主管送禮的時候，要注意自己的工作和以往工作不足之處等方面要進行交流，這樣不僅加深和主管的感情，而且還為自己今後的努力方向提供很好的借鑑和參考。哪怕你給主管送禮的禮品並不是很貴重，可是你表達了對主管個人誠摯的感情，那麼你一定會給對方留下很好的印象的。但假如你平時工作表示不好，而且平時也不感情交換作為鋪墊，忽然送禮給主管送禮，主管多少會感到有點突然，可能會認為你有什麼企圖或者打什麼歪主意。所以這方面必定要留意。

7. 適合送給上司的小禮物

‧ 公事包：千萬不能送品質低劣的產品

‧ 名片盒：精美型的名片盒，上司永遠不會嫌多

‧ 百科辭典：上司經常用來糾正自己的工具

‧ 管理書籍：上司是管理者，此類書籍會有益於他

‧ 皮製桌曆：可在上面記載一些特殊的日子，或作為上司平常的工作日誌

‧ 皮製剪貼簿：可保存與公司相關的慶典活動以及公司的歷史圖片

‧ 袖珍型年曆：是每年春節前後的普通禮品，當然不應是本公司的年曆

‧ 鋼筆組：送給上司很隨意的一份禮物

‧ 辦公用的整理盒：整理大小不同的物品

‧ 健身俱樂部會員證：送給喜愛健身的上司

‧ 一份財經報紙或雜誌：要根據上司的愛好幫他訂閱

‧ 公司全體員工的合照：最好是穿著公司制服的全體照

恭賀同事的升遷禮

　　大周在公司裡因為業績突出，剛被升為資深業務，平時裡和他朝夕相處的小王，為了表達對他晉升的祝賀，打算贈送大周一份升遷賀禮。可是送什麼樣的禮物才最能表達心意呢？這可為難了小王。

　　身處職場中的你，是否也和小王一樣遇到過這樣的難題呢？其實，同事、主管或者客戶在事業上得到晉升，那是一件非常可喜可賀的事情，也是值得我們為對方祝賀的。那麼要給對方一份什麼樣的晉升禮物才是合適的呢？晉升送的禮物不需要太貴重，但是一定要能表達前途無量的含義，送的時候再帶上一句勉勵的話語，就會讓對方覺得更親切了。

　　阿亮當時在實習公司裡非常受頂頭上司李經理的照顧，他知道李經理的交際圈子比較廣，即使他不能被公司留用，憑著李經理的關係也可以幫助他找一份比較不錯的工作。平時，阿亮就非常注意做好自己和李經理的關係，每次回家都會從家裡帶一些土產回來送給李經理，當時李經理也曾簡單地說過一些以後工作的事。

　　如今，阿亮已經畢業兩個月了，還沒找到工作，心急如焚，他想到了李經理。再過幾天就是中秋節，他想藉此挑選個禮品去拜訪拜訪李經理。他知道李經理喜好進口菸，打算買上一條當做中秋佳禮。

　　再過兩天便是中秋了，正當阿亮要去拜訪李經理時，他在實習公司認識的人告訴他如今李經理晉升，過了中秋節就正式上任。聽到這樣的消息，阿亮暗暗為李經理高興，相信憑著他的能力定然能節節高升。這時他突然想到李經理平時好菸好酒必然收過太多菸酒禮品了，若自己也送菸給李經理肯定沒什麼特別的，想到這裡，阿亮決定借著開業這個喜慶的時機，好好選個禮物，為李經理錦上添花。於是，阿亮挑了一個做工精巧、有節節高升寓意的擺飾，精心包裝了一番，送過去給李經理。

李經理收到阿亮的禮物後喜上眉梢。以後的事可想而知,當阿亮提起工作之事時,李經理爽快地答應幫忙安排。

可見,對晉升之人表達一下賀喜之意,這是人際關係的一門課,有助於我們事業的發展,以及日後得到他人的幫助更加容易。

升遷是一件喜事,作為與之同甘共苦的工作夥伴,送上一份精緻的禮物表達你的祝福,可以增進彼此間的友情。身邊的同事、主管或者客戶升遷了,我們也由衷地為其高興,並且希望對方還能夠步步高升,事事順利,所以選擇的禮物最好也是包含這些寓意。

下面推薦一些適合送給升遷的人的禮物:

· 送鮮花或盆景:當然,此時一定會有許多祝福的花籃送到他的辦公室。這時候,你再送花籃,反而被淹沒在花海中,這時候如果送他小小的、精緻的花卉提籃,可以放在對方的辦公桌上,還比較吸引他的注意呢!選擇顏色亮麗或富含花語的花木,如開運竹、發財樹、巴西鐵樹等。

· 錢包:送他一款精緻的錢包,帶去前程似錦的美好祝願

· 名片盒,有些名片盒還附有刻字的服務,刻上他的名字更有獨特性

· 咖啡杯、咖啡壺,適合送給有喝咖啡習慣的人

· 鋼筆禮盒

· 特別的筆筒

· 公事包,適合常出差洽公的人

· 菸灰缸

· 雜誌架

· 擺飾,選擇有激勵、加油意味的玩偶,擺在他桌上,他會時時想起您的關懷

· 字畫,給升遷的人送上一幅意義不錯的字畫,相信也會令對方喜歡的

- 特殊的送禮，如果你猜想此人升遷以後對你有更大的幫助，那就使用潛規則，送給他一些特殊的禮物，這樣的禮物或許是一個大大的紅包，或許是一貴重的東西
- 小相框，可以擺放他家人的照片
- 鎮紙
- 造型逗趣的玩偶，例如：出氣娃娃等等
- 桌上型的療癒玩具，例如：指尖陀螺
- 一帆風順帆船模型：帆船一直是代表著一帆風順、勇往直前的。送給剛剛升遷的朋友寓意事業愛情共同向前。

　　總之，同事、主管或是客戶升遷了，你一定要做出衷心的祝賀，讓大家在以後的工作生活中還可以繼續相扶相助，共同邁向更好的方面發展。同時也別忘記送出一份你覺得最合適的升遷禮品，為大家以後的工作生活中的人際關係打下堅實的基礎。

送給女同事的禮物

　　通常情況下，送給家人、朋友禮物不會有什麼閃失，但對女同事或女主管則要多費一番心思。如果挑選的禮品不得當，不但會給對方造成心理負擔，還會讓她不知所措，你送的禮物也就失去了意義，送了還不如不送呢！

　　已是凌晨時分了，阿雅正睡得迷迷糊糊，突然被一陣急促的電話鈴聲吵醒。原來是同事孫智偉從法國打來的電話，問她需要不需要化妝品當禮物。出於客氣的習慣阿雅連忙說自己什麼都不要，只要孫智偉在法國玩得開心就好。阿雅和孫智偉是同一天進的公司，又被分了同一個部門，在辦公室裡關係一直都很親近，這次孫智偉去法國旅遊，很多工作都是阿雅幫忙完成的，孫智偉回來當然要有所表示。當然，誰都想送不花錢又可以令對方喜歡

的禮物，以達到雙方最滿意的效果，但做到這一點實在是太難了，沒有一定的送禮技巧，還是很難達到這個效果的。結果，孫智偉的做法就讓人有點不敢恭維了，也很讓阿雅為難。

孫智偉從法國回來給阿雅帶了一包貝殼和一大瓶香檳。貝殼色彩和造型都是很普通的樣子，一點也不漂亮，更沒有什麼特別。更何況孫智偉不是阿雅的男朋友或者其他什麼有特殊意義的朋友，阿雅不可能把貝殼壓在枕頭底下天天當寶貝的守著。另外，在大都市裡，徹頭徹尾只喜歡貝殼的女人簡直比熊貓還稀有，哪怕是男朋友送的。香檳酒則是賽車手勝利之後或者其他宴會上用來慶祝的那種，碩大的瓶子，真不知道千里迢迢，孫智偉是怎麼帶回來的，而阿雅更是發愁怎麼處理這個「龐然大物」。

無奈，阿雅只好拿著禮物禮貌地說了聲「謝謝」。然後，隨便把貝殼扔在了抽屜，香檳酒則放在了辦公室的角落裡，也許下一次辦公室做出成績了可以拿出來慶祝，只能這樣了。

相對於男性，女性的情感豐富細膩，給她們送禮物永遠是一個值得思考的問題，因為她們的心思和情感變化讓人很難思索。因此，在送禮之前要對她們的特點有一定了解，雖然每個人都是不同的，但女人是一種知性的動物，她們身上有很多共同特性。送禮要抓住女性對禮物的獨特感受和要求，你自己認為最實用、最昂貴的禮物，有時候對方不一定喜歡。所以要想討好女性這個群體，掌握給女性送禮的技巧是比不可少的。

下面，推薦一些適合送給女同事的小禮物：

· 送配飾。一個漂亮的女人，用小飾品裝飾一下，讓她的形象增色不少。俗話說：「好女不帶金」。銀飾品是一個不錯的選擇，價格上面也容易接受。

· 送一些雜誌和資訊。作為一個女性都很關心時尚潮流的，可以送一些美容服飾之類的精美雜誌，培養大家共同的愛好。

· 送鮮花。女人如花，花如女人，那個女人不愛花呢，除非對花粉過敏的
  人，不過也可以送巧克力花束的。

· 送零食。女人都愛吃零食的，給她們送一些美味零食，特別是一些當地
  的土產。

· 化妝品。愛美是女人的天性，眉筆、口紅、香水、洗面乳、粉底、隔離霜
  等美容用品。不過送之前要了解他們的喜好和膚質，否則是花錢不討好。

· 送小巧皮包。女人出門的時候皮包是肯定攜帶的，給女同事送上一個精
  美的小皮包，讓她走路的時候都想到你。

· 送美容美髮優惠卡。擁有一張白淨的臉，一頭烏黑亮麗的頭髮，自信從
  這開始。幫女同事辦一張這樣的卡，可能太貴重了，不過幫他們辦一張
  優惠卡或者折扣卡還是可以的。

· 送布偶。送給女同事可愛布偶，無論是年輕女同事還是家裡有小孩的同
  事，大部分都喜歡布偶，但要了解對方喜歡什麼角色。

　　總之，給女同事送什麼禮物，沒有一定的法則，唯一的法則就是要送到
人家心裡去，能送到心裡去，那就是合適的。

第四章　職場有「禮」—職場送禮的潛規則

第五章

無「禮」不成商 —— 送禮為你打開商業之門

　　商品社會，「利」和「禮」是連在一起的，往往是「利」、「禮」相關，先「禮」後「利」，有「禮」才有「利」，這已經成了商務交際的一般規則。贈送商業禮品，禮品不在大小，貴在讓客戶明白你心中有他。既要表達你的謝意，又不至於使接受禮品者尷尬。因此，送禮要以對方能夠愉快接受為重，選擇輕重適當的禮物，爭取做到少花錢，多做事；多花錢辦好事。

商務送禮為你帶來事業的成功

在商務往來中，贈送禮品是給客戶表示感謝，使已有的關係得到進一步加強。許多精明的公司經常在客戶定期購物後，與客戶共進宴餐，或者是在其他活動結束後，給客戶贈送禮品。商業禮品能達到廣告宣傳作用，達到感謝目的，同時又鞏固、加強了公司與客戶之間已有的良好關係。

商務禮品是帶有企業標誌的，具有某種特別含義的產品。公司在經營或商務活動中為了提高或擴大其知名度，提高產品的市場占有率，獲取更高銷售業績和利潤而特別定購的。它具有新穎性、奇特性、工藝性和實用性。

商務禮品不同於個人禮品，它是企業形象的代言人。處於不同行業的企業都有不同的企業形象，有的注重公司創新形象，有的力圖表現雄厚實力，但有一個是共同點，即公司的饋贈禮品如果不是為了促銷產品或服務，它就必須展現公司的文化底蘊。

據計算，在美國商務運動中，每年所贈禮物超越 5,000 萬件，總金額達 9.26 億美元。貿易禮物，美國人稱之為特種告白，是告白促銷、傳達品牌、樹立企業形象的最直接的告白。適宜的禮品既表達了心意，又讓對方不盲目地承受了告白，到達宣傳或促銷結果，的確令不少店家喜愛。

越來越多的企業認識到商務活動中送禮不僅是做廣告，也是相互交流的一個重要方面。美國某製造公司的發言人說：「我們選擇與生產線相關的禮品，在客戶參觀工廠時，我們公司用禮品來吸引他們。我們送的禮品能使他們回想起參觀活動，而且贈送的禮品能帶回家。牛排餐刀對我們來說是極好的禮品，因為它是我們自己生產的材料做成的。在產品發表會上我們把不鏽鋼鋼筆作為禮品贈送，筆上刻有公司標誌，這將使客戶永遠記住我們的公司，他們為隨身帶著這樣一枝高品質鋼筆而自豪。」

其實，上午送禮是一種藝術和技巧，從時間、地點一直到選擇禮品，都

是一件很費人心思的事情。很多大公司在電腦裡有專門的儲存，對一些主要公司、主要關係人物的身分、地位以及愛好、生日日期都有紀錄，逢年過節，或者什麼合適的日子，總有例行或專門的送禮行為。

有人調查指出，日本人做生意在送禮方面是想得最周到的。特別是在商務交際中，小禮品是必備的，而且根據不同人的喜好，設計得非常精巧，可謂人見人愛，很容易讓人愛禮及人。不難想像，很多歐美人，拿到此類禮品都愛不釋手，不由得說一句「It's wonderful!」（太好了！）

小禮物達到了非同小可的作用，而精明的日本人此舉之所以成功，在於他們既聰明又精明，摸透了外國商人的心理，又運用了自己的策略：一是他們了解了外國人的喜好而投其所好，以博得別人的好感；二是他們採取了令人可以接受的禮品，因為他們深知歐美商業法規嚴格，送大禮物反而容易惹火燒身，而小禮物絕沒有受賄行賄之嫌；第三，他們又很執著於本國的文化和禮節。這樣他們只需用「小」禮物就徹底「溫暖」了人心。可見，商務送禮可以鞏固和發展自己的關係網，確立和提高自己的商業地位。

人們都講禮尚往來，人之常情，而在商務交際中也不例外。問題是你是否送禮送到了點子上，這不僅要符合別人的需要，而且要符合別人的喜好、興趣和審美觀點。合適、合時、合地又合乎人情、合乎道理，這就不容易了。如果做到了這一點，其效果往往是你意想不到的。

進入職場後的胡小安，最讓他得意的事情就是商務送禮，老闆總是樂於把送禮這件事交給他，從禮物的選購到真正送禮的過程，每一步都煞費苦心，胡小安為此上演著一場送禮循環賽，眼觀六路，耳聽八方，每一通折騰下來，雖然腦細胞死了不少，資金也耗費的不小，但為公司贏回的實際效益卻遠遠超過一份小禮物的價值！

這一次一家合作多年的公司要舉辦週年紀念，老闆又讓胡小安準備禮物，胡小安根據該公司的發展態勢以及兩家公司合作前景的美好寄託，專門

訂製了具有特殊紀念意義的一對「雙獅迎福」鍍金雕塑，不僅迎合了該公司週年慶的喜慶之氣，還暗喻了兩家公司相如臂膊的合作夥伴關係，加之雕塑造型精巧完美，送禮時還贏得許多業內人士的悄然讚嘆。這次送禮，胡小安又為公司和老闆臉上發了光！

有人向胡小安請教商務送禮的祕訣，胡小安笑著說道：「其實，商務送禮已成了一種藝術和技巧，從時間、地點一直到選擇禮品，都是一件很費人心思的事。公司送商務禮品最主要的原因是表示對他人的讚賞，其次是透過良好的祝願以發展業務關係。已經有越來越多的公司認識到商務活動中送禮不僅是做廣告，也是相互交流的一個重要過程，可以極大地擴展自己的業務！商務活動中互贈禮品本身就是一筆大生意。禮品的選擇傳遞著權勢、世故、知識和興趣等資訊。它既可改善公司的形象，也可能損害公司的形象。從贈送給董事會主席禮品到廣告用禮品，這類商業禮品的選擇和贈送可不是件輕鬆的事，都要以適時、適地、適人、適情為原則。」

商務送禮是為了達到某種商務活動的目的，對於禮物的選擇，怎麼送，什麼時候送都很有講究，如果禮物送對了，商務活動的目的就順理成章達到了，如果禮物送錯了，則會適得其反，賠了夫人又折兵。因此，商務送禮前首先要了解最基本的送禮常識。

商務送禮首先應該明確送禮的目的。朋友送禮是加深友誼，丈夫給妻子送禮是昇華愛情，父母給孩子送禮是增進親情。而企業送禮的目的則更為明確──拓展經營和增加利潤。因此，送禮的目的決定送禮的等級和時間。

有了目的，自然就需要確定對象。商務送禮往往是針對一個機構或團體，需考慮的是，禮品的接受者是活生生的人，他（她）有自己的性格、地位和品味，送禮品必須要有不同的個性。如果商業送禮只是企業隨意「例行公事」走形式的一環，那麼企業只是做了一件勞民傷財的事，為客戶製造了一批商業垃圾，在關乎本企業的態度和文化方面還給客戶留下負面影響。

商務禮品具有普通人都喜歡而又捨不得自己掏錢買的特點。如果一個企業的禮品是受贈者可以買到的，就難以展現公司對受贈者的獨到關心，這一點對公司公關重要的客戶時顯得尤為重要。因此，企業不能隨便購買日常禮品，而是應該尋找專業的禮品設計公司，結合企業和客戶特點量體裁衣。

一個企業只有將自己的禮品活動上升到策略的高度，進行策略研究和戰術企劃，上升到企業品牌文化和行銷文化的層次，採用商業的營運手法，才能在商戰中多建立一道殺手鐧。適合做商務禮品的產品有以下兩大類可供選擇：

· 常規產品，如：便利貼、名片夾、名片座、筆記本、筆、高級滑鼠墊、多功能滑鼠、手錶、收音機、皮包、皮帶、皮夾、鑰匙包、打火機、領帶、郵票冊、古玩、石雕、印章、錢幣冊、純金純銀紀念章（條）、書畫篆刻、珠寶玉器、壺杯、保健按摩器材、汽車飾品、化妝品、美容用品、運動休閒用品及各種工藝品、消費卡等等。其中各種工藝品包括：陶瓷工藝品、雕刻工藝品、傳統工藝品、琉璃工藝品、水晶工藝品、石料工藝品、貝殼工藝品、天然工藝品、泥塑工藝品、寶石玉石工藝品、木製工藝品、樹脂工藝品、宗教工藝品、仿古工藝品、金屬工藝品、塑膠工藝品、絲綢工藝品等等。

· 訂製產品，即：為城市、公司或個人訂製的產品。城市訂製產品是指：高級旅遊紀念品、該城市的百年老字號大小產品等等；公司訂製產品是指：以公司標誌（如商標、名稱）、企業文化、企業建築代表物、企業吉祥物、企業屬性、企業領袖、企業產品、商務活動主題等為題材設計的產品；個人訂製產品是指：為贈送重要對象，以該對象的名字、生肖、生日、形象、喜好等為特徵而特別精選或設計的產品。

總之，在現代生活中，商務送禮成為我們生活中不可或缺的一部分，商務人士應該根據實際需要，得禮貌地送禮，避免做一些「無用功」。

給客戶送禮有講究

作為企業與客戶之間溝通的一個環節，送禮不僅是一種禮節，而且也是一種社交手段。

很多人認為，贈送客戶禮品主要是向客戶表示感謝，同時又鞏固、加強了公司與客戶之間已有良好關係。最近一次調查顯示，在贈送商務禮品的公司中有 47% 的回答是「有效果」或「很有效果」，另外 39% 的公司認為至少「有點效果」，只有 2% 的公司認為送禮毫無益處。可見，禮品是公司與客戶之間的潤滑劑。

給客戶送禮，通常有以下幾種目的：一是維護和聯絡感情，方便和客戶溝通，二是對對方為自己做的事表示感謝，三是表示對對方的尊重，四是讓別人知道你記得他，五是表示祝賀和祝福，六是表示你對他的關心。無論送禮有多少種類型，有多少種目的，但一定不要表現得太急功近利，或者至少不能讓對方覺得你急功近利。

小劉是一家貿易公司的採購員。有一回，小劉託了好多關係，費了好大的功夫，終於約到一位重要客戶吃飯。為了表達對其的重視，小劉精心準備了一份價值不菲的禮物。席間，彼此相談甚歡。到了送禮環節，也挺順暢。只是小劉一時心急，禮物前一秒送出，下一秒便扯到了第二年採購份額的事，客戶的臉立馬就拉了下來。客戶到頭來禮物也沒收，鬧得不歡而散。

看來，一邊送禮一邊談業務是送客戶禮物的大忌！其實，大家都曉得「一頓飯、一份禮物換一個眼熟、一份私交」的道理，但誰都不願將之間的利害關係放到桌面上來談。所以，送禮一定不要急功近利。

初出茅廬的趙紅玫在替客戶送禮時，曾遇到過一次尷尬局面。有一次，部門經理給了她 4,000 元的額度，讓她自己去商場挑禮品送去給客戶。送什麼好呢，她不了解的客戶的喜好，她一時也找不到人商量，突然想起上一次

給客戶送禮有講究

見到那位客戶時，客戶身旁有位很可愛的小女孩，不過 4 歲的樣子。有了！幫客戶的孩子買了芭比娃娃再買套衣服 4,000 元不就剛好了嗎？於是趙紅玫去了兒童用品商店，買了一組芭比娃娃套組，另買了幾套同品牌的服裝，興沖沖的去了。到了約定的地方，客戶看到趙紅玫哈哈大笑，原來人家還是單身呢，趙紅玫看到的孩子是她姐姐家的，不過客戶還是很開心，衣服可以送給小姪女，芭比娃娃嘛就留給自己了，很小的時候她就想要一個呢。趙紅玫明白，那是客戶在給自己留面子呢。

現在不同了，現在的趙紅玫已經是一家大公司的人事部經理了，做事、與人交往自然比初出茅廬時顯得老練、成熟許多，深受客戶的喜愛，她的工作做得也是蓬勃興旺。

對一些初入職場的人來說，商務送禮是一件非常困難的事情，他們應對起來，往往手足無措、手忙腳亂，不知道給客戶送什麼，該如何送，特別是看到別人因為送禮而在職場中蓬勃興旺時，自己的內心更是焦急慌亂。下面，就為大家介紹一些給客戶送禮的幾個原則。

1. 送禮要選對時機

給客戶送禮，選擇送禮時間相當重要。根據最新調查顯示，對大多數公司來說，選擇新春、元旦、中秋、耶誕節仍然是最流行的做法，但也有選擇新公司的成立日、公司成立紀念日、大客戶的生日、一個重要部門的主管需要公關時、感謝某人提供你獲得生意的資訊時、感謝一個同事或朋友把一個商業機會介紹給你時、感謝某人不計利益地在工作上幫助你時、恭喜某人高升、你的下屬或是有業務上往來的人結婚、生小孩、生日、重病初癒等時候。

另外，除了上面提到的送禮時機，平時也要適當地送些禮物，因為過年過節送禮的人很多，你送的東西很可能就湮沒在成堆的禮物裡面，對方

根本注意不到你，也就談不上對你有特殊印象了，送禮的作用就大打折扣。所以，過年過節，要送，平時，也要送。

2. 送禮要選對場合

如果你和客戶很熟，就可以把對方約出來，一起吃個飯，喝個茶，然後在這個過程中把禮物給到對方。如果對方很忙，就可以直接送到辦公室去，但是禮物一定不能外露。通常情況下，如果客戶身邊有其他人，禮物一定不能送出。為了減少對方的尷尬，你也可以利用快遞公司把禮物送到辦公室或對方家裡。如果送禮物時被辦公室其他人看見，難免會給客戶惹來閒話，客戶為了避免這種嫌疑，多半會拒絕你。當然，逢年過節的一些常規性的禮物不在此列，比如中秋送月餅，端午送粽子，春節送果籃，這些禮物可以讓客戶和同事一起分享，因此也提升了你在對方辦公室的人緣。

3. 禮物輕重得當，投其所好

一般講，送禮的價格要輕重適宜。禮物並不是越貴的禮物越好，有時因為是重禮，人家反而不敢收。所以禮物要送到點子上。送禮之前要認真了解客戶，包括他的家庭背景、家庭成員、職業履歷、業餘愛好，然後恰如其分地選擇一份不是很貴、但是對方正需要的禮物，王強是某廣告公司主管。有一次，因為下屬的失誤，使一個長期合作的客戶中斷合作。王強的幾次拜訪都沒能打動客戶，送去的禮物也被拒收。在這期間，王強發現客戶負責人的辦公桌上有一張小女孩的照片，一問之下是其女兒，而且小女孩還非常喜歡彈鋼琴。王強剛好跟中央音樂學院的一位教授有交情，就託教授幫小女孩請了一個非常出色的鋼琴老師。後來，王強手中項目也峰迴路轉，順利地簽下了合約。

另外，選擇禮物最忌諱的是給每個人都送同一種禮物。如果讓對方知道，會覺得你是在打發他們，沒有誠意。所以，選禮物一定要根據客戶不同

的興趣、性格、品味、需求來定，那些富有特色、能展現心思又不太貴的禮物，才恰到好處。

4. 選擇禮物一定要分出等級

選擇禮物一定要分出「等級」，也就是要區別對待，如果給職位較高的人和職位較低的人送一樣的禮物，職位較高的人就會覺得自己沒有受到重視。所以首先應將客戶分成幾個等級，再根據預算來確定各個級別客戶的禮品預算，假如說分成特級、A 級、B 級、C 級四個等級。特級是交易量最大的拉關係以及對本公司來說是特別重要的關鍵人物，A 級是交易最較大的客戶，B 級是交易且中等的客戶，C 級是交易量較少的交易夥伴。對於特級和 A 級，送的禮物要重一些，而 B 級和 C 級，送的禮物可以相對輕一些。

5. 不要強調禮物價值

送禮的第一原則就是讓客戶覺得舒服，所以送禮一定要淡化禮物的貴重與特殊。越是把禮物說得正式，收禮的人心理壓力就越大；越是把禮物說得「隨意」，接收的人心理壓力就越小。比如約一位女性客戶出來吃飯，就可以給她帶條當季流行的絲巾，用很隨意的語氣說：「我剛好碰到，就給你帶了一條。」或者給一位男士客戶送一瓶紅酒，就可以說：「我一個朋友出國給我帶了兩瓶，我就給你帶了一瓶過來，讓你這紅酒高手來品品這酒怎麼樣？」

抓住客戶心理，投其所好

華人是一個人情社會，送禮也就勢在必行，至少能混個臉熟，有什麼事情就好辦很多。這個禮物可不能有一點的粗心，送的好，送的稱心，辦起事情也事半功倍。

第五章 無「禮」不成商—送禮為你打開商業之門

某科長老劉去拜訪老局長，想申請一筆資金。剛進老局長家的門，透過門窗玻璃發現局長正鐵青著臉，旁邊站著個小保姆，渾身直哆嗦正在啼哭。劉科長一看地下茶壺茶碗的碎片滿地都是，他突然想起了朋友告訴他的話，這位局長有個嗜好 ── 喜歡品茶，更喜歡收藏名產地的茶壺茶碗。看到這種情況，他靈機一動，趕緊離開現場。

劉科長急忙來到某專賣店高價買了一套上等茶具，又買了上等茶葉，再次來到局長家，對局長說：「哎呀！這可是局長的寶貝啊！」局長聽完他的話後，更是心疼，臉上不斷抽搐。

劉科長掏出剛買的禮物，打圓場地說道：「我也是喜歡品茶之人，更是喜歡收藏這些茶具。您看，這是我剛買的上等茶葉和茶具，本打算自己留下的，沒想到您的愛好和我一樣。寶劍贈英雄，這一套上等貨就送給您吧！」說著，雙手奉上茶具，局長一看，眉開眼笑連聲感謝。

「不過局長，我有個要求，這茶葉得讓我品嘗一下吧，我忍不住了。」

「好，好，沒想到你也如此嗜好品茶啊！」笑呵呵的局長吩咐保姆去泡茶。

接著，劉科長與趙局長談起了茶經：「你看，我買的正宗茶葉：色綠、香郁、味甘、形美、人稱四絕，是吧，局長？」

局長一副泰然神色，穩坐在沙發上，將茶碗沖洗一下，擺好，咳嗽一下說：「確實是這樣，而且不僅茶葉要好，喝茶也有講究，喝茶講究就大了，喝茶有很深的文化內涵。品茶不但要茶好，茶具好，水也很重要……」

劉科長認真地聽完局長的介紹後，又裝作請教的樣子問了局長幾個問題，引得局長高談闊論一番。

一壺茶品了兩個小時。日漸中午，局長吩咐保姆下廚，留劉科長吃飯，劉科長忙推卻，告辭之際，提出申請資金一事。局長不加猶豫地說，「星期一到我辦公室來吧。」

劉科長終於達到了目的。

原來，禮品的價值不在於價格，而在於是否符合對方的心意。有的客戶喜歡喝酒那你就送他好酒，有的客戶喜歡喝某茶那你就送他某茶。總之一句話，要想把單子拿下，只要投其所好的送給客戶禮品事情就成功一半了。

某市一家賣裝載機、挖土機的經銷商和一位客戶談生意，談了幾次都沒談成，最後卻因為一件禮品打動了客戶，使客戶同她簽了幾百萬元的訂單。什麼禮品這麼有威力？是兩套西裝！

原來，她和客戶談生意時發現客戶身高一百九十幾，馬上想到如此身高的人，褲子肯定難買。於是，她在當地服裝廠定做了兩套西裝送給客戶。客戶接過西裝時很感動。對幾百萬元的生意來說，兩套西裝並不貴重，但表達了對客戶真誠的關心，這就是好禮品！

無獨有偶，有一家公司的一位大客戶被公司的銷售員得罪了，該銷售經理想挽回這個客戶，就帶著禮品去拜訪，結果受到客戶的冷落。正尷尬時，他發現客戶的書架上擺放著許多石頭，頓受啟發。

第二天，他到玉石市集找一些特別的石頭。當他把石頭拿出來時，客戶頓時兩眼放光。對喜歡收集石頭的人來說，這是世界上最好的禮品了。

看來送禮真的非常有用的，只要找到客戶的喜愛，你送的禮品正好如他心意，那麼你就成功了。所以，要做好這一點，你就要把握好客戶的心態，知道對方是一個什麼樣的人，在業務往來中對方的位置和重要性，然後再有針對性地給對方送禮，相信一定可以達到事半功倍的效果。

以下是幾種客戶對待禮品的心態分析：

· 圖實惠型：此類客戶對禮物沒有太多的講究，注重的是彼此的合作，你只要心裡有數就行了，當然送禮要來點實惠的比較好。

· 好面子型：此類客戶感覺有人送他東西，他就會覺得特別有面子。因此，

要注意送的東西要能夠拿得出手的，最好是那些大品牌的禮品，方便對方炫耀。

· 藉機生蛋型：此類客戶好占小便宜，比如想借著談生意賺點好處。通常，這樣的客戶比較難纏，不過，好在他的要求一般不會太超預算，你最好盡量滿足他的要求。

· 獅子開口型：這類客戶一般身處公司的要職，或是合作的關鍵人物，想要談成生意，必須經過對方的同意。這時，他若獅子大開口，你也一定要咬緊牙關，滿足對方的要求。

給客戶送禮的技巧

在商業往來中，很多人為送禮煩惱：看到有人逢年過節就是拎著禮物禮品給客戶送，如果自己不送，生怕以後業務做不好，送吧，又為送什麼煩惱。給客戶送酒店餐券、商場超市購物券，顯得絲毫沒有新意，弄得一些人還不好處理；送現金或者大包小包的禮物，又覺得有些庸俗，顯得沒有品味，影響形象。看來，給客戶送禮真的是一門學問，一定要仔細思量，把握技巧。那麼，究竟如何該客戶送禮呢？以下為大家講述一些給客戶送禮的技巧。

1. 送禮別失禮

送禮給客戶是一種情感維繫的手段，不過，送禮並非越貴重越好，在這方面，我們要注意兩點：一是既要避免涉及法律風險，價值過高的禮品隨時會變成定時炸彈。在倡導廉潔風氣的社會中，價值過高的禮物難免有賄賂之嫌，因此無論是送還是收，都應避免，否則就與正常的社交理念相背離。高價禮品不僅讓客戶感到燙手甚至為難，而且也超出了日常關係維護的平衡點。二是，送禮也是展現企業品牌文化的機會，如某公司元旦新年時，會為客戶送上一本專屬的日曆，日曆中包括生日、中秋、

母親節等重要節日上都會標注出客戶的名字，這一禮物正好展現出該公司的特點—客製化印刷服務十分出色。

2. 送禮不如送資訊

某產品區域經理編印了一份《XX 快訊》，創辦宗旨是「店家幫手、顧客參謀」。他將《XX 快訊》發送給經銷商，要求經銷商展示出來給顧客看。這份宣傳材料用 A3 紙，4 個版：一版為綜合版，以白家電市場綜論為頭版吸引目光，輔以公司產品介紹及簡明新聞；二、三版著重推介公司的兩個主打產品—XX 冰箱和 XX 雙高效空調；為反擊攻擊公司新品的流言，第四版特定為「新品專題」，對公司新品的傲人戰績及真正讓利於民的理念進行全方位傳播。

同時，該區域經理結合 H 縣百姓大多對空調知之甚少、購買時僅憑經銷商一張巧嘴說了算的情況，出了一期經銷商專版，在頭版刊登〈敬告空調經銷商〉一文，盤點過去，以經銷商經營雜牌空調飽受損失為例，提出選擇經銷 XX 品牌的好處。文章發表後，許多經銷商紛紛表現出對 XX 品牌的興趣，這對淡季付款、開拓新分行達到了極大的促進作用。

日本企業流傳一句話：「向客戶提供有用的資訊，是業務員送給客戶的最好禮品。」一份油印小報，一本雜誌，能給客戶帶來啟發和幫助，這就是好禮品。

3. 送禮不如送「利」

小李是一家櫥櫃公司的業務員。有一次，經理派他去與客戶談合作。一見面，小李就大大地恭維了一番客戶，讓客戶非常的高興，這個談判過程還算融洽。當談到產品價格的時候，客戶嫌棄價格過高，雙方僵持不下，只好先擱置改日再談。當雙方告別時，小李給客戶遞上了事先準備好的禮物說道：「這是我的一點心意，望笑納！」沒想到客戶冷冷地來了一句：「謝謝，我需要的是合作的誠意而不是禮物。」

擇日，小李又和客戶見面，他誠懇地說：「一分錢一分貨，我們的產品是行業內最好的，這個價格已經很低了。不過即便如此，我今天還是要送你一份大禮，我已經說服公司讓利 1% 給你，我們幾乎已經是 0 利潤了。」聽小李這麼一說，客戶馬上眉開眼笑：「既然你這麼有誠意，送得這份大禮，我不和你們公司合作似乎說不過去了。」生意就這樣談成了。

在商業交往中，「利」與「禮」是分不開的。客戶與你接洽的最終目的是為了在合作中獲得自己的那一份「利」，當你把「利」當做禮物送給客戶，自然會受到歡迎。這不僅顯示了你的做事能力，又展現出你對對方的誠意和照顧。所以說，有時，送禮不如送「利」

用禮物打開客戶的錢袋

有這樣一個小故事：

有個小偷在夜裡翻牆潛入一戶人家，他隨身帶了許多小塊的肉，來應付看家犬，免得它狂吠示警。小偷將一塊肉拋給看家狗，看家狗倒很聽話，道：「想拿肉來堵我的嘴，沒問題，只是你給的肉要多一點。」

小偷深有所悟，一連丟了三塊肉給狗。狗有肉吃也不狂吠，小偷偷盜得逞。

狗為誘餌所動而放棄了看家的原因是他得到了小偷的小恩小惠，得到了小偷的人情禮物。同樣的道理，在商戰中，企業如何讓自己優質的產品能夠緊緊抓住顧客的心，宣傳手段雖不可少，但普施小惠也是非常重要的。比如：我們常看到一些商場舉辦的「買一送一」、「有獎大酬賓」和「購物送積分、積分換禮物」的促銷活動，這也是用小恩小惠來促銷的辦法。

有一生產飲料的廠商利用普施小惠的方法就達到了這種效果。這家飲料廠開發了一種新型飲料，這種飲料很適合兒童的特點和口味。在新產品的新

聞發布會上，這家工廠趕印了介紹該飲料特點的宣傳品上萬份廣為散發。在該宣傳品的末尾，廠商允諾，從 7 月 5 日～ 10 日這五天內，凡持有該宣傳品的消費者均可在該飲料經銷商處免費取得新產品飲料兩瓶。因為是免費，所以五天之內該廠共發出新產品飲料兩萬瓶，而許多兒童喝了以後，就不再喝別的品牌飲料，從而使這種品牌的新型飲料一炮打響，成為兒童飲料市場的主要產品。

　　無獨有偶。一家百貨公司剛開張時，門口貼上大海報：凡在本公司購買任何物品，均贈送精美禮品紀念品一份，以示酬賓。許多商人學著做，搞一項促銷活動。如購買某洗衣粉，送一份袖珍香皂⋯⋯一時間，洗衣粉銷售一空，成效之大。令人點頭稱道。

　　看來，為了迎合人們喜歡貪小便宜的心理，店家通常利用一些小恩小惠來招徠顧客。其實，這些小便宜只是些微不足道的物品，然而，它卻蘊含著無限的吸引力。一些消費者花了幾倍於禮品的車費，遠道而來，目的就是為了取得這一小小的禮品。為了這小小禮品，他們也不管購買的物品實用不實用，一手搶了便走。

　　在日本，曾經出現過一段經濟大蕭條時期，許多中小型企業紛紛破產，關門大吉。有一家醬菜店也受到了很大的衝擊，但老闆仍慘澹經營，舉步維艱。老闆不甘心從此倒閉，如何才能夠從購買力隨之降低、同時還日益挑剔的顧客當中把更多的人吸引過來呢？

　　經過一番苦思冥想，他終於想到一個絕妙的辦法：老闆命人去蘋果產地預先訂購一批蘋果，在成熟以前用標籤紙貼在蘋果上，當蘋果完全變紅之後，揭下標籤紙，蘋果上就留下了一片空白。老闆就在這蘋果身上大做文章。沒過多長時間，當周圍幾家醬菜店沒有力量支撐如此倒閉的境遇時，這家醬菜店的醬菜銷量突然間劇增，顧客不斷擁入了自己的大門，同時還擴大了生產。這一切都使得同行的人們百思不得其解。

其實，這家醬菜店老闆從客戶名錄中挑選出大約 200 名訂貨數量比較大的客戶，然後把他們的名字用油性水筆寫在透明的標籤紙上，請人一一貼在蘋果的空白處，然後隨著貨送給客戶。結果，幾乎所有的客戶都對這種蘋果感到無比的驚訝，並大受感動，因為客戶們認為，這是商店真正把他們奉為上帝而且放在了自己的心上的一種展現。送給每個客戶一兩個本地產的蘋果，實際上花不了多少錢。然而所有的客戶在接到這一份禮物的時候都感到十分感激，其效果不亞於又送了一箱醬菜，因為這一兩個頗富人情味的蘋果，使每一位客戶永遠地記住了這家醬菜店。

經驗告訴我們，饋贈禮品是一種商品促銷的極好辦法。只要應用得當、恰如其分，那麼將有助於你在商場中制勝。

大學畢業後，張立光成為了一名從事銷售某品牌巧克力的推銷員。雖然他之前沒有任何的銷售經驗，但是，第一年他的銷售業績就名列前茅，而且還拿到了績效獎金。他是怎麼做到如此好的業績的呢？

在張立光看來，銷售要在人情交往的過程中逐漸累積顧客。所以他頻繁走訪學校，認識了很多學生，有一些還是學生會的幹部。另外，他還時不時的去拜訪電臺，結識一些電臺的 DJ。每結識一個人，他都會送上一份小盒裝的巧克力，這是專門做的贈品，成本不高，裡面只有兩塊，但包裝相當的精美，是情侶裝，很實惠。

正是透過這種贈品，拉近了他與這些陌生人之間的情感，大家開始無話不談。而且，這些朋友都知道他做巧克力銷售的，心裡自然清楚不能白吃人家的東西。所以，大家開始主動購買他推銷的巧克力，同時也幫他介紹客戶。日積月累，他代理的巧克力品牌開始在許多學校暢銷，他還利用電臺的關係，做了幾次成本低廉、效果極佳的廣告宣傳。

用小恩小惠拉近與客戶的距離，作促銷，在商戰中是很實用的一招，顧客得到了好處，銷售的防線自然要攻破。

小恩小惠，有時候並不需要有形的物品。

一群年輕的醫學院學生在一家大醫院實習兒童看護，其中有一個學生特別受兒童歡迎。每當他到來時，兒童們都似乎特別興奮。其他學生都不解其中原因，他們決定派一個人跟著他，一探究竟。

原來當這位年輕醫生巡視完最後一個病人後，總會再向每一個兒童吻別、道晚安。

爭奪客戶永遠是店家的主攻目標，但用什麼方法贏得客戶的青睞，卻是仁者見仁，智者見智。總之，在適當的時候，給客戶一些小恩小惠，讓對方產生好感，是拉近與客戶距離的一種有效辦法。

贈送有人情味的小禮物

自古就是禮儀之邦，傳統上很注重禮尚往來，送禮已成了最能傳情達意的一種溝通方式，節日裡尤為突顯。古人說「千里送鵝毛，禮輕情義重」，在物質極大豐富的今天，送一個小小的禮物意義在於加固溝通的橋梁，表達的感謝之情要重於禮物本身。

在商務往來中，很多人最懂得贈送小禮物的奧妙，大多數公司都會費盡心機地製作一些小贈品，供銷售人員初次拜訪客戶時贈送客戶。小贈品的價值不高，卻能發揮很大的效力，不管拿到贈品的客戶喜歡與否，相信每個人受到別人尊重時，內心的好感必然會油然而生。

一位保險代理人坦言，她之所以長年保持極佳業績，擁有好幾百位客戶，而且客戶還在以更快的速度增加是因為客戶很信任她，還常常為她介紹別的客戶。她與客戶經常交流，建立了很好的私人友情，她經常與他們一起去郊遊、爬山、打球，關係非常融洽。客戶有困難時，她會主動積極地提供幫助。讓客戶傾心於你，實際上很簡單，只要你能從客戶的角度考慮問題，

付出一片真誠，感動客戶，客戶將會回報給你更多。

　　國外一家調查機構調查顯示，凡是拜訪客戶會帶上一份禮品的推銷員，總是比那些從不送禮的推銷員獲得更多的業務，有一位一流的推銷員，她總會送給客戶一枚帶有棒球圖案的小徽章，上面刻著「我愛你」三個字。

　　有時候，她也會贈送一些小型的玩具氣球給客戶，並對客戶說：「您一定高興和我合作，對吧？」

　　她最常做的事情是把禮物送給顧客的孩子，她會趴在地板上對小傢伙說：「小朋友，你叫什麼名字？你好啊，你肯定是個乖孩子！啊！你手裡的小喜鵲真有趣！」「我有些小禮物要送給你，你一定會喜歡，猜猜看，是什麼？」

　　說著，她從包裡掏出一大把棒棒糖來，並握在手裡，說：「你猜猜這是什麼，猜對了就給你。」

　　然後，她會把小孩帶到女主人身邊說：「這十塊給你，其他的讓媽媽幫忙收著，好不好？你看，這裡還有一些氣球，讓爸爸替你保管，好不好？你真是個聽話的乖孩子。好了，我要和你爸爸媽媽談事情了。」

　　在整個過程中，這位一流的推銷員運用了送禮物的推銷技巧，無形中拉近了和顧客的距離。接下來的推銷也就順理成章了。

　　給客戶送禮很有學問，送多了負擔不起，送少了又顯得太寒酸。最好的禮物是有人情味的小禮物，既能讓準客戶感覺良好，又受之有愧。

　　讓我們看看下面的兩個故事：

　　原一平經常給準客戶送「大禮」。

　　通常，原一平的第二次拜訪比第一次規矩，把握「說了就走」的原則，找個適當的理由，講幾分鐘就走。

　　問題的關鍵就在第三次訪問。

有一天，原一平去拜訪一位準客戶。

「你好，我是原一平，前幾天打擾了。」

「看您精神蠻好的，今天沒忘記什麼事了吧？」

「不會的，不過，有個請求，就勞煩你今天請我吃頓飯吧！」

「哈哈，你是不是太天真了，進來吧！」

「既然厚著臉皮來了，很抱歉，我就不客氣了。」

回家後，原一平立即寫了一封誠懇的致謝信。

「今日貿然拜訪，承蒙熱誠款待，銘感於心，特此致函致謝。晚輩沐浴在貴府融洽的氣氛中，十分感動。」

另外，原一平還買了一份厚禮，連信一起寄出。

關於這份特別禮物，原一平自有標準：如果吃了準客戶 1,000 日元，原一平回報他 2,000 日元的禮物。

第三次訪問過後 20 天，原一平會做第四次訪問。

「嘿，老原，你的禮物收到了，真不好意思，讓你破費啦！對了，我剛滷好一鍋牛肉，吃個便飯再走吧！」。

「謝謝你的邀請，不巧今天另有要事在身，不方便再打擾你。」

「那麼客氣，喝杯茶的時間總還是有吧！」……

人與人之間的感情，是在日積月累之中逐漸建立起來的。

喬‧吉拉德（Joe Girard）是世界上最偉大的推銷員，他在 15 年裡賣出 13,000 輛汽車，最多的一年竟賣了 1,425 輛，他的成功，就是歸功於他用關懷溫暖了每一個人。

有一次，一位中年婦女走進他的展示中心，她說想在這裡看看車打發一會時間。閒談中，她告訴喬‧吉拉德她想買一輛白色的福特車，就像她表姐開的那輛一樣，但對面福特車行的推銷員讓她過一小時後再去，所以她就先來這裡看看。她還說這是她送給自己的生日禮物：「今天是我 55 歲生日。」

「生日快樂！夫人。」喬‧吉拉德一邊說，一邊請她進來隨便看看，接著出去交代了一下，然後回來對她說：「夫人，您喜歡白色車，既然您現在有時間，我給你介紹一下我們的雙門轎車——也是白色的。」

他們正談著，女祕書走了進來，將一束玫瑰花遞給他。他把花送給那位婦女：「祝您長壽，尊敬的夫人。」

顯然她很受感動，眼眶都溼了。「已經很久沒有人給我送禮物了。」她說，「剛才那位福特推銷員一定看我開了一部舊車，以為我買不起新車，我剛要看車他卻說要去收一筆款，於是我就來這裡等他。其實我只是想要一輛白色車而已，只不過表姐的車是福特，所以我也想買福特。現在想想，不買福特也可以。」

最後她在喬‧吉拉德這裡買走了一輛雪佛蘭，並寫了一張全額支票，其實從頭到尾喬‧吉拉德的言語中都沒有勸她放棄福特而買雪佛蘭的詞句。只是因為她在這裡感受了重視和關心，於是放棄了原來的打算，轉而選擇了喬‧吉拉德的產品。

實際上，你送給客戶的那些小禮物和客戶所擁有的財富比起來，只能算是小巫見大巫。我們應當明白，客戶想要的並不是禮物，而是在禮物中所蘊含的情感。因為禮物可以用金錢買得，而情感卻不能。

一般來說，贈送客戶禮品，禮品不在大小，貴在讓客戶明白你心中有他。要即使公司表達了謝意，又不至於使接受禮品者尷尬。否則的話，你的客戶會覺得像是收了什麼賄賂，而且有可能認為你想收買他。

究竟如何贈送客戶禮品，要把握以下原則：

· 根據不同的客戶，選擇不同價值的禮品。
· 根據客戶的趣味不同，精心挑選禮品。
· 選擇最佳贈送禮品的時機，給客戶留下更深的印象。

· 贈送的禮品要品質優良、適用性強，經久耐用。

· 最好讓禮品更具有私人性、專一性。

· 禮品的包裝要精緻美觀，吸引人。

· 根據禮品用途選擇不同的贈送場合。

委婉送禮，含蓄表達情意

當今的商業運作模式精髓在於人脈，得人脈者得天下。當你有了一張緊密的人脈關係網，不論你從事哪個行業都必將是成功的。但商業的人脈關係也是最不好打理的，有時，你送的禮物得不到對方的認可，往往會功敗垂成，錯失機遇。所以你不放採用「曲線救國」的方式送禮。即送禮給本人，不如送給對方喜歡的或者在意的人，特別是當你不知道該給對方送什麼的情況下，這不失為送禮的一個好方法。

知名品牌空調的李經理花了5個月的時間追蹤一個重要客戶，眼看到年底了，客戶卻一直沒有明確的答覆，而其他3家中央空調的業務代表也盯著客戶不放。如何才能與客戶拉近距離？當時正逢耶誕節，李經理於是想出一條妙計。

星期六上午9點30分，客戶張總家的門鈴響了，客戶年僅8歲的兒子從貓眼中看到一位聖誕老人，急忙打開門。這位聖誕老人送給他一份好大的禮物——恰好是他想要的大型玩具車。他高興得跳起來，大叫：「爸爸，聖誕老人給我送聖誕禮物來了！」接著又要跟聖誕老人合影留念。

最後，「聖誕老人」李經理拿到了訂單。

求人送禮要講究策略，不要以為昂貴的禮品才能吸引客戶，禮品的關鍵在於，是否送到客戶的心坎上。有時，送禮給客戶身邊的人，比如愛人、孩子、父母，效果會更好，這是另一種送禮策略。

第五章　無「禮」不成商—送禮為你打開商業之門

　　清光緒某年，鎮江知府大人想為他的母親做 80 大壽，消息傳到周炳記木號，周老闆愁眉頓開，高興萬分。周老闆為何高興？原來那時鎮江木號的木材，大部堆在江裡。為此，清政府每年要索納幾千兩銀子的稅貼。木號的老闆們為了放寬稅貼，只好向知府大人送禮獻媚。可是這位知府自稱清正廉明，所贈禮品均拒之門外。

　　周老闆正在設法尋找接觸的機會，聽說知府的老母要做大壽，頓時覺得這是一個機會。他知道知府大人是位孝子，對老夫人的話是百依百順。只要打動了這位老夫人，也就等於說服了知府大人。

　　周老闆派人打聽老夫人喜歡什麼，得知她最喜歡花。可眼下初入寒冬，哪來的鮮花呢？周老闆靈機一動，有了辦法。

　　老夫人做壽這天，周老闆帶著太太一行早早來到知府大人的後衙。周太太一下轎，丫環們就用綠色的綢緞從大門口一直鋪到後廳，周太太在地毯上款款而行，每一步就留下一朵梅花印。朵朵梅花一直「開」到老夫人的面前，祝老夫人「壽比南山，福如東海」。老夫人聽了笑眯眯的，連忙請他們入席。

　　宴席期間，上了 24 道菜，周太太也換了 24 套衣服，每套衣服都繡著一種花，什麼牡丹、桂花、荷花、杏花……看得老夫人眼花繚亂，眉開眼笑。直到宴席結束，周太太才說請知府大人高抬貴手，放寬木行稅貼。老夫人正在興頭上，忙叫兒子過來，吩咐放寬周炳記木號的稅貼。既然母親開了「金口」，孝子不能不點頭答應。

　　從此，周太太成了知府家中的常客，每次來都「借花獻佛」。那孝順的知府大人也因母命難違，就對周老闆另眼相看。

　　求人做事，就是為了聯絡雙方之間的情感。有事需要託人辦理時，想送點禮物疏通一下，可是又怕被人拒絕。這時，你也不妨採用上述的送禮方式，為自己打點關係。

在美國，一位銷售員去拜訪一家公司的董事長，董事長正要下逐客令時，祕書推門進來了，對董事長說了一句話：「今天沒有郵票。」這個時候，銷售員站起來與董事長告別走了。

第二天他沒有去拜訪董事長，而是去拜訪了祕書，見了祕書之後問了祕書昨天和董事長說的「沒有郵票」是什麼意思？祕書告訴他，董事長有個獨生子，喜歡集郵，過幾天就是他的生日了，董事長要求祕書把來往各地信件的郵票收集一下，作為禮物送給他。銷售員一聽，想到自己公司與各地也有信件的往來，於是就收集了一大堆郵票，再次拜訪董事長。

董事長一見他就說：「你怎麼又來了，我不需要你的產品。」這個銷售員說：「我今天不是來推銷的，我聽說您兒子喜歡集郵，因此來向你送郵票。」董事長一聽，非常高興，事情發展到這個階段，他會虧待這個銷售員嗎？

無獨有偶。維尼和鮑勃是一對生意上的夥伴，一次偶然的機會，維尼得知鮑勃的小兒子是美國著名歌星麥可‧傑克森（Michael Joseph Jackson）的狂熱歌迷。

不久，維尼先生恰好協辦了一場傑克森的個人演唱會，於是他便給鮑勃打了電話，告訴他有關演唱會的事，並詢問他的兒子是否願意得到一張貴賓入場券。鮑勃的兒子得知此事欣喜若狂，而鮑勃對維尼也是萬分感激。

有句話說：「擒賊先擒王。」用來形容這種情形，或許不是十分恰當；但事實就是如此，有時送對方本人喜歡的東西，還不如送其家人喜歡的東西，更能加強對方對你的好感。尤其重要的是，像這樣針對家人的送禮方式，有時還會讓雙方的交情有意想不到的進展。

感情投資能夠緊緊抓住顧客的心

在當今這個時代，金錢的作用是巨大的，商場上也不例外。然而，現在的許多店家卻反其道而行之，他們注重感情投資，首先從感情上接近顧客，取得顧客的認同。這就涉及了「情感」的心理價值，在心理學上叫做「情感效應」，即：在與人交往過程中，用情打動對方更加能夠讓對方折服或是讓對方成為知己，某些時候情感比利益更加容易打動人。「情感」這種因素是不可見的、無形的價值，附著在一個產品或服務上，使產品或服務從客戶的角度看起來和感覺起來更有價值。

藥局是一個極不容易招攬回頭客的商店，因為人們只有生病了才會想到上藥局去買藥，病好了也就自然把藥局給忘掉了。日本千葉縣有一家石井藥局，在辦公室的牆壁上釘了 31 個空藥盒，每一個盒子上都標上了日期，每天來藥局買藥的顧客都會留下病歷卡（病歷卡上都寫有患者的出生年月日），石井藥房就是根據這些病歷卡上病人的資料得知了每一個顧客的生日，然後按月、日順序詳細整理、記錄下來。他們為每一個顧客準備了一張賀卡，在上面寫著：「您的健康是我們最大的心願。如果您完全康復了，請告訴我們一聲；如果您不幸仍需要用藥，也請告訴我們一聲，我們將竭誠為您服務。」如此充滿溫情與親切的問候語被按當月不同的日期分別投入藥盒內，並且在顧客生日的前一天寄出去。這樣，顧客都會在生日的當天收到這張讓人身受感動的賀卡。當然，顧客所獲得的不僅僅只是感動和關懷，病癒的顧客會不由自主地記住這家藥局的大名，那麼下次生病了，就會再次光顧；對於尚未痊癒的顧客來說，自然也會以它作為買藥的首選店，而且他們能夠成為此家藥局的「義務宣傳員」呢！

唐朝大詩人白居易說過：「動人心者莫先乎情」，人非草木，孰能無情？唯有才能感人至深。因而，人在特定的條件下，產生不同的情緒會誘發和

左右不同行為。在行銷活動中，那些精明的店家總是想方設法激發客戶的情感，以情感俘獲客戶的心。的確，如果貨色品質相差無幾，服務態度又平分秋色，價格也在伯仲之間，顧客以什麼作為選擇的標準呢？這時如果其中的一個店家令顧客感到親近，就會成為首選對象。所以，展開公關攻勢，進行感情投資，已成為一些店家新的競爭手段。雖然，這種投資的回報可能並不明顯與迅速，但無疑其影響是久遠的。

美國有家著名的辛蒂諾商店，他們每年總要拿出一部分資金來做公益。他們買了許多垃圾箱放在大街小巷，上面印有該店的名稱、銷售的主要商品，還特別印有「請愛護公共衛生，把垃圾倒入箱內」的字樣。

群眾看過後嘖嘖稱讚：「辛蒂諾捨得花錢辦公益事業，這樣的商店值得信賴。」不久該店產品由滯銷轉為暢銷。

第二年，他們又拿出更多的錢在一些城區大建綠地草坪，人們對辛蒂諾好感加大，對辛蒂諾商店及其商品也逐漸產生信賴之情，其生意日漸興隆。

得人心者得天下，贏客心者贏市場。只有遵循「情感定律」，才能牢牢抓住客戶內心，讓自己永遠立於不敗之地。

感情投資，作為抓住顧客心的一種有效禮物，應該是非功利性的，但它產生的巨大社會反響卻是一筆巨大財富。

第六章

愛要有「禮」才完美 —— 打動愛人的送禮經濟學

　　禮物最重要的作用就是傳情達意。戀愛時期，戀人之間送出或收到的任何一份禮物都是愛意的表達，都是一份將虛擬感情轉化成實物的一種的表現。所以，送給對方的禮物要能夠讓對方感受到自己的愛意，能夠讓對方體會到自己那顆真誠的心！也許你送出的禮物不是最貴的，也不是最好的，但這小小的禮物上所承載著你的感情、你的愛卻是最真實，也是最珍貴的。

以花為媒：送花表達愛意

送花，在人們的社交活動中越來越普遍，特別是情人之間吐露心意，表達愛意，更離不開送花。

世間花有千千萬萬，不同的花有不同的象徵，要著不同的蘊意。送花之前，有必要了解一下花的象徵與蘊意，然後按照收花人的喜愛，決定送什麼樣的花表達愛意。

大學四年裡，和王忠亮兩人互相愛慕，但是他們卻始終沒有說出那句話，因為兩個人的性格都比較內向。李敏敏覺得自己是女孩，怎麼可以先說呢？而王忠亮更不敢先說，因為他怕自己說出來後遭到拒絕。轉眼間，畢業了。在畢業晚會上，大家都盡情玩樂，很多人都鼓起勇氣向所愛的人表達自己的愛意，唯恐錯過了就再也不能相遇。可王忠亮依然在猶豫，朋友們為了幫助他買了很多玫瑰，他們希望王忠亮能夠在李敏敏過來時將這些玫瑰送給她，藉以表白自己的心意。李敏敏過來時，王忠亮在桌上拿了一枝玫瑰雙手遞給李敏敏。但是這之後，李敏敏便總是刻意避著王忠亮，王忠亮以為李敏敏拒絕了他的愛意。於是便到了另一個城市工作。多年後，他才知道原來是因為自己拿錯花引起的誤會。當年他們這群大男生並不懂得不同顏色的玫瑰還代表著不同的顏色。桌子上放了紅色和黃色兩種玫瑰，他覺得紅色太豔了，李敏敏是個素雅的女子，應該不會喜歡，於是他拿了一枝黃玫瑰送給了他。直到現在他才知道原來黃玫瑰代表的是拒絕的愛和離別。因為當初的大意，他卻永遠錯失了曾經深愛的女子。

可見，送花是有講究的，要是沒有把握住，往往容易造成送花的意義南轅北轍，適得其反。如果當初王忠亮能夠了解一些各種花的含義，那麼便不會使李敏敏會錯意。所以說，了解各種花所代表的含義是非常重要的，只有

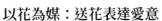

這樣才能夠使送花人和收花人都歡喜，如果不明白這些而產生歧義，那麼送花便失去了原本表達友好的意義。

　　送花，是一門學問，也是一門藝術。人們賦予花眾多的感情，千姿百態的花朵述說著千言萬語。了解花語花意，才能使花卉展明月之精華，匯天地之靈逸，有自在自得之美。下面，為大家介紹一下送花的原則和技巧：

了解花語

　　花語是指人們用花來表達人的語言，表達人的某種感情與願望，在一定的歷史條件下逐漸約定俗成的。賞花要懂花語，花語構成花卉文化的核心，在花卉交流中，花語雖無聲，但此時無聲勝有聲，其中的涵義和情感表達甚於言語。不能因為想表達自己的一番心意而在未了解花語時就亂送別人鮮花，結果只會引來別人的誤會。

　　下面介紹一些各種花的花語：

玫瑰花語

　　玫瑰象徵愛情和真摯純潔的愛，人們多把它作為愛情的信物，是情人間首選花卉。但不同顏色、有不同的寓意，所以送花時應對不同的花色含義辨認清楚！

- 紅玫瑰：熱情真愛，希望與你泛起熱情的愛。
- 黃玫瑰：珍重祝福和嫉妒失戀。
- 紫玫瑰：浪漫真情和珍貴獨特。
- 白玫瑰：純潔愛情。
- 黑玫瑰：溫柔真心。你是惡魔，且為我所有。
- 橙玫瑰：友情和青春美麗。
- 藍玫瑰：清純的愛和敦厚善良。

- 粉玫瑰：喜歡你那燦爛的笑容。
- 淡綠色玫瑰：青春長駐。
- 香檳玫瑰：我只鍾情你一個。

鬱金香花語

鬱金香，是荷蘭的國花。代表愛的表白、永恆的祝福、名譽。

- 黃色鬱金香：高雅、珍貴、財富、愛惜、友誼。
- 粉色鬱金香：美人、熱愛、愛惜、友誼、幸福。
- 紅色鬱金香：愛的告白、愛的宣言、喜悅、熱愛。
- 紫色鬱金香：高貴的愛、無盡的愛。
- 白色鬱金香：純情、純潔
- 鬱金香（雙色）：美麗的你、喜相逢
- 鬱金香（羽毛）：情意綿綿

百合花語

百合，素有「雲裳仙子」之稱，由於其外表高雅純潔，天主教以百合花為聖母馬利亞（Miryam）的象徵。

- 百合：順利、心想事成、祝福、高貴。
- 白百合：象徵百年好合、偉大的愛。
- 粉百合：象徵清純、高雅。
- 黃百合：象徵財富、高貴。
- 黑百合：戀、詛咒。
- 香水百合代表：純潔、婚禮的祝福、高貴。
- 葵百合代表：勝利、榮譽、富貴。
- 姬百合代表：財富、榮譽、清純、高雅。

· 狐尾百合代表：尊貴、欣欣向榮、傑出。

· 玉米百合代表：執著的愛、勇敢。

· 編笠百合代表：才能、威嚴、傑出。

· 聖誕百合代表：喜洋洋、慶祝、真情水仙百合：喜悅、期待相逢。

康乃馨花語

康乃馨，從 1907 年起，開始以粉紅色康乃馨作為母親節的象徵，故今常被作為獻給母親的花。

· 康乃馨：母親我愛你、溫馨的祝福、心靈的相通、清純的愛慕之情。

· 康乃馨（粉）：我永遠不會忘了你、感動、亮麗、母愛、女性的愛、我熱烈地愛著你。

· 康乃馨（紅）：迷戀、親情、熱烈的愛、思念、相信你的愛、祝你健康。

· 康乃馨（黃）：你讓我感到失望、長久的友誼、對母親的感謝之恩、拒絕、侮諱、侮蔑。

· 康乃馨（白）：純潔的友誼、寄託對已故母親的哀悼思念之情、傷心。

· 康乃馨（雜）：拒絕你的愛。

· 康乃馨（米紅）：傷心。

鳶尾花語

鳶尾，來源於希臘語，意思是彩虹。

鳶尾：好消息、使者、想念你。

白色鳶尾代表純真。

黃色鳶尾表示友誼永固、熱情開朗。

藍色鳶尾表示讚賞對方素雅大方或暗中仰慕。

紫色鳶尾代表愛意與吉祥。

水仙花語

　　水仙，是十大名花之一。

　　水仙：期盼愛情、愛你、純潔。

　　黃水仙：重溫愛情。

　　山水仙：美好時光、欣欣向榮。

風信子花語

　　初春三月，正是風信子盛開的季節。關於風信子有一個希臘神話，太陽神阿波羅（Apollo）愛上了菲亞辛思，卻惹來西風之神蘇菲洛（Zephyrus）的嫉妒，將他們降為此花。從此以後，風信子成為情侶間守節的信物。風信子的花語是「堅定和注視」，或許，這就是對於愛情永恆的注解。

- ・白風信子：謙讓的愛，不敢表露的愛，暗戀，活潑可愛。
- ・藍風信子：貞操，彷彿見到你一樣的喜悅，感謝你的好意。
- ・粉色風信子：傾慕、浪漫。
- ・紅色風信子：讓我感動的愛。
- ・黃色風信子：幸福、美滿。
- ・紫風信子：得到我的愛，你一定會幸福，哀愁，嫉妒。

石竹花語

- ・石竹是傳統名花之一。
- ・石竹：純潔的愛、才能、大膽、女性美。
- ・丁香石竹：大膽、積極。
- ・五彩石竹：女性美。
- ・香石竹：熱心。

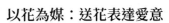

菊花花語

- 菊花：清淨、高潔、我愛你、真情。
- 翠菊：追想、可靠的愛情、請相信我。
- 春菊：為愛情占卜。
- 六月菊：別離。
- 冬菊：別離。
- 法國小菊：忍耐。
- 瓜葉菊：快樂波斯菊：野性美。
- 大波斯菊：少女純情。
- 萬壽菊：友情。
- 矢車菊：纖細、優雅。
- 麥桿菊：永恆的記憶、刻畫在心。
- 鱗托菊：永遠的愛。
- 非洲菊（扶郎花）：神祕、興奮。
- 雛菊（延命菊）：愉快、幸福、純潔、天真、和平、希望、美人。

牽牛花語

- 牽牛花：愛情、冷靜、虛幻。
- 矮牽牛：安全感、與你同心。
- 愛麗絲：勇於追求愛情、穩重。
- 矮牽牛：有你、我就覺得溫馨。

金魚草花語

- 金魚草：活潑熱鬧、傲慢。
- 金魚草（粉）：花好月圓。
- 金魚草（紅）：鴻運當頭。

- 金魚草（黃）：金銀滿堂。
- 金魚草（紫）：大紅大紫。

其他花語

- 天堂鳥：瀟灑、多情公子。
- 山茶花：可愛、謙讓、理想的愛、了不起的魅力。
- 三色菫：沉思、請想念我。
- 瑪格麗特：驕傲、滿意、喜悅。
- 牡丹：圓滿、濃情、富貴。
- 秋牡丹：生命、期待、淡淡的愛。
- 百日草：思念亡友、愛。
- 薄荷：再愛我一次。
- 薄雪草：念念不忘。
- 柏樹：永保青春。
- 並蒂蓮：夫妻恩愛。
- 波斯菊：永遠快樂。
- 八仙花：自私。
- 白橡樹：獨立。
- 爆竹紅：戀情。
- 不滅忍：冬愛的牽絆、奉獻的愛。
- 蔥蘭：期待、潔白的愛。
- 茶梅（紅）：清雅、謙讓。
- 茶梅（白）：理想的愛。
- 長春花：追憶。
- 常春藤：友情。

串鈴花：悲戀。

杜鵑：豔美華麗、生意興隆、節制、溫和。

吊鐘花：再試一下。

大理花：善變、不安定的心。

大理花：大吉大利。

丁香花（白）：純潔。

丁香花（紫）：想起初戀的她、羞怯。

燈心草：溫順。

富貴竹：吉祥、富貴。

番紅花：青春的快樂。

芙蓉：精美嬌豔。

龜背竹：健康長壽。

菡萏（荷花）：親人深沉的思念。

蝴蝶蘭：我愛你。

含羞草：知廉恥、敏感、禮貌。

紅豆：相思紅楓：熱忱。

紅掌：大展宏圖。

狐尾百合：尊貴、欣欣向榮、傑出。

海芋：壯大的美。

火鶴：薪火相傳。

火鶴（白）：純潔、平謐、帶來安泰。

火花蘭：忘不了的人。

虎耳草：情愛黑種草：清新的愛。

合歡（金）：優美。

- 合歡（黃）：祕密愛情。
- 葵百合：勝利。
- 胡枝子：沉思、害羞。
- 劍蘭：幽會、用心、堅固。
- 桔梗：不變的心、真誠不變的愛。
- 金橘：招財進寶。
- 金銀花：獻愛、誠愛。
- 金粟蘭：隱約之美。
- 金雀花：謙遜、卑下。
- 薑蘭：無聊。
- 夾竹桃（桃）：咒罵。
- 夾竹桃（黃）：深刻的友情。
- 蕨：謙遜。
- 九重葛：熱情。
- 嘉德麗雅：你真美。
- 孔雀草：總是興高采烈。
- 蕾絲花：惹人愛憐。
- 洛麗瑪絲玫瑰：死的懷念。
- 蘭花：高尚、絕代佳人。
- 臘梅：堅貞不屈、慈愛心。
- 蓮花：正人君子。
- 蘆薈：萬能。
- 鈴蘭：純潔、幸福的到來。
- 狗尾草：暗戀。

了解花朵數所代表的含義

1 朵代表：情有獨鍾你是我的唯一

2 朵代表：心目中只有我倆

3 朵代表：我愛你

4 朵代表：誓言、承諾、山盟海誓

5 朵代表：無怨無悔

6 朵代表：願你一切順利

7 朵代表：喜相逢

8 朵代表：深表歉意、盼您原諒

9 朵代表：終生相愛無怨無悔

10 朵代表：完美的愛情十全十美

11 朵代表：一心一意

12 朵代表：圓滿組合、心心相印

13 朵代表：暗戀

15 朵代表：對你感到抱歉

17 朵代表：好聚好散

18 朵代表：真誠的心

19 朵代表：期待陪伴

20 朵代表：此情不渝、永遠愛你

21 朵代表：你是我的最愛

22 朵代表：雙雙對對、你濃我濃、兩情相悅

24 朵代表：思念

25 朵代表：祝你好運

30 朵代表：不需言語的愛

33 朵代表：深情呼喚，我愛你三生三世

36 朵代表：浪漫心情、我心屬於你

44 朵代表：互古不變的誓言

50 朵代表：無怨無悔

55 朵代表：無悔的愛

56 朵代表：吾愛

60 朵代表：愛情永固

66 朵代表：心情順利真愛不變

77 朵代表：相逢自是有緣

88 朵代表：用心彌補一切的錯

99 朵代表：長相廝守、堅定

100 朵代表：百分之百的愛、百年好合

101 朵代表：您是我的唯一

108 朵代表：嫁給我吧，求婚

123 朵代表：愛情自由

144 朵代表：愛你日日月月、生生世世

365 朵代表：天天想你、天天愛你

999 朵代表：天長地久，愛無止休

1001 朵代表：忠誠的愛，直到永遠

12 星座送花的祕訣

1. 水瓶座（1 月 21 日—2 月 19 日）喜歡擁有自我空間又能尊重他人的水
   瓶座，適合白色的蝴蝶蘭及紫丁香，配上蕾絲花，展現水瓶座理性優雅
   的魅力。

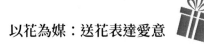

2. 雙魚座（2月20日─3月20日）具有包容力和愛心的雙魚座，相當地
   有人緣，香水百合配上卡斯比亞，最能符合雙魚座追求現實與夢幻共存
   的美感觀點。

3. 牡羊座（3月21日─4月20日）有理想、有抱負、有衝勁的牡羊座，
   即使身陷逆境仍會全力以赴，一大束雛菊配上點點滿天星，就像是牡羊
   座旺盛的生命力。

4. 金牛座（4月21日─5月21日）金牛座對任何事均有獨到的見解，適
   合黃色系列的黃玫瑰、黃百合、金穗星組合的花束，展現金牛座含蓄卻
   堅韌的踏實個性。

5. 雙子座 5月22日─6月21日）具有雙重個性的雙子座，猶如化裝舞會
   中戴著面具的舞者，紫色玫瑰再配上紫色卡斯比亞、羊齒蕨，說明了雙
   子座神祕與不凡的風格。

6. 巨蟹座（6月22日─7月23日）感性的巨蟹座，給人的感覺就如月光
   般柔和和纖細，以白色的水蓮、百合配上夜來香，最能烘托出巨蟹座這
   份淡淡清幽的特質。

7. 獅子座（7月24日─8月23日）擁有皇族般高貴特質的獅子座，善良
   且樂於助人，適合粉紅色玫瑰搭配文竹、友禪菊、熊草，展現獅子座不
   凡的氣質與風範。

8. 處女座（8月24日─9月23日）被認為是完美主義者的處女座，適合
   純白潔淨的白波斯菊或淡黃色的鈴蘭，展露出處女座一塵不染的脫俗特
   性。

9. 天秤座（9月24日─10月23日）請求均衡、對稱，個性自由率真的天
   秤座，可以用極具個性的火鶴式白鶴芋，搭配金穗星或海芋葉，讓天秤
   座恰如其分、自然優美的人生觀展現無遺。

10. 天蠍座（10 月 24 日—11 月 22 日）外表冷漠、內心火熱的天蠍座，讓人摸不透，用嘉德麗雅蘭，配上文竹、紅竹，展現天蠍座謎樣色彩。

11. 射手座（11 月 23 日—12 月 22 日）愛好和平、崇尚自由的射手座，個性相當坦誠真實，適合鮮黃色瑪格麗特，加上茶花、友禪菊，表現射手座處事敏捷果斷、為人坦蕩的個性。

12. 山羊座（12 月 23 日—1 月 20）個性剛毅堅強、絕不虛偽掩飾的山羊座，適合紫色鬱金香或紫丁香，搭配卡斯比亞，可以展現山羊座過人的意志力和智慧。

送花的祝福語

送花雖然可以表達愛意，但如果你再附贈一張卡片，寫下一些表達愛意的語言，就更能展現出你的誠意。下面，就為大家列舉一些表達愛意的真摯語言：

· 你就像是一朵玫瑰，我願化作玫瑰上的綠葉，永遠伴隨著你，呵護者你……

· 有太多的事等我們去做，有太多的話對你說，我要為你造一個溫暖的窩，風風雨雨一起渡過，今生無悔……

· 我要用滄海桑田不變的愛來打動你的心，用海枯石爛不朽的愛來滋潤你的心，用一生一世永恆的愛來呵護你的心。

· 從你的手臂，到我的懷裡，不過幾公分卻像幾個世紀，尋尋又覓覓，才讓我遇到你。愛的眼睛裡只有你，那麼篤定，沒有別人能代替，你讓我感覺這才是愛情。

· 如沐春風，如淋春雨，風兒有心，雨兒傳情，我的心，我的情，親愛的，你感受到了嗎？

· 喜歡你，沒道理；靠近你，感受你的氣息；想珍惜你，就要在一起。

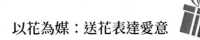

- 想你在每一個有星星的夜晚；念你在每一刻歡樂的時光；盼你在每一次想你的瞬間；愛你在每一秒呼吸的間隙⋯⋯

- 在你憂鬱的時候，我就是你的開心果。在你憂傷的時候，我願作你的忘憂樹！

- 什麼是對，什麼是錯，只要擁有你，一切都變得不重要！

- 相識是緣起，相知是緣續，相守是緣定。是緣使我們走到了一起！希望我們能一直走下去，從緣起走到緣續，從緣續走到緣定⋯⋯

- 也許是緣分的安排，也許是刻意的找尋，知心的你，讓生命更加多彩，在將來的旅途上，也要有你陪伴⋯⋯

- 我的心裡只有你，只有你占據我的心，只有你令我如此難以忘記！

- 我留在你的心上，一如你在我的心中過去和現在，我們一直是兩個彼此不能疏遠的生命⋯⋯

- 你是我生命中最閃亮的音符，我的生活因你而精彩！願美好的樂章譜滿我們以後的每一個清晨與黃昏。

- 人生漫漫長路，我會用我的愛和著你的節拍陪著你走。

- 給你我所有的愛，和對你所有的眷戀，用我生命裡最好的年華來好好愛你！

- 外面的風風雨雨我都不會害怕，因為有你，有你的愛！

- 想多留一刻守在你左右，你的心跳總是聽不夠，要讓愛的火焰燃燒，朝朝暮暮，天長地久！

- 我願化作一縷清風，悄悄來到你的身邊，把你那如瀑的長髮輕輕撩動，為你唱一曲風的戀歌。

- 相知是一種宿命，心靈的交匯讓我們有訴不盡的浪漫情懷；相守是一種承諾，人世輪迴中，永遠銘記我們這段美麗的愛情故事！

- 多希望陪在你身邊，共渡每一個明天，一天見不到你一面，就有長長的思念⋯⋯

讓愛與眾不同，送禮要動點小心思

在表達愛意時，你的戀人是否喜歡你所送的禮物，這通常與禮物的價格無關──如果一個較便宜的禮物能使你的戀人在情感上產生共鳴，那麼就會比貴重的禮物更能得到感動。所以，送禮很有講究，其中有一定的規則。如果你愛一個人，那麼禮物應展示出你的愛，而且還應該證明你對那個人的了解程度。

曾有社會心理學家表示，我們送禮的部分動機是出於作為送禮者所體驗到的一種內在的心理回報。他說：「你需要了解收禮者──比如：有些男子比其他男子更清楚地了解他們的女友或妻子的需求。由於他們在購買『她想要的』禮物時投入了時間和精力，他們送的禮更會令她動心。我們不應該機械地送禮，應該送達真誠的禮物。我們高估了金錢的價值。不是物質世界中所有的東西都能讓人感到幸福。」

一個廣受男孩包圍的女孩子，在她 20 歲生日那天，收到了琳瑯滿目的生日禮物：玫瑰花、蛋糕、化妝品、皮包、帽子、絲巾、賀卡……等應有盡有。她興沖沖地拆開一樣又一樣。其中一個特別小巧精緻的盒子，她小心翼翼地拆開一看，竟是一把種子，另附一張卡片，上面寫著：

> 我心目中的天使
> 送你一把愛的種子，
> 願我的愛能深植你的心坎……

女孩子看過之後，大受感動，因為這是她收到的最具有情意的禮物，於是那位別具巧思的男孩就特別受到青睞了。

由此可見，擅長送禮的人，他所挑選的禮物，總是要經過細心選擇的，同時還會把一份真情包裝在禮物之中，因其獨特的風格和濃濃的情義，使人覺得於情於理，實在無法拒絕。

完美的愛，需要與眾不同的表達。一份恰到好處的情侶禮品，就像愛神之箭一樣，能讓兩顆相依相戀的心更加親密無間。每一對情侶都希望自己的愛情是獨一無二的，因此玫瑰、鑽石、巧克力已經不足以表達他們個性化的感情了。在禮品的選擇上，情侶們總想著要別出心裁，他們不計較禮品的價格、不計較路程的遠近，只求能找到一份既浪漫又有新意的愛心禮物，來見證他們與眾不同的情路歷程，給他們的愛情製造驚喜。

在愛情的歲月裡，你是否想讓心愛的人收到最與眾不同的禮物，想讓她感受到您的用心良苦與真情？其實，只要你多花一點心思，你就可以做得到。

在送禮的方式上花點心思

一般來說，女性收到禮物是司空見慣的事，就算是昂貴的東西，也不會覺得太驚喜。如果採取令她出乎意料之外的贈送方式，她大概會覺得很驚訝，而對贈物者倍感興趣吧！

一對情侶不知道因為什麼原因，吵起來了，兩人互不相讓。突然，女生說了一句：你走開。意想不到的結果出現了，那個男生真的走了……可能是因為沒意料到男朋友會真走，坐在那哭起來了……

沒過多久，那個男生回來了，可能是放心不下女朋友吧，想把她勸回去，可是，結果真的出人意料，沒想到那個男生突然拿出一件禮物來送給那個女生，女生也破涕為笑了，估計那禮物是女生中意很久的，卻一直沒買下來的。

在禮物的包裝上多花點心思

送禮物給自己心愛的人禮物時，千萬別忘了動一點兒心思，其中之一就是要花許多心思在包裝上。

《BMC 進化生物學》（*BMC Evolutionary Biology*）雜誌上曾刊登過一篇

文章：研究發現，雄蜘蛛為了完成交配，會把一個包裝好的禮物送給「女朋友」，雌性蜘蛛甚至還很「勢利」，對那些沒有價值的禮物不屑一顧。

雄蜘蛛一般會準備一個用絲包住的禮物獻給「女朋友」，討她的歡心。大多數禮物都是包裝精美的昆蟲，但有些禮物是不能食用的植物種子或已經被吃掉的昆蟲的空殼，雌蜘蛛看不上，會很不高興地走開。

這篇文章給我們這樣一個啟示：送禮時，不要擔心禮物的輕重，只要包裝精美就會贏得對方的好感。同樣的道理，求愛期間，多花時間多花點心思，你就會有回報。女性對包裝特別感興趣，首先她們會被外觀吸引。如果送洋裝時用四方巾包裝，或用報紙包裝高級品，當她打開包裝一看，發覺禮物與她想像的完全不一樣時，心中的震撼可想而知。

在送禮的時間上花點心思

人在一天之內做兩件事情，往往後面做的那件事給人的印象較深刻，先前所做的事印象較模糊。送禮物的情況也跟這些沒什麼分別。早上收到的禮物，被白天的工作一搞，幾乎沒留下什麼印象了，所以送禮物最好選晚上。

當與戀人約會時，你可以絲毫不露聲色，到了即將道別之際，再悄悄地拿出禮物對她說：「回到家後，再打開來看吧！」讓她回到家仍沐浴在收禮的喜悅中。這是有效的禮物時間差攻擊法。這樣愛情之硝煙才會經久不散。

浪漫、神祕才是最好的禮物

有一種歲月，寫滿了甜蜜與酸澀，寫滿了辛苦與快樂。它是激越的，總讓我們的心，猝不及防地狂跳不止。它是憂傷的，總讓我們患得患失，千迴百轉。它是一副幸福模樣，喜歡一個人，原來是這樣的美好。這，就是愛情的歲月了。

戀愛是一件很浪漫的事情，而這樣的浪漫很多時候也是情人間互贈小禮物營造的。所以送禮對相愛的人來說本身就是一件浪漫的事情，特別是當看到對方收到禮物時那種開心幸福的表情時，相信你一定會心滿意足。但是，有的時候，送禮物還需要一點神祕和意外的驚喜。

　　一對年輕人正在戀愛，男方工作很忙，但他並未忘記女友的生日。一天，他對女友說：

　　「快到你生日了，想送給你一份禮物。」

　　「真的？」女孩為他的「細心」高興著。

　　「是什麼？」

　　「唉，現在我工作太忙，你自己選吧，我付帳。」年輕人大喇喇。

　　「你……沒誠心就算了……」

　　原來女孩盼望的是意外的驚喜。

　　女孩是一種重感情的群體，她們希望自己的男朋友肯為她們花些心思，這樣才表示自己被呵護、被重視。所以，你願不願意花點心思花點時間在自己的女朋友身上，願不願意為了為她製造一些驚喜，通常是她們所在乎的。

　　在愛情的歲月裡，情人們對浪漫的追求永遠不知疲倦，此時，禮物成為鋪墊，浪漫神祕才是最重要的。遇到百分百的戀人，就要給對方百分百的浪漫和神祕。

　　瑪麗是一個浪漫的女人，她認為：一打紅玫瑰和一盒巧克力雖然算不上完美的情人節禮物，可也還說得過去了。

　　一位同事介紹瑪麗認識了布魯斯，那是在耶誕節前後。從一開始他們就很合得來，不到兩個月之後，他們即將迎來在一起的第一個情人節。如何才能讓它成為一個特別的情人節呢？

　　「你以前曾經為女人做過浪漫的事情嗎？」瑪麗問他。他漫無目的地四

處搜尋著瑪麗的客廳，在沉默中思索著。「沒有。不能說我做過。」他拉長了聲音說。

如果瑪麗的問題顯得有點唐突的話，那只是因為瑪麗深愛的布魯斯是負責餐廳建築項目的主管，他四十多年的生命大部分都是在建築行業中度過的。按照常規，他應該痛恨身著正裝，一天大多數時候喜歡和一幫年輕人們交流黃色笑話，還會用腳趾開啤酒瓶，因為他的手常常要忙著用來打開卡住的廁所門。

簡而言之，男建築工人通常不會給人一種會對女人表達浪漫的印象，至少不是以上流社會可以接受的方式。

還是那天晚上，布魯斯告訴瑪麗，第二天他們將為目前的餐廳工程澆築人行道。

「你應該把我們的名字縮寫一起刻在沒乾的水泥上。」瑪麗建議說，一半是當真一半是在開玩笑。

「哦……那樣就顯得浪漫了，是嗎？」

兩天後，他邀請瑪麗到建築工地去：「除了請你跟我一起吃午餐，我還有一樣東西要給你看。」

沿著新澆築的人行道朝餐館的方向走去，他讓瑪麗看刻著她名字縮寫的地面 ── 不止一處，而是在十三個不同的地方！

「這是不是說明我們之間正在發生『實質』性的進展呢？」瑪麗打趣說。不過瑪麗臉上揮之不去的微笑在告訴他，他的體貼讓她感到很開心。

那個星期六晚上，在他們特別的情人節晚餐上，他遞給瑪麗一塊松木。瑪麗知道這聽起來很平常，只是他親手把木頭鋸好並且打磨成了一顆心的形狀。

「你什麼時候做的？」瑪麗間。

「今天下午上班的時候，」

「被其他人看見了嗎？難道他們沒有嘲笑你做這種東西？」

「沒有啦。事實上，有兩個人還想讓我幫他們做兩個送給心上人呢。」

「那你做了嗎？」

「沒有，小姐。這是我『專門為你』做的，因為我想說，我愛你。」

這一刻瑪麗忽然覺得，所有的鮮花、糖果，還有那些只有上帝才知道的普通禮物根本無法和她手上的這件禮物相比，它是為她特別雕刻的心形木雕，還有她的名字縮寫已經永久地鐫刻在了附近餐廳的水泥地上。

雖然他接下來對一切矢口否認，但他給了瑪麗一生中最浪漫的情人節禮物。

愛情的世界裡，如果你能送給對方一份浪漫的禮物，你就能夠打動對方，充分博得好感。一份浪漫神祕禮物，可以融化窗外寒冰，溫暖對方的心，讓濃濃愛意融化在一片深情之中。

「你知道嗎，張大亮和謝楠今天去登記結婚了。你看看人家，終於用最直接的方式記錄他們的愛情了，可是你對我一點表示也沒有……」女友聽聞好友的浪漫事情後，忍不住對潘銘傑抱怨起來。其實潘銘傑很冤枉，這段時間他一直在考慮女友過生日送什麼比較好，正悄悄地準備著女友的生日禮物。但是，聽了女友的話，表面上他還是一臉淡定地只說了句：「哦。」讓女友氣得好幾天不理他。

雖然潘銘傑和女友並未結婚，目前也還沒有結婚的打算，可是在潘銘傑心裡始終把女友當做將來攜手一生的對象，如今只差一個儀式而已，可正因為少了結婚儀式，她才如此不安心。女友過生日送什麼比較好呢？潘銘傑想透過一份生日禮物送她一份心安，同時也送她一份承諾。想到這裡潘銘傑頗為頭疼。突然他想到了模仿結婚證書上的詞訂製一個竹簡情書，並附了一份他們交往的簡單過程，不僅如此他還根據女友的品味精心準備了一個美麗的

布偶。當然這一切都是悄悄地進行著，無論女友如何旁敲側擊，潘銘傑都不透露半句。

女友生日那天，當潘銘傑拿出禮物時，她嬌嗔了一句：「我以為你忘記了。」打開禮物時，她更是一聲歡呼抱著潘銘傑動情地說：「謝謝你，親愛的，我太喜歡這個禮物了。」看著女友那激動、幸福的樣子，潘銘傑自己心裡也很高興。

由此可見，神祕的禮物是最能打動女生的武器。戀愛中的人看重的是禮物當中包含多少神祕和浪漫的成分，多少細膩的心思，多少愛的感覺，實用不實用的倒無所謂。所以，給戀人送禮時，如果能有一定的神祕和浪漫的感覺，會增加送禮的效果，更容易獲得對方的芳心。

用禮物表達你的愛意

愛情是人最美好、最嚮往的感情，它至真至純，直達人們柔軟的心理，融化著一切美妙的感覺——愛成了最美妙的東西，太多人被它吸引、為它痴狂。

在撲朔迷離的情場上，要想成功燃起「愛的烽火」，那麼就不僅要學會說「我愛你」，還要學會怎樣送禮。對於仍在苦苦追求的情人來說，贈送禮品是奪取芳心的法寶、表白心聲的最佳選擇。

互送禮物、信物，表達相思之情是一種穿越時間風塵的時尚。愛的語言不一定是話語，尤其是情感含蓄的華人，在表達愛的時候，更願意用信物來代替那三個字。

在古代，常常提到表達愛意的禮物就是信物，也就是人們常說的「定情信物」，它盛行於古時民間的愛情生活中。當一對男女相愛後，他們常常相互贈送香羅帕，金戒指等物，以此確定雙方的愛情關係。成婚後，這些作為定情信物的禮品也會被珍藏起來，以象徵他們的愛情地久天長，夫婦白頭偕老。

　　信物是禮品的一種特殊形態，這類禮物可以是貴重的金釵，玉鐲，也可以是不值錢的手帕，鞋子等，然而它們所代表的意義卻是一樣的。

　　給情人送禮表達愛意，永遠都是一項艱巨的任務，它總讓人們的情緒飽受煎熬。因為你不知道，什麼樣的禮物才能送到他（她）的心坎裡。

　　其實，表達愛意不需要價值不菲的禮物，對方最想要的只是你的一顆心。所以，給情人送禮的關鍵，就是如何讓禮品傳遞出你的愛意。

　　周德凱最近非常的煩悶，女朋友說他不愛她，正準備要和他分手。想到這裡，難免就垂頭喪氣。公司的同事林一凡看到他一整天悶悶不樂的樣子，關心道：「怎麼了，一個人悶著發呆。」周德凱苦笑了一下：「沒什麼，感情的事，女朋友嫌棄我不愛她想和我分手。其實我冤啊，給她送這送那，恨不得把自己的一切都給她，哪裡不愛她了！」「我理解。」林一凡同情地拍了拍周德凱的肩，「根據我多年和老婆的相處經驗，禮物要能表達自己的心意才是好禮物，不然的話，你送了，她也不會領情。」「什麼樣的禮物能表達心意呢？」周德凱問。林一凡神祕一笑，在周德凱耳邊小聲地說了些話。

　　聽了林一凡的話，周德凱頓有所悟。下班後，他到首飾店買了一枚精緻的戒指，並讓售貨員包裝好，然後再買了一束玫瑰花，來到女朋友家門。

　　打開門一見是周德凱，女友的臉上立馬就冷了下來了，她淡淡地說：「不是叫你以後別來找我嗎。不愛我還來這裡做什麼？」

　　周德凱滿臉堆笑，送上9朵玫瑰花說：「我怎麼不愛你啦，我不僅要愛你，還要和你長長久久。我已經認真想過了，這是我這輩子最重要的事情，我要用一生呵護你。」

　　聽了周德凱的這些話，女友臉上變得開心些了。

　　周德凱拿出自己精心準備的禮物遞給女友說：「親愛的，我希望你能收下它，因為它是我對你的愛和承諾。我愛你，我發誓要一生一世對你好。」

女友打開禮物一看是戒指，不由吃了一驚，聽了周德凱的話，更是像喝了蜜一般的甜，早忘記了曾經種種的不愉快。再說她和周德凱說分手也只是嚇唬嚇唬他，自己還是愛他的。於是，她羞澀地對周德凱說：「我愛你，我也要一生一世和你在一起。」

　　一份恰如其分的禮物，不僅可以表達出你對他（她）的愛意，還會贏得愛情。只有選對禮物，才能贏得對方的芳心。

　　表達愛意的禮物種類包羅萬象，或是從傳統的到十分前衛的，或是從浪漫的到非常實用的禮物都有。不同的禮物有著不一樣的含義。或許有時有些話你不好意思開口，一份小小的精美的禮物就能解決你心中的煩惱 —— 下面我們一起來看看吧！

- 圍巾：我永遠愛你。
- 信：我想念你。
- 花兒：我希望把我的名字放在你的心上。
- 書：我相信你很聰明。
- 口香糖：我希望跟你交往得很久。
- 香菸：我討厭你。
- 筆記本：我希望看你的天真的愛情。
- 戒指：你永遠屬於我的。
- 傘：我在任何情況下都要保護你。
- 髮夾：希望你的成功。
- 鏡子：你別忘記我。
- 項鍊：我要你在我身邊。
- 打火機：你是我的初戀，你和他的感情一觸即燃。
- 原子筆：我給你我一半的心。
- 鑰匙裝飾品：我希望你的幸運。

· 鋼筆：把我們的愛情珍藏在我的心。

· 觸覺娃娃：希望你真實一點。

· 吉物：我想跟你做個朋友。

· 手帕：我等待分手以後再相遇。

· 睡衣：我給你我的全部。

· 錢包：代表你願永伴他身旁。

· 皮帶：代表拴住他一輩子。

· 刮鬍刀：代表他在你心中是優秀的成熟男性。

· 相簿：永遠珍藏你和我的回憶。

· 千紙鶴：希望我和你的愛情有個美好的結局。

· 領帶：表示你把他套牢了讓他永遠在你身邊不離開。

· 戒指：代表愛你到心裡，情願為你的愛而受戒。

· 項鍊：代表將你緊緊鎖住，希望你的心裡面只有他一個人，沒有其他的
  異性。

· 手鐲：代表除了想圈住你以外，還暗示了他只疼愛你一個人。

· 手鍊：代表想綁住你一輩子。

· 腳鍊：代表栓住今生，繫住來世，希望來生還能在一起。

· 巧克力的含義：

  榛果巧克力 —— 忠貞

  果仁巧克力 —— 可人

  酒心巧克力 —— 與你共醉

  奶香巧克力 —— 我的蜜糖

· 手錶：天天見，時時見，分分秒秒見，分分秒秒陪著你。

· 杯子：代表一輩子。

· 手套：逃不出她（他）的掌心。

- 領帶夾：想要給你愛。
- 枕頭：想和你一起過夜。
- 吻：愛上了你。
- 帽子：永遠愛你。
- 頭巾：永遠愛你。
- 毛巾：永遠的記住我。
- 日記本：請成為我生命的一部分。
- 紙星星：365 天祝福。
- 不同顏色的水晶所代表的意義

  無色水晶 —— 代表純潔、無私、能提升人的靈氣，驅除雜念

  紫色水晶 —— 代表浪漫、姻緣、顏色高貴

  黃色水晶 —— 代表財富、鴻運

  茶色水晶 —— 代表穩健、安泰

  綠色水晶 —— 代表正義、發展

  綠幽靈水晶 —— 代表財路正、事業興

  白幽靈水晶 —— 代表清淨，供靈修

  紅幽靈水晶 —— 代表事業發達，財運興旺

  金髮晶 —— 至美、至尊

  紅髮晶 —— 熱烈、活潑

  黃髮晶 —— 興隆、興旺

  黑髮晶 —— 偏財、解厄

  綠髮晶 —— 幸福、好運

  銀髮晶 —— 旺財、辟邪

  金字塔水晶 —— 聚集能量、趨吉避凶

  水膽水晶 —— 神奇、靈異

12 星座情人送禮祕笈

　　「星座」是時下年輕人最流行，也永遠不褪色的話題。從穿著、打扮、求職、情愛……幾乎說得出來與每人有切身關係的大事，都離不開「星座」。同樣，送禮表達愛意也離不開星座。

　　禮物，是上天派給人間的最原始的快樂；禮物，也是敲開別人心門的最真誠的感動。當你精心準備了一份禮物送給對方，但對方卻毫不領情，你的一切心意都會成為泡影，立刻吃上閉門羹。正所謂：蘿蔔青菜各有所愛。12星座的人各有不同的喜好，你只有仔細了解到他們的口味，才能送對禮物。

給水瓶座送禮

　　1月21日～2月19日出生的水瓶座情人，聰明又可愛，擁有博愛精神，也因此會吸引不少異性。但他們不會濫情，以輕鬆的心情送一份禮物表達愛意即可。

　　送女朋友的禮物：

· 一條精緻的手鍊或腳鍊
· 一個可愛的毛絨玩偶
· 一套造型別緻的香水系列
· 雅致的條紋襯衫

　　送男朋友的禮物：

· 一個印有可愛圖案的帽子或一件 T 恤
· 一支運動型多功能的手錶，再加一雙休閒鞋
· 一個具多功能的萬用手冊
· 一條溫暖的圍巾

給雙魚座送禮

2月20日～3月20日出生的雙魚座情人，溫柔優雅，善解人意。應該精心挑選那些精緻優雅的禮物來表達你的愛意。

送女朋友的禮物：

- 一組精緻的銀製燭臺、餐具
- 一個造型獨特的鏡框
- 一件柔軟的羊毛外套和小背包
- 活潑的毛絨帽、可愛的圍巾

送男朋友的禮物：

- 一幅印象派油畫
- 一頂柔軟優質的羊毛絨線帽
- 一雙溫柔的手套再加一條暖烘烘的圍巾

給牡羊座送禮

3月21日～4月20日出生的牡羊座情人，熱情又積極，喜歡新奇的東西，可以送他們新奇又具有價值感的禮物，來滿足他們的好奇心。

送女朋友的禮物：

- 一枚造型特殊的珍珠別針
- 一瓶剛上市的名牌香水
- 一個造型與眾不同的高級手提包
- 一個圖案別緻的絲巾
- 一件質感及設計具品味的外套或毛衣

送男朋友的禮物：

· 一條別緻的領帶

· 一支特殊的鋼筆

· 一條雅致的印花領巾

給金牛座送禮

4 月 21 日～5 月 21 日出生的金牛座情人，腳踏實地，無法忍受浪費揮霍的事情發生，送他們立即就用得上和最實用的東西，一定會讓他們笑顏逐開。

送女朋友的禮物：

· 一套保養品（她平時用的品牌）

· 一雙休閒鞋

· 一件大方的毛衣

· 一頂舒服可愛的帽子

送男朋友的禮物：

· 一瓶綜合維生素

· 一條圖案大方的領帶

· 一個小牛皮包

給雙子座送禮

5 月 22 日～6 月 21 日出生的雙子座情人，活潑開朗，求知欲旺盛。因此，最好送他們一組情人節禮物，多樣性實用性混合。他們就會開心地笑不攏嘴。

送女朋友的禮物：

- 一組小香水禮盒
- 一盒多種口味和造型特別的巧克力
- 一個化妝品禮盒

送男朋友的禮物：

- 一組文具
- 一組益智遊戲
- 一個皮夾、筆、腰帶等禮品盒

給巨蟹座送禮

6 月 22 日～ 7 月 23 日出生的巨蟹座情人，溫柔體貼又善解人意，送給他們一份家用飾品，那股溫馨將使他們時時刻刻都思念你。

送女朋友的禮物：

- 一條柔軟舒適的地毯
- 一件全白色棉質浴袍
- 兩個可愛的絨毛玩具
- 一套色彩典雅的指甲油

送男朋友的禮物：

- 兩個心形的甜蜜靠墊
- 一盞造型獨特的檯燈
- 一套棉質的休閒服裝

給獅子座送禮

7 月 24 日～ 8 月 23 日出生的獅子座情人，驕傲又直爽，總是眾人注目的焦點人物，華麗開心的情人節禮物，最能滿足他們的虛榮心。

送女朋友的禮物：

· 一大串繽紛可愛的氣球，外加 99 朵玫瑰和一個大的頑皮絨毛玩具
· 一組可變換各種顏色錶帶的名牌手錶
· 一個包裝精緻的皮包背包亮麗色彩的流行長靴、背心裙、毛衣等

送男朋友的禮物：

· 四五個色彩繽紛的氣球，再加一個熱情的 Kiss
· 一個亮麗包裝的時髦皮夾克或皮背心
· 金光閃閃的打火機或手鍊

給處女座送禮

8 月 24 日～ 9 月 23 日出生的處女座情人，是完美主義者，重視精神生活，一張羅曼蒂克的卡片和一束鮮花就是最好的禮物。

送女朋友的禮物：

· 一張精緻的情人卡，上面有著你對她的無限思念加一頂溫暖的毛線帽
· 一個精巧別緻的音樂首飾盒，當音樂響起時，她就會特別思念你一束鬱金香或紫色的玫瑰花，表達交心的愛意加一串金質的項鍊

送男朋友的禮物：

· 一張粉紅色柔柔的卡片，上面寫滿你對他的思念和愛戀一束親手做的緞帶花
· 自己做的小玩偶和貼心又溫暖的手套

第六章　愛要有「禮」才完美—打動愛人的送禮經濟學

給天秤座送禮

9 月 24 日～ 10 月 23 日出生的天秤座情人，聰明又理智，對情人苛刻挑剔，尤其注意外形和氣質。所以要特別重視禮物的質感和不同凡響。

送女朋友的禮物：

· 一對色彩鮮明、圖案精美別緻的茶杯
· 一件舒適充滿女人味的絲質襯衫
· 一個優雅的鹿皮小背包
· 一件秀氣的柔軟毛衣

送男朋友的禮物：

· 一個造型新穎的咖啡壺
· 一件質輕、柔軟、剪裁精緻的羊毛外套

給天蠍座送禮

10 月 24 日～ 11 月 22 日出生的天蠍座情人，總是反覆無常，送情人節禮物時，要精心挑選，以重質不重量為原則。

送女朋友的禮物：

· 一條造型精緻小巧的金質手鍊
· 一件絲質襯衫
· 一瓶味道甜美的香水

送男朋友的禮物：

· 一雙具有男性性感魅力的皮鞋
· 一件正式場合穿的名牌襯衫
· 一張巨型的古董車海報
· 一支古董錶

給射手座送禮物

11 月 23 日～12 月 22 日出生的射手座情人，自由奔放，需要一個安定、成熟的情人來呵護自己。因此，一份能「交心」的小禮物是最好的選擇。

送女朋友的禮物：

· 一個刻著她的名字的心形項鍊或戒指
· 兩件可以一起穿的情人裝
· 一束鮮花外再加上一盒巧克力和溫暖的手套

送男朋友的禮物：

· 一對情人節對表
· 一對精緻的對筆，刻上你們兩個人的名字
· 一對具質感的袖扣或領帶夾

給魔羯座送禮

12 月 23 日～1 月 20 日出生的魔羯座情人，表面安靜守本分，但內心卻有兩種極端，一是積極熱情的個性，另一面是冷淡不守常規，禮物當以具有象徵意義的為最恰當。

送女朋友的禮物：

· 一瓶味道清柔的茉莉香水
· 一條心形的項鍊或手錶、戒指
· 一副復古的太陽眼鏡

送男朋友的禮物：

· 一條中性色系圖案正式的領帶
· 一本照相簿，寫下一些情話和你們的合影

用愛的禮物來調劑生活

　　蒂娜的丈夫工作非常辛苦。他經常需要長時間出差，一年之中大概有四分之一的時間都不在家。然而，蒂娜從沒抱怨過，因為就是他這份工作讓蒂娜能夠成為專職母親，還有時間去追尋她從事寫作的夢想。

　　蒂娜認為，她和丈夫的生活充滿溫馨和甜蜜。丈夫是一個很浪漫的人，他會在高級餐廳預訂燭光晚餐，也會不時地專門去買一張多情善感的賀卡送給她。丈夫每次出差回來，都會為她帶回了一些小禮物：一盒巧克力、一本她心儀已久的愛情小說。蒂娜還會接到一份傳真，上面只簡簡單單地寫著「我愛你」幾個字。每次當蒂娜對著電腦螢幕出神，她的名字就會忽然躍入蒂娜的眼簾，在螢幕上不停跳動著 ── 那是丈夫出差前偷偷設置的螢幕保護裝置。

　　有一次，丈夫早早地哄兒子上床睡覺。蒂娜在廁所費力地刷洗著兒子的一件棒球衫，一肚子的怨氣。那些教練可不管下雨天滿地泥濘，非要鼓勵孩子們在泥水裡滑壘。還有球隊，為什麼要買白色的球衣呢！好不容易完成了這項苦差事，回到房間的時候蒂娜發現丈夫已經為她倒上一杯紅酒，點上溫馨的燭光。還能有誰和她一般幸福，能在這樣的浪漫氛圍中享受二人世界。蒂娜很快就忘卻了那些棒球衫，教練們也立刻得到了她的諒解。

　　丈夫所做的一切，令蒂娜感到很欣慰，因為她知道，她有一個愛自己的丈夫。

　　從戀愛到婚姻，生活趨於平淡。然而，怎樣從平凡的生活中，不失時機地製造出浪漫，對於夫妻雙方來說，確實是一門不小的學問。想有美滿幸福的婚姻生活，夫妻之間互相送禮物是必要的。經常贈送些小禮物，能夠有效地激起對方的愛意。

　　美國作家歐・亨利（O. Henry）的小說《麥琪的禮物》（*The Gift of the Magi*）講述了一個感人的故事：

　　一對貧困的夫妻，他們用自己最珍貴的東西 —— 丈夫三代祖傳的金懷錶，妻子一頭褐色的美麗秀髮 —— 為對方換了禮品：

　　丈夫忍痛賣掉了金懷錶，給妻子買了一把玳瑁髮梳，那是曾讓妻子怦然心動的禮品，它可以配上妻子的一頭秀髮。而妻子為了給丈夫買一條像樣的錶鏈，以配丈夫那塊金懷錶，忍痛將一頭秀髮賣掉了。

　　兩人的禮品雖然失去了實際意義，但它們卻飽含著夫妻間的深情厚愛。

　　生活是平凡的，並不是每一對小夫妻，都有足夠的金錢可以揮霍，其實生活每天的重心都是油鹽醬醋，也沒有充裕的時間用來浪漫，有的只是彼此忠誠的信賴。與那些富貴的家庭相比，你可能不會經常出入高級餐廳，但是你也不要羨慕他們奢華的幸福，因為平凡的小夫妻也有令人羨慕的幸福。不時地送給妻子一些小禮物，無需太多華麗虛浮的辭藻，她便能夠明白你的心意。

　　一份小小的禮品，可能所值無幾，但它傳達的資訊，可令人柔腸百結，愛意綿綿。這樣的禮品，你甚至會視為珍寶，永遠保存。即使許多年後，每當看到它們，你心中仍會湧起難以抑制的甜蜜柔情。

　　阿紅和阿堅從沒斷過互送禮物。像談戀愛的時候，過情人節，阿紅給阿堅一盒巧克力，阿堅送阿紅一朵玫瑰花，這情人節就能過得有滋有味的，誰也不覺得那禮物太大眾化、太「俗」。阿紅24歲生日那天，阿堅加班到11點，居然就大半夜的跑到阿紅家，送上了24枝嬌豔的黃玫瑰（阿紅喜歡黃玫瑰）。那24枝花真正讓阿紅下決心嫁給這個實實在在的人。阿堅過生日，阿紅送了他一個醜娃娃存錢筒，不是為了讓他賺錢，只是知道阿堅一定喜歡那個醜醜的、怪怪的造型。

　　結婚了，阿堅沒給阿紅買鑽石戒指，而是送了她一個新的手機，他說目前還沒有買大鑽戒的能力，新手機比較有用，等自己有了錢再去買個好戒指來。阿堅現在每次跟人家打牌時，贏了錢就放在那個醜娃娃存錢筒裡，說是「鑽戒基金」。

阿紅呢，送給阿堅一個背包，一來是阿堅正缺一個大容量的背包，二來也更主要的是，阿紅一眼就看中了背包上印的兩行字：把我的缺點告訴你，把我的優點存起來。這不就是結婚的意義嗎？那一刻，阿紅心裡有一種溫暖的感覺在清晰地流淌。當阿堅拿到那個並不十分昂貴的禮物，眼裡也分明有一種東西閃過。

夫妻之間，需要熱情來增添生活的色彩，送禮物給對方不需要很貴的，只要能代表自己的心意，你愛的人都會很開心。畢竟兩個人的生活，需要浪漫！

有資料顯示，家庭中「湊合過日子」的夫妻居多。缺乏浪漫正成為夫妻感情的一大殺手。這話並不危言聳聽，浪漫不復存在，愛情也就隱藏起來了。我們滿心以為它只是以一種更內隱的實質累積在深處。然而愛情是一個易揮發的氣體，如果隱藏得太深太久，當再也感覺不到它的存在時，我們才會驚恐地發現，愛情已經彌散在空氣裡了，只有強烈的刺激才能將它召喚出來。所以，經常送一些禮物，能夠給家庭帶來無限的溫馨。

向暗戀的人表達心意的禮物

初次見面後，阿雅就走進了小王的心扉，不知道為什麼，時常思念她。雖然兩個人從來沒有過單獨相處的機會，但是無論在哪種場合，阿雅的身影總是第一個映入小王的眼簾，而小王的眼光也隨著她移動。

如果小王想吸引住心中愛慕的她，而讓自己也成為她所愛慕的人時，究竟該怎麼做才好呢？關於這件事，還是採用「禮物作戰」比較有效。但是，送什麼禮物才能給她留下深刻的印象呢？

這一天，突然下起雨來。小王望見阿雅正站在公司的大門口，一邊看著錶，一邊露出焦急的表情。大好的機會出現了，開始行動吧！

「啊！明天剛好是我弟弟的生日，我買了一份禮物準備送給他，正好放

在抽屜裡。現在送給你吧……」

小王好像很偶然的樣子（其實他一直在等待表白的機會），把雨傘交到阿雅手裡。

「那怎麼好意思呢？實在太感謝了！」接過雨傘的阿雅對小王嫣然一笑，然後精神煥發地跑了出去。

如果阿雅同樣對小王具有好感，相信她會明白小王的心意。不久的將來，兩個人終會走到一起。

懵懂少年，情竇初開，無意間的一個恍惚，就看到對面那個人，於是乎，茶不思飯不想，日日夜夜腦海中都是那個人的身影。送暗戀的人什麼能表達心意？上面那個事例似乎給了我們一些啟示。如果想讓自己暗戀的人對自己有所關心的話，那你就勇敢地送出表達心意的禮物吧！

送給自己暗戀的人一份禮物，哪怕她（他）沒有如你所願愛上你，最起碼，在往後的歲月中，她（他）會清楚的記得，當初有一個人曾經給過自己一個最浪漫最動人的驚喜禮物。那份驚喜的感覺，哪怕到了以後，回想起來的時候還是會覺得浪漫溫馨。一份精心準備的禮物會讓一個人銘記你一生，就算沒有愛情，這也是一件幸福的事情。所以，你最好送一份禮物給暗戀的她（他）。

1. 如果你覺得表白的時機未到，或者只想享受現在這種暗戀的感覺，以下一些禮物適合贈送。

   A. 送給暗戀的女生：絨毛玩具、精緻的相框、飾品、抱枕等。

   B. 送給暗戀的男生：辦公文具、打火機、運動用品。

2. 如果你暫時沒有表白的勇氣，又不知道暗戀的她（他）心裡的想法，你可以借助以下的禮物向她（他）暗示：

A. 把你襯衫上的第二顆鈕扣送給她，因為那顆是最貼近心的，暗戀的她應該會明白你的心意。

B. 訂製一些疑似情侶類的禮物送給她（他），例如訂製一對雙人陶俑，既可理解為象徵兩個人的友誼，又可理解為希望在一起的寓意。

C. 送上 13 朵玫瑰花，13 朵玫瑰花的花語就是暗戀。

3. 如果你想對暗戀的她（他）表白心聲，你可以選擇以下幾種方式：

A. 送她一封手寫的情書，情真意切地表達你對她的愛慕，有文才的話，也可以寫一首情詩，不用太華麗，真摯就好。

B. 勇敢地送上情侶類的禮物，如情侶戒指、情侶裝、情侶娃娃等。

C. 玫瑰花加上愛情宣言，如果你暗戀的女孩子 20 歲，那麼送她 19 朵玫瑰，然後深情地說上一句：「你知道在你 20 歲的生日，我為什麼只送你 19 歲玫瑰嗎？因為另一朵就是你。」已故作家李敖就是這樣送玫瑰花追求女士，屢試不爽。

小禮物令戀人們冰釋前嫌

愛情的滋味是甜的，是美的，是幸福的。但是，再相愛的人也難免爭嘴吵鬧，不然怎麼會有「相愛容易相處難」這句話呢，但千萬別因為一些小爭執，賭氣冷戰到底，不要讓一段真愛成為後悔的故事。

有這樣一個場景：

一位女孩和男朋友吵架。女孩看到男友跟一位陌生女子有說有笑地走在一起時，怎能不大發雷霆呢？當晚立刻打電話給男友：「那個女人到底是誰？你究竟打算怎麼辦？」這時，男友不知所措吞吞吐吐地說：「啊！那是……」

不等男友說完，女孩又怒氣衝衝叫嚷：「好啦！好啦！不管是什麼理由，我決定分手！」說完，馬上掛斷電話。

但是，事後女孩卻後悔了。她覺得自己做得未免太過分，至少應該聽聽男友的解釋……不過，是他自己不夠專情，應該主動來向我道歉才對。

女孩左思右想，真不知如何是好！

這件事情已經發生一個星期了。雖然有時一天裡碰過幾次面（在大學裡讀書），但女孩始終繃著臉不理男友。雖然男友試著邀約：「下個星期天有沒有空呢？」、「今天下課後，我們一起去買登山鞋好不好？」，然而不管男友怎麼說，女孩始終不開口，冷眼相對。最後男友死心了，一個星期六的下午，男友離開了女孩。

事情發展到這種地步，女孩的心裡開始感到不安。她覺得自己如此地鬧彆扭，是不是真的把男友惹火了？或許那名陌生女子跟男友毫無瓜葛，我這麼小題大作，未免太笨了！

面對這樣尷尬的局面，如何能緩和彼此之間的僵化關係。這時候，不妨送給他一份「致歉禮物」，將你難以啟齒的「對不起！」寫在卡片上吧！

那麼什麼樣的禮物能打動戀人，消除誤會，從而讓愛情的路走的更遠呢？

1. 一束鮮花：一束鮮花可冰釋前嫌，最好是玫瑰；把一件小禮物放在對方的餐桌上或枕頭底，可以表明悔意，以示愛念不渝；大家不交談，觸摸也可傳情達意，這就是所謂的「此時無聲勝有聲」。

2. 音樂盒：挑一個他喜歡的旋律的音樂盒，就算戀人的心再倔強，再固執，也會被那優美的旋律所感動，情緒隨著曲調回到相識的最初，原諒自然不在話下。

3. 水晶：戀人間的爭吵，可能會影響你在她心中完美的形象，如果你還在乎你們之間的感情，就不要再東想西想，選一顆最美的水晶寶石吧，這樣的道歉禮物絕不僅僅是飾品，它的內在含義傳達著你對他的愛，告訴他你們的愛是完美的，之前的爭吵只是不小心落到水晶上的灰塵，輕輕一擦，愛情依然美麗如初，你和我的愛情，就像水晶，簡單而透明。

4. 心形蠟燭：在矛盾加深之前，送上一個心型的蠟燭作為道歉禮物，一定會達到事半功倍的神奇效果。當心型蠟燭點燃，明亮跳動的火苗，激發內心的溫情，將恨意慢慢融化，露出最真誠的心。

5. 鑰匙扣：一人一個，即表明你只愛他一個人，也表示希望把過去的不快樂統統忘記，要永遠心心相扣在一起。

6. 特別的美食：一般的美食在這種情況下肯定不是那麼管用，需要自己親力親為，不管是偷師學藝還是硬著頭皮照書學的，總之，做一道特別的美食給他，當他吃著可口的料理，氣也就消了一大半了，想到是你親手做的，不原諒都不可能了。

7. 手錶：選一款名貴的或是外型獨特的手錶作為道歉禮物，讓他知道，你日日夜夜想的都是他，讓誤會隨著時間一樣流走吧，當他帶上這特別的手錶的時候，自然會把不愉快忘記的。

當然，行動是你最好的道歉禮物，物質是不能改變她對你的態度，以後還得多從她的角度考慮問題，也不要急著希望她能原諒你，用行動來證明自己是真的用心，正的很在乎她，相信她會慢慢原諒你的。

送禮時要營造一個浪漫的氛圍

　　浪漫是一門藝術，需要用心去對待才能得到。不只是女人喜歡浪漫，希望自己和心愛的人能生活得瀟灑浪漫，男人的內心也同樣喜歡浪漫，同樣希望能和自己心愛的人生活得幸福浪漫。所以製造浪漫氣氛不是男人的專利，女人也要學著點。要想製造浪漫，其實並不難，也並不一定要花很多的錢，送對方一些能表達愛心的特別禮物，再加上一點點氛圍就足夠了。

　　周麗娜有一個戀愛 5 年多的男朋友。當然，她非常愛他的男朋友，兩個人的感情很好。男友呢，雖然也很愛周麗娜，但是兩人的關係就遲遲沒有進展。因此，周麗娜打算結束戀愛的長跑，早點進入婚姻殿堂。於是她想出了一個辦法。首先，送給他一張邀請卡 ──「本週六，邀請所有我喜歡的朋友，我家裡開舞會，請務必光臨。」

　　當天，到周麗娜公寓拜訪的，只有他一個人。他以為是一個很多人聚會的熱鬧場面，沒想到客人只有他，於是驚訝地向她提出疑問。

　　周麗娜解釋說：「啊！是這樣的，我仔細地想過之後，發現我所喜愛的人只有你，所以邀請卡只給了你一個人。」

　　說完這句話，她似乎可以感覺到他的心正撲通撲通跳個不停。

　　餐桌上排列著她最拿手的飯菜，周麗娜不留痕跡地展示了自己在家事方面的才幹，吃飯時，也勤快地忙個不停。當然，她穿的是白色蕾絲邊的圍裙。這是因為對單身的男性而言，白色圍裙能產生令人憐愛的姿態。這些都在她的精心設計之內。

　　他吃晚餐的每一道菜都非常滿意，於是，一種「若是和她結婚的話，每天都可以享受美味」的思想在他腦中浮現，而從未想到的「結婚」二字，突然像大特寫似的映在眼前。他感覺到她新鮮的一面，跟在外面約會時大不相同。「這麼說，到目前為止所認識的女性當中，最溫柔的應該是她了……

賢妻良母型……啊！我是不是喝醉了，今夜充滿奇妙的色彩！」充斥在他腦海中的似乎是這些念頭。

她在旁間裡愉快地忙這忙那，整個氣氛相當輕鬆。在這種柔和的情緒中，兩個人的眼光不時相遇。

吃過了甜點之後。她慢慢地把一個小包裹交到他手裡。猜猜看，裡面裝些什麼呢？原來是一把鑰匙。從此，他可以任意出入她的房間。然後她對他說：「這是我的心意。明白嗎？我希望永遠陪在你身邊。」

對他來說，這份禮物宛如喜從天降！

第二天，他把她約出來，約會的地點，就在首飾店前。她享有了預期中的喜悅。

「這是昨天回家後，決定送你的禮物。」他說，「一枚漂亮的訂婚戒指。」

故事中的周麗娜是個聰明的女孩子，她營造了一個溫馨浪漫的氛圍，又送上一份貼心的小禮物，最終打動了男友的心，贏得了盼望已久的愛情。由此看來，送禮物給對方時，營造浪漫的氣氛是很重要的。

其實不論哪種製造浪漫的方式，都只是一種手段而已，目的在於讓心愛的她（他）感受到自己的用心和愛。那麼，怎樣營造這樣的氣氛呢？

1. 如果你是講究浪漫的人，不妨可以用煙火或者蠟燭在地上組成一個心形，然後讓自己與她在這片愛的田地中仰望這片燦爛。當對方完全沉浸在創造的這份浪漫中時，你再錦上添花地送上小禮物，相信對方一定覺得甜蜜感動。

2. 如果你是講究節儉的人，可以你在家裡，開著適合的音樂，倒兩杯紅酒，相互舉杯對飲，對對方說些甜言蜜語，給對方買其最想要的東西，用自己的甜言蜜語和真誠的態度把對方哄得開開心心。

3. 如果你是講究現實的人，不妨買兩張電影票，買點零食，相擁到外面去
   感受一下夜晚的浪漫氣氛，或者買三朵玫瑰送給對方，一起享用浪漫的
   燭光晚餐。

第七章

節日有「禮」—— 節日禮物的饋贈藝術

　　節日是一個非常喜慶的日子。在悠長的歷史長河中，人們創立了眾多的節日，現代人繼承了許多傳統的節日，進而又依據現代文明拓展了許多新的節日。在節日裡，人們總是喜歡在這樣的日子裡表達心意，並送上自己最美好的祝福。因而，節日與禮品的關係是分不開的。在節慶的日子裡，如何使自己的禮物更具特色，這可是一門不可不知的學問。

新年要有新氣象 ── 元旦送禮

「元」有開始之意,「旦」指天明的意思。元旦是一年開始的第一天,。

大約在西元前五萬年左右,古埃及人已由游牧改為農耕,定居在尼羅河兩岸,他們的農業收成與尼羅河是否發生洪水有很大關係。古埃及人從長期的觀察中發現,尼羅河氾濫的時間是有規律的,他們就把這個時間每次都記錄在竹竿上,從中得知兩次氾濫時間之間大約相隔 365 天;同時還發現,當尼羅河初漲的潮頭來到今天開羅城附近的時候,也正好是太陽與天狼星同時從地平線上升起的時候。於是,古埃及人便把這一天定為一年的開始。這是「元旦」最早的由來。

元旦是慶賀新年的開始,歡度元旦可說是世界各國各地區的普遍習俗。

元旦送禮,要展現感情和表達吉慶祥和的祝福為原則。

1. 送孩子:最實用的當然是鞋帽之類的生活用品了,其次是一些休閒器材,如滑板、呼啦圈、笛子、象棋等。還有,就是益智類玩具。最後才是娛樂的玩具,如公仔。

2. 送老人:冬天是各種慢性病的好發期,送一臺電子血壓計,讓老人們可以隨時檢查自己的健康狀況。送個家用跑步機,讓老人不用出門就能運動。這些高科技的電子產品還能多少彌補一下你不能陪伴父母、長輩的遺憾。

3. 送女友:過年穿新衣服是華人的傳統習俗,小時候穿上新衣服總免不了跟大家炫耀一番!女友也不例外,你送的禮物是最好的炫耀資本,而衣服則是最直接最佳的禮物。另外,女孩子都是十分愛美的,愛美也是女人的天性。借著這個機會,不妨為她挑選一份適合她的化妝品作為元旦禮物。好的化妝品價格不菲,所以這樣的一份禮物既體面又實用,肯定會讓她備感開心。

4. 送男友：多數男人都有自己的個性，了解他的愛好，送上他喜歡的禮物，
   會加深兩人之間的感情。領帶、古龍水、電動刮鬍刀等都是不錯的選擇。

送禮送出好彩頭 ── 春節送禮

　　春節，即農曆新年，俗稱過年，一般指除夕和正月國一。但在民間，傳統意義上的春節是指從臘月初八的臘祭或臘月二十三或二十四的祭灶，一直到正月十五，其中以除夕和正月國一為高潮。

　　相傳，在古時候，有個名叫萬年的青年，看到當時節令很亂，就有了想把節令定準的打算。但是苦於找不到計算時間的方法，一天，他上山砍柴累了，坐在樹蔭下休息，樹影的移動啟發了他，他設計了一個測日影計天時的晷儀，測定一天的時間，後來，山崖上的滴泉啟發了他的靈感，他又動手做了一個五層漏壺，來計算時間。天長日久，他發現每隔三百六十多天，四季就輪迴一次，天時的長短就重複一遍。

　　當時的國君叫祖乙，也常為天氣風雲的不測感到苦惱。萬年知道後，就帶著日晷和漏壺去見皇上，對祖乙講清了日月運行的道理。祖乙聽後龍顏大悅，感到有道理。於是把萬年留下，在天壇前修建日月閣，築起日晷臺和漏壺亭。並希望能測準日月規律，推算出準確的晨夕時間，創建曆法，為天下的黎民百姓造福。

　　有一次，祖乙去了解萬年測試曆法的進展情況。當他登上日月壇時，看見天壇邊的石壁上刻著一首詩：

　　　　日出日落三百六，周而復始從頭來。
　　　　草木枯榮分四時，一歲月有十二圓。

　　知道萬年創建曆法已成，親自登上日月閣看望萬年。萬年指著天象，對祖乙說：「現在正是十二個月滿，舊歲已完，新春復始，祈請國君定個節日

吧」。祖乙說：「春為歲首，就叫春節吧」。據說這就是春節的來歷。

春節是傳統節日，也是大家走親訪友的最佳時節，不管是看同學，探親戚，或是拜訪主管，春節送禮都是最佳途徑，但要想把這個春節送禮送好了，第一條就是要先確定自己春節送禮的目的。知道自己送禮的目的，在接下來的挑選禮品，送禮過程中有了目的，才有的放矢。

送父母

長年工作在外，你是不是很難抽出時間陪陪父母？春節的臨近，也一定讓父母期盼的心情更加迫切了。趁春節有限的休息機會，你想帶點什麼回家與父母共用歡聚的快樂？

· 保健食品：比如冬蟲夏草、花旗參之類的補品。老年人最希望的就是能夠多活幾年，健康快樂地度過晚年生活，所以買些滋補養生的保健食品送給他們肯定沒錯。

· 新衣服：比如發熱衣、羽絨衣、聯名款、傳統服飾等。過年了給父母買身新衣服，老人肯定會非常開心。再說是兒女買的，告訴親戚朋友，他們也自豪、有面子。而一套遠紅外線的發熱衣，更會讓父母感到貼心的溫暖。

· 旅遊：春節時都窩在家裡守著電視機，忙了幾天的春節待客送禮後，為父母安排一趟舒適的春節旅遊，可以是國外的豪華奢侈五天四夜遊，也可以是兩天一夜溫泉之旅，讓操勞一輩子的父母在春節期間出門瀟灑一遊，也不愧是既新潮又有紀念意義的禮物。

送岳父母

送春節禮物給給岳父、岳母之前，首先要向妻子打聽岳父、岳母的喜好。得知岳父、岳母的喜好，如岳父喜歡喝茶、喜歡工藝品等等，你就可以

在選擇禮品時投其所好。其次是要了解岳父、岳母家缺什麼、或需要什麼，如有老人常見的腰腿痠痛等情況，就可以選擇一臺按摩椅，會讓老人感覺你既細心又貼心。除了以上兩種，你還可以在了解長輩喜好的情況下，給他們準備一份比較有特色的禮品，比如你或長輩家鄉的特產等等。

送戀人

或許，你與他（她）已相濡以沫多年，不經意的眼神傳遞著彼此的深情。這時兩人之間選送的禮物，熱情已淡去不少。如果你也認為，讓禮物成為家中富有紀念意義的物品是種不錯的選擇，那麼，可以利用春節各商場打折之際，補上一枚她心儀已久的鑽戒，還可以請人把她的名字、生日刻上去，藉此表明你的愛意並未隨歲月淡去，相信一定讓她感動不已。

送朋友

給朋友送禮，貼心是關鍵，沒有必要太鋪張浪費。例如：你的朋友新年喜添人丁，那不妨買一些現成的嬰兒用品禮盒，各種精巧、獨特的寶寶用品，完全吸引他們的目光。

送孩子

孩子對新年總有一種童真而熱切的盼望，因為對某件禮物長久的期盼最有機會在此時得到滿足。

· 女孩：送小公仔玩偶比較不錯，還有就是芭比娃娃、森林家族等，小女孩都喜歡。如果是已經上學了的孩子，也可以選擇一些可愛的文具、故事書。

· 男孩：男孩喜歡買那些可以自己動手的東西，比如買些模型、積木回家自己組裝的東西，可以開發大腦，有益成長。還有就是刀、劍、槍、

車、機器人等，大一點的，可以選擇溜冰鞋、滑板、蛇板、腳踏車之類的運動器材。

送上司

春節給上司送禮，要選好時間，因為上司也要給他的上司拜年。按照習俗，大年三十、初一是闔家團圓的日子，除了親戚家人互相拜年，不宜串門；因此年前的二十六、二十七、二十八、大年初二、初三是給上級送禮的好時機。菸酒類沒新意，不妨換口味，如文房四寶等藝術擺飾、具有收藏價值的書畫郵票以及保健品。

另外，如果你送的禮物是大家都想到的，那麼你的禮物價值就大打折扣了。

送客戶

送客戶禮品關鍵是投其所好。如果是愛面子的客戶，可送他一些顯眼的禮物，他可以有意無意地向朋友炫耀是廠商送的；若喜歡實惠的客戶，則送他日用品以及最需要的東西；而若是想借花獻佛型的客戶，可以送他一些包裝精美的禮盒或禮品，這樣方便他轉手送人。

· 水晶擺設：這些精緻的擺設類禮品一般是送給初接觸的客戶，兩人沒有太多業務往來，只是純粹想給他留個好印象而已。
· 購物卡：若交往比較密切、你要感謝的客戶，則可以送一些代幣型的禮品，例如超市購物卡、手機卡等，送者方便，拿者實惠。
· 奢侈品：若是重量級、對你工作幫助比較大的客戶，可以下手重些，送些奢侈品如手錶、高級禮品等，而且要摸清楚客戶的愛好，才能投其所好。

浪漫我和你 ── 情人節送禮

　　情人節又叫聖瓦倫丁節或聖華倫泰節，即每年的 2 月 14 日，是西方的傳統節日之一。情人在這一天互送巧克力、賀卡和花，用以表達愛意或友好。現已成為歐美各國年輕人喜愛的節日，其他地方也已開始流行。

　　情人節是一個屬於朋友的日子，屬於家人的日子，屬於情人的日子。正如現在用近乎狂熱的熱情過起了耶誕節一樣，情人節也已經悄悄滲透到了無數年輕人的心目當中，成為傳統節日之外的又一個重要節日。情人節的來歷和意義可能並不一定為大多數人所知。下面所要介紹的，不過是眾多關於情人節的傳說中的一個。

　　黎明的寂靜被一陣嘈雜聲打破，兩個士兵推著一位相貌堂堂的青年男子走向監獄的鐵門。男子緊鎖著眉頭，一雙眼睛蘊含著掩飾不住的智慧和虔誠，整潔的衣著和他囚犯的身分顯得極不相稱。士兵們將他押到典獄長的屋內接受審訊。典獄長是一個年邁的老人，他的身旁坐著一個年輕的女孩。女孩身材修長，臉色紅潤，穿了一件潔白的長裙，周身散發著青春的魅力，美中不足的是眼睛好似大理石刻成，灰暗無光，很顯然，她是一個盲人。

　　「姓名？」典獄長開始了審問。他平靜地說出自己的名字。

　　「你認罪嗎？」「不，我沒有罪。我只是做了我應該做的事情。」他富有磁性的聲音久久迴盪在審訊室裡。女孩被這聲音吸引了，突然問到：「先生，你喜歡花嗎？」這句奇怪的審訊詞讓他愣了一下，繼而，他換了一種溫柔的語調回答著：「是的，我喜歡花，小姐。我熱愛自然，熱愛人。」

　　典獄長有些不耐煩了，吩咐士兵把他帶進監牢。他平靜的走了出去，臨走前，他向女孩鞠了一躬：「謝謝你的提問，小姐。」後來，他得知，女孩是典獄長的愛女，從小就雙目失明，典獄長將她視若掌上明珠，對她疼愛有加。

晚餐的時候，女孩在獄卒的帶領下來到了牢房，給他帶來了豐盛的晚餐。對他說：「我知道你是好人，以後我想多跟你聊聊天，我從來沒有看見過外面的世界，你能告訴我一些嗎？」他雖然有一點驚訝，但還是愉快的答應了。

　　當天飯後，兩個人就開始一起散步，聊天，他們一起談論外面的世界，談生活，談愛情……

　　漸漸地，兩個人的心裡都產生了一種朦朧的情愫。

　　直到典獄長知道了此事，他大發雷霆，指責他勾引他的女兒。他立即向典獄長坦白了自己對女孩的感情，他的虔誠打動了典獄長，只好同意讓他們繼續交往。

　　他和女孩的感情越來越深，愛情的力量幾乎使他忘記了自己身在獄中。

　　一天，他在散步的路上發現了一種能夠治癒女孩眼睛的草藥，略通醫術的他欣喜若狂。從此他每天都專心的熬著草藥。可是，女孩還沒有等來光明，他卻等來了判決書 —— 死刑！

　　這一天終於來了，他被押出了牢房走向刑場，行刑官下達了最後的命令。在這生命的最後時刻，奇蹟出現了，女孩的眼睛痊癒了，正跌跌撞撞的向刑場跑來，一路呼喊著他的名字，他的眼睛溼潤了。

　　女孩衝到他身旁，望著他第一次也是最後一次看見的情人，眼淚撲簌簌地滾落著。他們緊緊的擁抱著，誰也不願意鬆開。他們都知道，一旦鬆開將會失去什麼，他們多麼希望時間能夠永遠停留在這個令人心醉的時刻。

　　然而時間無法停下它腳步，他還是失去了生命。不久後，女孩也憂鬱而死。

　　這是在很早的時候聽過的一個淒美的愛情故事，這個青年就是當時赫赫有名的修士 —— 瓦倫丁（Valentine），他是因為違反了當時一條十分荒誕的法律，在教堂為一對新人主持了婚禮而遭遇不幸的，他逝去的那一天就是

西元前 3 世紀的一個 2 月 14 日。後來，教會為了紀念他，將這一天定為「瓦倫丁節」，也就是「情人節」。

華人在習俗上還有一個節日可以稱為「情人節」，但是並不是所有人都慶祝這一節日，那就是七夕節，原名為乞巧節，也被稱為東方情人節。

七夕乞巧，這個節日起源於漢代，東晉葛洪的《西京雜記》有「漢彩女常以七月七日穿七孔針於開襟樓，人俱習之」的記載，這便是我們於古代文獻中所見到的最早的關於乞巧的記載。

七夕節始終和牛郎織女的傳說相連，這是一個很美麗的，千古流傳的愛情故事，成為四大民間愛情傳說之一。

相傳在很早以前，南陽城西牛家莊裡有個聰明‧忠厚的年輕人，父母早亡，只好跟著哥哥和大嫂度日，大嫂馬氏為人狠毒，經常虐待他，逼他做很多的工作，一年秋天，大嫂逼他去放牛，給他九頭牛，卻讓他等有了十頭牛時才能回家，牛郎無奈只好趕著牛出了村。

牛郎獨自一人趕著牛進了山，在草深林密的山上，他坐在樹下傷心，不知道何時才能趕著十頭牛回家，這時，有位鬚髮皆白的老人出現在他的面前，問他為何傷心，當得知他的遭遇後，笑著對他說：「別難過，在伏牛山裡有一頭病倒的老牛，你去好好餵養牠，等老牛病好以後，你就可以趕著牠回家了。

牛郎翻山越嶺，走了很遠的路，終於找到了那頭有病的老牛，他看到老牛病得厲害，就去給老牛打來一捆捆草，一連餵了三天，老牛吃飽了，才抬起頭告訴他：自己本是天上的灰牛大仙，因觸犯了天條被貶下天來，摔傷了腿，無法動彈。自己的傷需要用百花的露水洗一個月才能好，牛郎不畏辛苦，細心地照料了老牛一個月，白天為老牛採花接露水治傷，晚上依偎在老牛身邊睡覺，到老牛病好後，牛郎高高興興趕著十頭牛回了家。

回家後，大嫂對他仍舊不好，曾幾次要加害他，都被老牛設法相救，大嫂最後惱羞成怒把牛郎趕出家門，牛郎只要了那頭老牛相隨。

一天，天上的織女和諸仙女一起下凡玩樂，在河裡洗澡，牛郎在老牛的幫助下認識了織女，二人互生情意，後來織女便偷偷下凡，來到人間，做了牛郎的妻子。織女還把從天上帶來的天蠶分給大家，並教大家養蠶、抽絲，織出又光又亮的綢緞。

牛郎和織女結婚後，男耕女織，情深意重，他們生了一男一女兩個孩子，一家人生活得很幸福。但是好景不常，這事很快便讓天帝知道，王母娘娘親自下凡來，強行把織女帶回天上，恩愛夫妻被拆散。

牛郎上天無路，還是老牛告訴牛郎，在牠死後，可以用牠的皮做成鞋，穿著就可以上天。牛郎按照老牛的話做了，穿上牛皮做的鞋，拉著自己的兒女，一起騰雲駕霧上天去追織女，眼見就要追到了，豈知王母娘娘拔下頭上的金簪一揮，一道波濤洶湧的天河就出現了，牛郎和織女被隔在兩岸，只能相對哭泣流淚。他們的忠貞愛情感動了喜鵲，千萬隻喜鵲飛來，搭成鵲橋，讓牛郎織女走上鵲橋相會，王母娘娘對此也無奈，只好允許兩人在每年七月七日於鵲橋相會。

後來，每到農曆七月初七，相傳牛郎織女鵲橋相會的日子，女孩們就會來到花前月下，抬頭仰望星空，尋找銀河兩邊的牛郎星和織女星，希望能看到他們一年一度的相會，乞求上天能讓自己能像織女那樣心靈手巧，祈禱自己能有如意稱心的美滿婚姻，由此形成了七夕節。

愛麗絲和約翰是一對幸福的小夫妻。剛剛結婚，他們的生活很拮据。但不久就要迎來他們第一個情人節，愛麗絲知道，他們都沒錢為對方買什麼禮物。愛麗絲不能給買他禮物 —— 哪怕只是一張賀卡。這讓她很傷心。

情人節的前一天晚上，約翰出門上班去了，愛麗絲在家裡輾轉難眠。於是愛麗絲索性從床上爬起來，決定為他親手製作一張情人節賀卡。沒有繪畫

紙，愛麗絲只能用普通的筆記本紙。她費盡心思為丈夫創作了一首小詩。她知道自己心裡想說些什麼，可千言萬語卻不知道如何表達。愛麗絲徹夜未眠，等到第二天早晨他回家的時候，她的傑作終於完成了！

愛麗絲為自己的愛人製作了一張情人節賀卡。當她把自製的賀卡遞到約翰手中的時候，愛麗絲忽然覺得自己既愚蠢又幼稚，只期望他不要取笑自己。愛麗絲屏住呼吸，注視著約翰打開賀卡，閱讀其中的內容。在一張最普通不過的紙上，愛麗絲寫下了這些 ——

> 也許，我們缺少金錢
>
> 無力問津炫目的卡片
>
> 可是我們所擁有的能代替一切
>
> 包括那心形的卡片和華麗的花邊
>
> 彼此擁有便是我們最大的幸福
>
> 請即刻打開賀卡，去解讀我的心聲

打開賀卡，那上面有一顆巨大的紅心，伴隨著「我愛你」幾個大字。愛麗絲忐忑不安地站在原地，害怕約翰會隨時大笑起來。可讀完愛麗絲的賀卡，約翰卻慢慢抬起頭來看著她。他的嘴角分明在漸漸向上揚起！除了溫柔的微笑之外，他什麼都沒有說。

約翰凝視著她的雙眼，把手伸進了自己的口袋。把手拿出來的時候，他的手上分明握著什麼東西。他告訴愛麗絲說，那是他在午夜吃飯的時候特意為她做的，可是他一直不敢拿出來。約翰說，他以為愛麗絲會覺得這很傻，還擔心愛麗絲會笑他。

愛麗絲拉起約翰的手，翻過他的手掌。伴隨著她的目光，他漸漸鬆開了緊握的手指，她看見了 —— 那是用鋁做的一顆小小的心。就在愛麗絲整夜為他製作情人節賀卡的時候，他也在一塊鋁板上為愛麗絲小心翼翼地雕刻出這

顆心。約翰說同事們都為了這顆心在取笑他，所以他一直在擔心，是不是應該把它拿出來給愛麗絲。

愛麗絲一直保存著這顆心，就放在她的抽屜裡。到如今愛麗絲還不時打開抽屜，看看它在裡面靜靜地躺著，每當這時候記憶便會如潮水般湧來。很多年過去了，現在情人節到來的時候他們已經能夠為彼此購買精美而昂貴的禮物。不過，沒有什麼能比得上這兩件自製的禮物，它們是那麼珍貴、那麼意義久遠，因為那是在新婚的第一年，他們用真心為對方製作的。

表達愛意的禮物，不需要有多貴重。有時一張簡單的賀卡、一個親手製作的小玩意，或是一句話，就已經足夠了。

在情人節這一天，很多人都挖空心思，為愛人獻上一份浪漫而意味雋永的禮物，讓對方感到自己的關心和情誼。但是千篇一律的巧克力、香水散發的不是你們專屬的愛情味道，毫無新意的鑽戒、鮮花表達的不是你們專有的愛情宣言。那麼，選擇什麼樣的禮物才能表達那一份浪漫，讓對方刻骨銘心？什麼樣的禮物既精美又溫情，每每看到，甜蜜的愛情重回心間，感動圍繞身畔？

下面，就為大家介紹一些情人節的禮物，以供選擇：

1. 精美實物禮

· 巧克力：最傳統的情人節禮物，巧克力可以給人一種飄然入愛河的奇幻感受。

· 手鍊、指環：小巧精美的首飾總會令女性著迷。

· 耳環、手鐲：女性化的裝飾品讓她更加迷人。

· 一支精美的打火機：男士化的配件，不管他是否吸菸，擁有才是主要的。

· 香水：香水是愛情的靈丹妙藥，它可以帶給人奇妙的感覺。

· 領帶：送給男士經典的禮物。

- 全身按摩招待券：可將招待券與芳香按摩油一併放在漂亮的籃子裡送給對方。
- 全身按摩椅：可隨意調整按摩的部位、速度，以及震動的大小。
- 皮帶：皮帶的含義是束縛，讓他在感覺愛情的甜蜜時增加一份責任感。
- 糖果：糖果是甜甜蜜蜜的象徵，而且永遠不必擔心送錯。
- 一盆名花：擺以臥室可達到裝飾作用，也可表明名花有主。
- 情侶合照的拼圖：分開的拼圖不具有任何意義，只有結合緊密才是完整的。
- 手錶：手錶永遠是一份很棒的禮物，甚至可成為定情之物。
- 鑽石戒指、項鍊：收到珠寶這一特定含義的禮物，都是值得珍惜的。
- 圍巾：女性表達愛情的選擇，不但能使身體保暖，更能使心裡溫暖。
- 一對接吻魚：情人間最直接最動情的暗示。
- 一套情侶睡衣：讓雙方互相欣賞的浪漫時尚禮品。
- 一對情侶表：幫助準確的掌握約會時間。
- 一盆心形的植物：象徵著情人之間充滿愛情的心。
- 放大的情侶合照：您想放大的其實是愛情。

2. 時尚浪漫禮

- 開心情人 Party：狂熱的舞蹈和音樂將帶來格外的刺激。
- 浪漫之夜 Party：在醉人的古典音樂聲中，兩人翩翩起舞，感受愛情的浪漫。
- 情侶燭光晚餐：在家中下廚為心愛的人做一頓晚餐，在餐桌上點上蠟燭，感受浪漫的氣氛。
- 經典的愛情詩集：藏在盛有鮮花的花籃下面，書的內容是關於愛情的詩歌和圖畫。

- 浪漫山頂之旅：晚上和親愛的人爬上山頂，在離天空最近的地方，說也心願。
- 小島之旅：帶上一個精美的野餐籃，享受豐盛的野餐。
- 豪華酒店的房間：讓你們度過甜蜜濃情的夜晚，適合喜愛旅遊度假的情侶。
- 情人節的玫瑰：第一天送她 7 朵，第二天 6 朵，最後在情人節的前夜只送 1 朵。
- 浪漫情書：是一個營造懸念、製造浪漫的好辦法，這會勝過一堆貴重的禮物。
- 一顆美麗的星星：繁星滿天，挑選一顆用她（他）的名字命名。
- 999 顆彩色氣球：每顆寫上「我愛你」並署名，再一起將它們放飛。
- 紅玫瑰及蜜意柔情的信箋：最好是利用午餐時間，溜到對方上班的地方，放在他（她）的車上。
- 處處鮮花的房間：在房間裡放滿鮮花，或讓許多鮮花從天花板上吊下來，製造溫馨和浪漫。
- 會唱歌的「電報」：讓一名歌手或藝人，到對方的家或是辦公室演唱致意。
- 電影大餐：與心愛的人在燭光下，共同欣賞一部或幾部愛情電影。
- 歌聲中的祝福：如果對方有固定收聽廣播節目的習慣，你可為他（她）在電臺點播歌曲。
- 難忘的昔日：收集你們在一起時的難忘故事，寫在一個專門的本子上送給對方。
- 一首詩或一首歌：最好是自己創作的
- 1,999 個字的情書：千萬記住，多一個字都不行。
- 99 種不同方式的「我愛您」：寫在紙上，最好將其裝裱起來。
- 99 張有關愛情的郵票：將其製成精美的集郵冊。

- 為他（她）種一棵樹：地點選在你們常去的地方，或種兩棵代表你們倆。
- 密密麻麻的情書：買筆記本，然後本子裡寫滿情話。
- 一對對方最喜歡的小動物：要考慮兩人能否抽出精力照料牠們。
- 一塊香皂：用它做原材料，為心愛的人雕刻精美的禮品。
- 幻燈片戀愛紀錄：一些你們從相識到相戀具有代表性的合影照片，用電腦做成一張張連續顯示的幻燈片，配上屬於兩人的背景音樂，這樣的禮物值得保存一生。
- 浪漫情人卡：可以藉此機會，將平日不好意思開口的甜言蜜語，化成文字以表心意。

3. 個性創意禮

- 一個專門為對方做的網頁：在上面寫下愛的理由，再放一些浪漫的圖片或兩人的照片。
- 自製的個人服務券：由你提供個人服務，比如替對方捶背、做飯等，服務一次撕一張。
- 愛情白皮書：書寫你們的故事，如第一次相識、初吻、第一次約會看電影等。
- 自己錄製的音樂帶：收錄的音樂對你們倆有特殊意義，如初識時所演奏的音樂。
- 用對方名字註冊一個功能變數名稱：這是一份很具時尚性的禮物。
- 寫滿愛的紅色氣球：上面寫滿愛的甜言蜜語，懸在房間裡，對方會大為感動。

婦女們專屬的節日 —— 三八婦女節送禮

國際婦女節又稱「聯合國婦女權益和國際和平日」或「三八」婦女節，是屬於全世界婦女的節日。每年的 3 月 8 日為慶祝婦女在經濟、政治和社會等領域做出的重要貢獻和取得的巨大成就而設立的節日。

第一次世界大戰前，戰爭的陰影籠罩著世界，帝國主義企圖瓜分殖民地。1910 年 8 月，在丹麥首都哥本哈根召開了國際社會主義者第二次婦女代表大會。出席會議的有 17 個國家的代表，會議討論的主要問題是反對擴充軍備，保衛世界和平；同時還討論了保護婦女兒童的權利，爭取 8 小時工作制和婦女選舉權問題。主導這次會議的克拉拉‧蔡特金（Clara Zetkin）倡議，以每年的 3 月 8 日作為全世界婦女的節日，得到與會代表的一致擁護。從此以後，「三八」婦女節就成為世界婦女爭取權利的節日。1911 年的 3 月 8 日為第一個國際婦女節。

曾記得馬克西姆‧高爾基（Maxim Gorky）說過：我們要讚美她們 —— 婦女。偉大的女性，沒有她們就沒有愛，沒有她們就不會有我們的人類世界。三八婦女節也正是為了提高婦女的地位而設的一個專門節日，在這個美麗的節日裡，我們該拿什麼祝福她們呢？

送給老婆（女友）的禮物

精美飾品：送女朋友首飾本身就是一件很浪漫的事，可以是項鍊、手鐲、耳環、胸針、戒指等等，不一樣的價格，卻一樣的浪漫。它代表著愛情穿越百年時空，成為千古絕唱，愛情跨越了身分與地位，脫離了物質與金錢，不論物換星移，時光流逝，它都可以在滄海桑田的巨變中永不褪色。

溫情內衣：為了博得女士們的「好感」，男士們可以在三八婦女節來臨之際，給妻子挑一套內衣，或是情趣內衣，或是塑身內衣、運動內衣等，都是加深感情的一個好機會，一定不可錯過。

送給母親的禮物

· 戀家型媽媽：喜歡烹飪的賢妻良母，廚房是她的工作地點，最大的幸福就是煮一大桌菜，看一家人開開心心地吃。那麼，給老媽送符合她愛好以及方便生活的禮物，一定能博得她的歡心，比如：烤箱，家電清洗劑、鍋具等，將是最理想的禮物，媽媽一定喜歡。

· 事業型媽媽：這樣的媽媽朋友多，客人多，應酬多。送給她的禮物不能太普通，更不能太俗氣，讓她有面子她會很高興。送給她高級護膚品、化妝品，亮麗的妝容能讓媽媽在出席時尚聚會、高級宴會時變得更加年輕美麗，儀態萬千，這是個很有創意的選擇，絕對會給老媽一個驚喜。再或者送精美的擺件、美容健身器材，既送上對媽媽的關愛，又展現媽媽事業的成就。

送給女員工（女同事）的禮物

· 生活用品：送寢具用品四件套、各種擺件、不錯的化妝品或者橄欖油，必將給愛美女性帶來無比的快樂。

· 家用電器：有一些年輕的上班族，天天為了工作早出晚歸，有時候早餐都沒有時間吃，所以公司主管一定要關心這些女員工的健康，比如家用吸塵器、空氣清淨機、淨水器等。

送給女客戶的禮物

· 護膚美容品：在商務公關中給女客戶送禮物，是一件非常有學問的事情，畢竟女性的心思比較縝密，想要使她覺得滿意，真得要花費一番心思才是。對於愛美的客戶可送高級護膚品，或者美容卡、健身卡等。

· 盆栽或收藏品：對比較知性的女客戶，不妨送她一盆清新小巧的盆栽放在她的辦公桌上，既可以淨化室內的空氣，又可以讓一板一眼的辦公室

富有活力，甚至還會展現出一些小巧思，所以一定會讓女客戶在收到這份禮物時愛不釋手，並且認為你是一個很細心很注意細節的人。對有品味比較高雅的女客戶，可送一些講究的東西，比如名人字畫、古董或其他有收藏價值的東西。

民俗節日 —— 端午節送禮

端午節為每年農曆五月初五，又稱端陽節、午日節、五月節等；端午節是人民紀念屈原的傳統節日，更有吃粽子，賽龍舟，掛菖蒲蒿草、艾葉，薰蒼朮、白芷，喝雄黃酒的習俗。「端午節」為法定節日之一，並列入世界非物質文化遺產名錄。

關於端午節的來歷有這樣一個故事：

據《史記》「屈原賈生列傳」記載，屈原，是春秋時期楚懷王的大臣。他倡導舉賢授能，富國強兵，力主聯齊抗秦，遭到貴族子蘭等人的強烈反對，屈原遭讒去職，被趕出都城，流放到沅、湘流域。他在流放中，寫下了憂國憂民的《離騷》、《天問》、《九歌》等不朽詩篇，獨具風貌，影響深遠（因而，端午節也稱詩人節）。西元前 278 年，秦軍攻破楚國京都。屈原眼看自己的國家被侵略，心如刀割，但是始終不忍捨棄自己的國家，於五月五日，在寫下了絕筆作《懷沙》之後，抱石投汨羅江身死，以自己的生命譜寫了一曲壯麗的愛國主義樂章。

傳說，屈原死後，楚國百姓哀痛異常，紛紛湧到汨羅江邊去憑弔屈原。漁夫們划起船隻，在江上來回打撈他的身體。有位漁夫拿出為屈原準備的飯糰、雞蛋等食物，「撲通、撲通」地丟進江裡，用意是讓魚龍蝦蟹吃飽了，就不會去咬屈大夫的身體了。人們見後紛紛仿效。一位老醫師則拿來一罈雄黃酒倒進江裡，說是以藥暈蛟龍水獸，以免傷害屈大夫。後來為怕飯團為蛟

龍所食，人們想出用楝樹葉包飯，外纏彩絲，發展成粽子。

以後，在每年的五月初五，就有了龍舟競渡、吃粽子、喝雄黃酒的風俗；以此來紀念愛國詩人屈原。

端午節也像中秋節一樣成了親朋好友，客戶之間相互拜訪的節日。除了送粽子，我們還能送什麼呢？

1. 給孩子送禮的技巧和建議：端午給孩子的禮物要凸顯健康平安，長命縷，以五色絲結而成索，戴帶於小孩項頸，或繫小孩手臂，可避災除病、保佑安康。艾虎，以艾編剪而成，或剪綵為虎，黏以艾葉，佩戴於髮際身畔是端午很有特色的物品。這些具有除病保安康寓意的小佩飾、玩具，是端午送孩子們的好禮物。

2. 給長輩送禮的技巧和建議：對於長輩，送一些實用的禮物，例如：雄黃酒、艾草、茶，雄黃加水和酒灑於室內可消毒殺菌，艾草代表招百福，是一種可以治病的藥草，插在門口，可使身體健康。茶是對老人有益的飲品，這些禮物表達了送禮人對長輩的尊敬、孝順。

3. 給親朋好友送禮的技巧和建議：親朋好友之前因為比較熟悉，除了粽子外可以送一些有民間特色的小禮品，如香包、香囊，內裝香料用碎布縫成的，因製作精緻，成為端午節特有的民間工藝品。豆娘是古時端午節婦女們常佩戴的頭飾、佩飾，現代社會，我們依然可以送一些小巧精美又不貴重的小飾品、頭飾、土產等，表達朋友間的「禮輕情意重」。

母愛如水，無私偉大 —— 母親節送禮

母親節，是一個感謝母親的節日。這個節日最早出現在古希臘，而現代的母親節是每年 5 月的第二個星期日，起源於美國。

1876 年，美國還在悲悼南北戰爭的死者。安娜‧查維斯夫人在禮拜堂講授美國國殤紀念日的課程，講到戰役中捐軀的英雄故事後，她進行祈禱時說：「但願在某處、某時，會有人創立一個母親節，紀念和讚揚美國與全世界的母親。」

安娜‧查維斯夫人（Anna Jarvis）為她的禮拜堂服務超過 25 年，當她在 72 歲逝世時，41 歲的女兒安娜，立志創立一個母親節，來實現母親多年前祈求的心願。安娜先後寫信給許多有名望的人物，要求他們支持設立母親節，以發揚孝道，初時反應冷淡，但她不氣餒，繼續向各界呼籲 1907 年 5 月 12 日，安德烈衛理教堂應安娜之邀為母親們舉行一個禮拜儀式。隔年，此儀式在費城舉行，反應熱烈，終於獲得維州州長的支持，並於 1910 年宣布在該州設立母親節。1911 年，慶祝母親節的活動已經開展得非常廣泛，不僅席捲美利堅合眾國的每一個州，而且連加拿大、墨西哥和南美的一些國家也都開始慶祝這個節日。美利堅合眾國人還把宣傳母親節的傳單用十種不同文字印發到各國去，以便擴大影響。此後幾年中，慶祝母親節運動的熱潮有增無減。1912 年，美利堅合眾國專門成立了母親節國際協會。1913 年 5 月，美利堅合眾國眾議院一致通過決議，號召總統以及內閣、參眾兩院和聯邦政府的一切官員一律在母親節佩戴白色石竹花。1914 年，美利堅合眾國國會正式命名 5 月的第二個星期日為母親節，並要求總統發布宣言，號召政府官員在所有的公共建築物上懸掛國旗。緊接著，湯瑪斯‧伍德羅‧威爾遜（Thomas Woodrow Wilson）總統昭告全國公民也在自己的住宅上掛國旗以表達人們對美利堅合眾國全體母親的熱愛和尊敬。此後美利堅合眾國總統

每年都要發表一篇內容相同的宣言。此後，母親節便在各國開展。

敬重母親，弘揚母愛的母親節，在已成為一個約定俗成的節日，到了現在，每年五月的第二個星期日的母親節已經成為一個大眾必過的節日。隨著母親節成為大眾的節日，國人也終於可以在這一天裡，大大方方地表示對母親的深厚感情。

王麗娜從小就因為車禍而失去了父親，是母親一個人母代父職把她養育大，並把她送進大學。為了讓王麗娜在學校裡生活得好點，母親經常同時兼職打好幾份工。為了報答母親，王麗娜學習十分努力，常常獲得獎學金。收到獎學金當天，她就給媽媽買了新衣服。王麗娜說：「媽媽冬天外出工作很冷，但是她卻捨不得買一件好衣服給自己。」無論王麗娜送什麼樣的東西，哪怕是一件非常廉價的衣服或小飾品，母親都非常的喜歡，她知道這裡面有王麗娜對自己的一片心意。

如今，王麗娜大學畢業，有了一份不錯的工作。雖然讓母親放心了，但是陪伴母親的時間更少了，每年也就只有春節那幾天假期能回家。今年的母親節，為了表達自己對母親的感激，她用兩個月的時間幫母親繡了一幅十字繡，上面還繡了幾個字：「送給最美麗的母親，願她生日快樂。」此外，她知道母親衣服比較少，便再為母親買了一件漂亮的毛衣。

回到家裡，王麗娜拿出自己的十字繡動情地說：「媽媽，以前都是你做衣裳給我，買東西給我，沒有媽媽就沒有今天的我，現在我終於可以賺錢了，我要讓媽媽過最好的生活。在我心中，你永遠美麗年輕。」母親接過禮物，深深地感受到了女兒的懂事和孝順，感動得淚流滿面。

「誰言寸草心，報得三春暉。」十年懷胎的艱辛，多年養育的辛苦，都伴隨著歲月的劃過，鐫刻在了母親臉上一條條漸深的皺紋。母親為我們付出的，除了汗水，更有那一去不回的青春年華。母親是我們最應該感謝的人，母親也和我們一樣，擁有只屬於她的青春爛漫，但是為了我們的成長，她一

第七章 節日有「禮」—節日禮物的饋贈藝術

次次放棄了花前月下的甜蜜,放棄了屬於她自己的青春時光。回報母親的愛也多種多樣,何不在母親節的時候,送上一份最有價值的母親節禮物,來表達對母親的感謝,但是,母親節送禮要讓母親開心,還是要注意一些問題的,現在給大家提供一些母親節小禮物。

- 時裝:服裝永遠都是女人的最愛,母親也不例外。你可以在節日裡送給媽媽一件合適又精美的時裝,重新讓她煥發魅力。
- 軟底鞋子:如果自己的媽媽年齡比較大,可以送給媽媽一雙時尚又舒服的軟底鞋,一些軟皮皮鞋樣式美觀,做工精良,非常適合中老年。
- 香水、香粉、乳液以及精油,令所有女士喜愛的禮物。
- 蛋糕外加一張賀卡,寫上一些溫馨的話語。
- 豆漿機或者足浴盆,最好是她正考慮購買的。
- 女性健身俱樂部會員證,如果母親願意成為其中的會員,並能長期堅持參加。
- 美容院為期一年的美容卡,母親將變得更加年輕美麗。手鍊或項鍊,選購母親喜愛的樣式和材質。
- 精美的刺繡、水晶擺飾,富有民族風情的掛飾,可裝飾家居。
- 製麵條機或包餃子機,可成為母親廚事活動的好幫手。
- 食譜及香料,母親可為全家烹飪美味佳餚。
- 樣式高雅的蕾絲桌布,讓母親將餐桌裝飾得漂漂亮亮。
- 真絲圍巾,選一款母親喜歡的花紋。
- 精緻漂亮的檯燈,可成為臥室的裝飾品,也很實用。
- 紅色石竹配上錢包、項鍊等,以典雅的方式表達自己對母親的深情。
- 畫有媽媽樣子的賀卡,是一份讓媽媽感動的禮物。
- 有大自然聲音的 CD 或 MP3,如錄有熱帶雨林、暴風雨、流水以及海浪的聲音。

· 精美的水晶音樂盒，裡面有母親喜愛聽的曲子。

· 一串風鈴，掛在房間裡能清脆作響，很有情趣。

· 與她母校有關的紀念品，如校園畫冊、校服等，讓母親回憶起她曾在校園時的青春時光。

· 一座袖珍花園，備上花草種子及精美的花盆，由母親親自栽種。

· 一本精美的連絡簿，上面有記錄家人和她親朋好友的聯繫地址和電話。

· 訂購的鮮花，當快遞員送來的剎那，媽媽肯定會被突如其來的幸福感動。

· 請母親到餐廳吃午餐或晚餐，點她喜歡吃的菜，並說些感謝和祝賀的話。

· 請媽媽看場藝術表演，讓她感受到您對她的關心。

關愛孩子的健康成長 —— 兒童節送禮

兒童是國家的未來，是民族的希望，為所有兒童創造良好的家庭、社會和學習環境，讓他們健康、快樂、幸福地成長，一直是世界各國努力的目標，一年一度的「國際兒童節」就是專門為兒童們設立的節日。

兒童節給孩子送禮物，也要投其所好，滿足他們的內心願望。所以在為小孩子選擇禮物時，大人們很有必要了解孩子需要什麼樣的禮物。

興趣是最好的老師，根據孩子的興趣送去禮物，將會受到歡迎。如果您的孩子向您要求一件特定的禮物，那肯定是他感興趣的，您千萬不能掉以輕心。

馬克‧哈金斯（Mark Huggins）曾向父親索要一把小提琴。母親以為這是孩子興之所至，沒有予以理睬。馬克還是纏著要，大人終於被說服。幾十年後的今天，誰能料到，當年的小馬克成了美國匹茲堡交響樂團（Pittsburgh Symphony Orchestra）的首席小提琴手。

巴西雕刻家朱莉安娜（Juliana LePine）小時候精力過人，但貪玩，玩什麼東西都虎頭蛇尾。而其父親贈送的一個小小槳板卻引起她極大的興趣。

她開始用這塊板做玩具，專心致志。家人經常收到她自己用槳板製作的坐墊和雕刻品。她的這種興趣後來也帶給她事業上的成功。

其實，只要注意觀察，你就會在孩子的生活、遊戲、繪畫和閱讀中，很輕易地發現他們的興趣和愛好。另外，送禮物最簡單的方法，便是直接問他們喜歡什麼。孩子們只要一談起心中想要的禮物，那肯定是說個沒完沒了。

在給孩子們選禮物時，要注意以下幾點：

1. 選擇的玩具或其他禮物盡量不要太複雜。例如避免購買拼裝困難的玩具，或是需要很多電池才能啟動的玩具。

2. 購買的禮物要有耐久性。容易碎裂或易壞的禮物最好別送，送出這樣的禮物會讓人懷疑送禮者誠意。孩子長大以後，有耐久性的禮物有可能成為能成為他們珍貴的回憶。同時，這件禮物也能讓他記起你的種種好處。

3. 給別人的孩子買禮物時，還要注意對方父母價值觀的認同以及禮物的安全性。比如：如果你送的玩具含有極高的化學成分，或是需要無數零件才能進行拼裝，那麼你所送出去的禮物是不受歡迎的，有可能會立刻成為垃圾桶裡的一員。

4. 禮物不只是物品，它能表達父母的一片愛心，是教育孩子、幫助孩子成長的一種輔助手段。給孩子送一份好的禮物，有時能給他的人生帶來意想不到的幫助。

下面介紹一些孩子喜歡收到的禮物：

1. 益智玩具：這類玩具不僅可以讓孩子們的童真得到滿足，更重要的是，他們在快樂的同時也能不斷鍛鍊腦力。

2. 迪士尼系列：迪士尼可以說每個小孩都喜歡的。現在很多玩具都融入了迪士尼米老鼠的元素，送上一份這樣的禮物，不僅可以激發他們的情趣，也可以讓他們對快樂有更好的憧憬。

3. 小小手錶：這個是有必要的，要從小讓孩子培養一種時間的觀念，讓他們在玩的時候，能珍惜眼前快樂的時光。注意要送一些設計有童趣的手錶。

4. 零食：各種的零食也是孩子平日當中的最愛，特別是在兒童節到來的時候，家長們會滿足孩子的要求的，選擇一些孩子比較喜歡的零食送給孩子。但是，很多的家長卻不了解這些零食當中，大多數的都是膨化食品（puffed food），這些膨化食品對於孩子的發育是十分不好的。所以，如果家長先要送孩子零食的時候一定要注意。

5. 衣服：在孩子的記憶當中，每當兒童節來臨的時候，不僅有好吃的可以吃，而且還可以穿上新衣服，那麼新衣服就是送給孩子不錯的兒童節禮物。

6. 小車玩具：這一般是男孩子很喜歡玩的玩具。

7. 玩偶：玩偶現在不斷創新，很多都融入了適合現在孩子成長的新元素。在這樣一個節日，送孩子一份這樣的禮物，肯定是不錯的選擇。

8. 翻譯機、複讀機、點讀筆、書籍以及知識的影音產品等：對孩子的學習和成長有所幫助。

　　總之，送孩子禮物時要投其所好，不要按照成年人的習慣挑選禮物。如送一整套繪畫用品給他，希望他成為畫家，但孩子對這也許並不感興趣，不能勉強他們。

父愛如山，大愛無言 ── 父親節送禮

　　父親節是一年中特別感謝父親的節日，每個國家的父親節日期都不盡相同，也有各種的慶祝方式，大部分都與贈送禮物、家族聚餐或活動有關。世界上有 52 個國家和地區是在每年 6 月的第三個星期日慶祝父親節。中華民國是以 8 月 8 日，定為爸爸節、父親節。

世界上的第一個父親節，1910 年誕生在美國。是由住在美國華盛頓州斯波坎的布魯斯・多德夫人（Sonora Smart Dodd）倡導的。多德夫人的母親在生育第六個孩子時，因難產而死；多德夫人的父親威廉・斯馬特（William Smart）先生曾參加過南北戰爭，他在妻子過世後，獨自一人在華盛頓州東部的一個鄉下農場，承擔起撫養、教育六個孩子的重任。多德夫人排行老二，是家裡唯一的女孩，女性的細心特質，讓她更能體會父親的辛勞：斯馬特先生白天辛勞地工作，晚上回家還要照料家務與每一個孩子的生活。經過幾十年的辛苦，兒女們終於長大成人。當子女們盼望能讓斯馬特先生好好安享晚年之際，斯馬特先生卻因多年的過度勞累於 1909 年辭世。

　　1909 年斯馬特先生辭世之年，當多德夫人參加完教會的母親節感恩禮拜後，她特別想念父親；多德夫人心中明白，她的父親在養育兒女過程中所付出的愛和艱辛，並不亞於任何一個母親。多德夫人將她的感受告訴給教會的瑞馬士牧師，希望能有一個特別的日子，紀念全天下偉大的父親。她的這一想法得到了牧師的讚許，同時得到了各教會組織的支援；多德夫人隨即寫信向市長與州政府表達了自己的想法，並建議以她父親的生日 —— 每年的 6 月 5 日作為父親節。斯波坎市市長與華盛頓州州長公開表示贊成，州政府採納這一建議的同時，把節期改在 6 月的第三個星期日。1910 年 6 月 19 日，多德夫人所在的華盛頓州斯波坎市，舉行了全世界的第一次父親節慶祝活動。

　　父親，和母親一樣是對我們影響最深遠的人物；而父愛，卻沒有象母愛一樣得到那麼普遍而直白的歌頌。由於溝通方式的性別特點，我們總是不能和自己的父親順利地溝通，我們一直尊重甚至依賴父親，可是卻沒有辦法好好理解父親的想法。

　　對每個人來說，父親就好像是整片天空，是我們伴隨成長中寬厚的背影。父愛如山，深沉而又博大。在父親節這一天，你不妨精心挑選一款精緻

的父親節禮物送給父親，把難以開口的愛，凝聚在送給父親的禮物裡，來表達你對父親的體貼與關懷。

　　下面為大家推薦一些貼心好禮，或許對你會有所幫助：

1. 衣服：為老爸選一件可心的衣服。值得注意的是：要清楚爸爸穿的尺寸，可別買錯了！

2. 體檢：帶父親做一次全面體檢。

3. 保健品：根據父親的健康情況，送合適的保健品。

4. 手錶：讓爸爸每次看時間的時候都可以想到這是自己孩子送的，別人問起來的時候也特別驕傲！

5. 刮鬍刀：非常實用的禮物，每天都用得上。

6. 時尚配件：例如：皮帶、包、領帶……男人永遠不會承認他們缺這些，但如果你送給他，他應該會很高興。

7. 電子產品：智慧型手機、平板電腦、數位單眼相機。

8. 寄張卡片或打通電話：如果你身在外地，不妨打通電話告訴老爸你的關心和感謝，或者寄張卡片，把你的心意寫在卡片上來傳達你的心意。

9. 眼鏡：帶父親去正規眼鏡店做全面視力檢查，如果視力不好，再選擇一副合適的眼鏡！

10. 為老爸下廚：為老爸親自下趟廚房，做他喜歡的菜。手藝欠佳不要緊，關鍵是你今天所做的飯菜已經多了一劑「調味料」—對父親的祝福。

11. 休閒類物品：一本老爸心儀作家的新作，或和他嗜好相關的書；老爸愛聽的老歌、相聲等；訂一份他喜歡的雜誌和報紙。

12. 園藝類：養花侍草是不少老人家喜歡的閒暇活動，所以子女可選擇送種子、盆栽植物或園藝工具。

13.鮮花：一束黃色康乃馨或石斛蘭，以表達對父親的尊敬和感謝之情。在
　　日本、臺灣等地，石斛蘭被視為「父愛之花」。此外，白月季、三色菫、
　　臘梅也是父親節的理想禮品。

月到中秋分外圓 ── 中秋節送禮

　　中秋節，傳統節日，為每年農曆八月十五。八月為秋季的第二個月，古時稱為仲秋，因此民間稱為中秋，又稱秋夕、八月節、八月半、月夕、月節，又因為這一天月亮滿圓，象徵團圓，又稱為團圓節。

　　秋收之際的中秋節，正是加強親族聯繫、增進感情的好時機，也是僅次於年節的饋贈大節。中秋節日饋贈，稱為賀節、送節、追節，也稱送節禮。往往在節前數日甚至月初就開始趕辦節禮，相互饋送，路上行人往來如梭。

　　史籍記載，「中秋」一詞最早出現在《周禮》一書中，周朝已有「中秋夜迎寒」的活動。但作為一個節日，中秋節盛行於唐朝，至明清時開始與元旦齊名，成為主要節日之一。明代以來，有關中秋賞月吃月餅的記述已經很多。《宛署雜記》說，每到中秋，百姓們都製作麵餅互相贈送，大小不等，呼為「月餅」。市場店鋪裡賣的月餅，多用果類做餡子，巧名異狀，有的月餅一個要值數百錢。《熙朝樂事》裡也說，八月十五日稱為中秋，民間以月餅作為禮品互相贈送，取團圓之義。這一天晚上，家家舉行賞月家宴，或者帶上裝月餅的食盒和酒壺到湖邊去通宵遊賞。從這些記載中，可以看到杭州百姓中秋夜賞月的盛況。此外，亦有些地方的習俗會向長者或後輩送贈豬仔餅或長壽麵，同樣予以祝福健康長壽的意思。而一些少數民族的送禮習俗也比較講究，如黎族就會在中秋節舉行歌舞聚會，每村率領男女青年參加，人員齊聚之後，大家互贈月餅、香糕、花巾、彩扇和背心。中秋送禮的習俗就是在這千年之間慢慢地傳播開。

中秋送禮，首推月餅，關於其起源還有一個小故事：

元代末年，江蘇泰州的反元起義領袖張士誠（或說是朱元璋的謀士劉伯溫）利用中秋民眾互贈圓餅之際，在餅中夾帶「八月十五夜殺韃子」的字條，大家見了餅中字條，一傳十，十傳百，如約於這天夜裡一起手刃無惡不作的「韃子」（元兵），過後家家吃餅慶祝起義勝利，並正式稱中秋節的圓餅為月餅。在後來很長歷史時期，甚至在上世紀末，許多月餅上還貼有一方小紙片！只可惜，近年所產月餅已不見小紙片蹤影，月餅所含代代相傳的「文化密碼」蕩然無存。另有一說為，明洪武初年，大將徐達攻下元朝殘餘勢力盤踞的元大都，捷報傳到首都，正在下棋的明太祖朱元璋欣喜若狂，即傳諭中秋節普天同慶，並將當初反元大起義時傳遞資訊的月餅賞賜臣民。月餅從此成為中秋節「法定」的食品，非食不可了。

其實，中秋送禮，不是每次都要送月餅，還可以選擇一些時尚有又實惠的禮品。一個好的中秋送禮方案能完美承載送禮人的感念和祝福，使收禮人滿意和喜悅。

下面介紹一些中秋節禮品：

· 月餅：月餅是中秋節最傳統的禮物，送月餅不會太繁瑣，如果覺得沒有新意可以手工製作月餅，既美味又不缺少新意。

· 養生茶：自古就有品茶文化，這個時候可以在中秋送禮方案中加入養生茶禮品。茶可以調節免疫功能，促進新陳代謝，平衡身體內分泌！

· 紅酒：紅酒是時尚、品味的象徵。喝紅酒健康，這是已經被證明過的。有的人認為家裡擺有紅酒是身分、地位的象徵，氣派十足。因此要抓住時機送紅酒，面子和健康兼具。

· 水果禮品：中秋節適合送一個高級水果禮盒。

· 工藝品：如果你感覺送吃的太老套，可以送些更高雅的工藝品。

· 超市購物券：這避免了買不合適禮物的危險，還能為收到禮物的主婦們提供無窮的購物樂趣，何樂而不為？

· 美容卡：愛美乃人之天性，如此禮物，何人不愛？

老師，您辛苦了 ── 教師節送禮

每個人的成長都離不開老師的培育，從幼兒園的老師到大學教授，他們無私奉獻，被人們尊稱為辛勤的園丁、人類靈魂的工程師。

至聖先師孔子誕辰於 9 月 28 日，因此每年的 9 月 28 日為教師節，從此以後，每年的教師節成為了人們生活中的一件大事，尊師重教成為了一種美德。教師節是一個感謝老師一年來教導的節日。這天，學生們都以自己的方式表示對老師的敬意，最常見的是給老師贈送一件意味深長的禮物。

英國曾流傳著一個頗令人感動的尊師故事。

塞西爾·比頓（Cecil Beaton）爵士是英國的攝影師和設計師，他送給維多利亞和阿爾伯特博物館館長羅伊·斯特朗（Roy Strong）爵士的鋼筆畫，記載著兩個人相互尊重的回憶。

畫中描繪了比頓熱愛的維特夏避暑勝地紅房子。這是比頓在 1974 年中風之後，用左手學素描、學油畫、學寫字、學攝影時所畫的。

而羅伊則一直崇拜著比頓，將他看作自己的師長。羅伊剛剛 31 歲時，被指定為倫敦的國家肖像美術館負責人。他上任後的第一個舉動，就是為比頓舉辦了一個攝影作品回顧展，這是比頓第一個全國規模的攝影展，比頓成了全國的知名人物。

比頓十分感動，他將羅伊也稱作自己的老師。不久，他慷慨地把自己漂亮的花園和暖房裡的花都贈送給了他的老師羅伊。羅伊追憶此事說：「我們的房子，到處都有塞西爾的天竺葵，塞西爾的迷迭香。」

他用天竺葵和迷迭香這兩種花，表達著對老師的仰慕和尊敬。

老師是我們人生道路的指路人，是我們思想的啟迪者，我們愛戴感激他們，我們可以借著一點小禮物向老師表達自己的感激、感恩之情。

教師節送禮的注意事項：

· 不要送太貴重的禮物，會顯得太為功利，多半會被老師拒絕，而且對自己也是個負擔。

· 千萬不要直接去問老師喜歡什麼禮物，這樣多半會遭到拒絕，誠意也會受到懷疑。

· 不要去打聽其他人送什麼禮物，更不要比較。

· 不要送一些不切實際的禮物給老師，如禮服或者高級的首飾等，要考慮老師在日常生活中能否應用你送的禮物。

· 謹記除去標價及商店的袋裝，無論禮物本身是如何不名貴，最好用包裝紙包裝，有時細微的地方更能顯出送禮人的心意。

· 禮物的價格並不是主要的決定因素，有些自己製作的禮物，才特別令老師感動。

教師節的禮物

· 一封情感誠摯的感謝信：外加一束代表師恩的鮮花，內附一張尊師卡。

· 當地導遊手冊、語音導覽機、旅行用品或一個提包：如果老師正打算去某地休假旅遊，可以送上這些禮品。

· 書店的圖書禮券：老師最喜歡的禮物。

· 講座或某類活動入場券：適合送給年輕的老師，也可送給對此有興趣的老師。

· 教學期刊：與老師所教的科目有關，你可幫他訂閱。

- 一套禮品書：可供閱讀或書櫃陳設。
- 照片架、書檔或藏書印記：教師經常用到的物品。
- 水晶玻璃或陶瓷花瓶：送給老師可供擺設和紀念的高雅禮品。
- 自己動手製作的賀卡：寫上您想對老師說的話，表達您對老師的尊敬。
- 一個水果禮盒：表達對老師的敬意。

　　當然，最後我們要知道，老師最希望的就是自己的學生取得好成績，取得成功。如果你還是學生的話，那麼好的學習表現就是對老師的最好的禮物；如果你已經工作，那麼努力取得事業的成功，老師也會感到自豪。

獻給老師的鮮花

　　愛花是人類的天性。簡簡單單一束花，會讓人眼前一亮，還能把陰沉、煩悶、憂鬱一掃而光。

　　一束美麗的鮮花，會讓老師心曠神怡，對增進彼此的感情大有好處。

- 各色康乃馨：老師常被比喻為母親，康乃馨也表示師恩似海。
- 幾枝康乃馨，再配上一枝滿天星：表達老師辛苦傳道、授業、解惑後，學生的成果累累。
- 菊花、荷花：老師品格高潔的象徵。
- 向日葵：非常敬慕您的光輝。
- 鳶尾花、鬱金香：表示感念師恩。
- 紅葉李：譽老師桃李滿天下。
- 向日葵、陸蓮花、玫瑰、鶴望蘭、海芋、文竹等：都表示難忘師恩對老師懷有深深的敬仰之情。
- 杏花：杏壇便是教育界的代名詞，送此花表明將銘記老師的培育之恩。
- 蘭花、君子蘭：拜訪德高望重的老師時宜送的鮮花。蘭花品格高潔，有「花中君子」的美稱。

教師節祝福語：

1. 教師節的祝福語可以用簡訊或 Line 訊息、電子郵件或者是節日賀卡的形式發給老師。

2. 教師節到了，祝您一年 365 天天天開心，8,760 小時時時快樂，5,256,000 分分分精彩，31,536,000 秒秒秒幸福。

3. 我這份美好的祝福透過訊息，跨過重重高山，越過滔滔江水，掠過高樓大廈，飛到您的身邊：祝您教師節快樂！

4. 敬愛的老師，感謝您用知識哺育著我們的心靈，感謝您用關懷指引著我們前進，教師節到了，祝福您幸福安康，闔家歡樂！

5. 敬愛的老師，感謝您曾經的悉心教誨，感謝您曾經的指點迷津。今天教師節，願您幸福安康，福運連綿，教師節快樂！

6. 母讓我們擁有生命，老師讓生命明亮；父母讓我們感受溫暖，老師讓溫暖延續。朋友，教師節，別忘祝福感謝老師哦！

7. 花謝了又開，學生走了又來，並只不是今天才想起您，是今天特別想您，感謝您的悉心教導，願您幸福安康，教師節快樂！

8. 教師節了，本想用電話道聲祝福，但您讓我學會了文字的美好，領略了文字的魅力，所以用訊息祝您平安健康，快樂無疆！

9. 親愛的老師，教師節了，送一捧清涼的秋露滋潤您的生活，祝您安康；送你一束鮮花點綴你的美好，祝您幸福。節日快樂！

10. 敬愛的老師，感謝您曾經的悉心教誨，感謝您曾經的指點迷津，值此教師佳節，祝福您身體健康，幸福快樂，萬事如意！

11. 一支粉筆兩袖清風，三尺講臺四季晴雨，加上五臟六腑，七嘴八舌九思十分用心，滴滴汗水誠滋桃李芳天下！

12. 用語言播種，用彩筆耕耘，用汗水澆灌，用心血滋潤，這就是我們敬愛的老師的崇高的工作。

13. 今天的太陽為您升起，今天的鮮花為您怒放，今天的讚歌為您高唱，今天的雄鷹為您飛翔！

14. 我是一棵綠樹，沐浴著智慧的陽光，在您知識的土壤裡，茁壯成長。天的深情，地的厚愛，銘刻在我心裡，生生世世，永不忘懷。

15. 老師，您還記得我嗎？那個頑皮而不懂事的孩子。當您收到這張心意卡時，就想我又來到您的身邊。您的教誨，是明朗的陽光，照在我心裡，讓我青春之花開放。

16. 老師，您啟迪我真正領會了大自然的恩惠，從此我讀懂了每一片綠葉，每一朵彩雲，每一個浪花。

17. 敬愛的老師，素白的雪，是您的象徵；獻上為您編織的神聖光環，祝福您歲歲愉快，年年如意！

18. 您把人生的春天奉獻給了芬芳的桃李，卻自己留下了冬的乾淨、雪的潔白、冰的清純……祝您節日快樂！您，在嚴厲中讓我們學會做人，在關懷中使我們成長，在期盼中送我們遠走，在辛勞中架起又一座橋梁！

19. 您的辛勞是我們的動力，我們的成功是您的驕傲，然而我們會為您自豪！您的名字最普通─老師；您的名字又最響亮─人類靈魂的工程師。

20. 您是火種，點燃了學生的心靈之火；您是石階，承受著我一步步踏實的向上的攀登；您是蠟燭，燃燒了自己照亮了別人。您事事順心！發展順利！宏圖大展！

21. 您是一堆柴火，烤乾了自己照亮了一堆人！謝謝！您是人類靈魂的工程師，您從事的是太陽底下最光輝的事業，您是社會文明進步的階梯。

22. 我們喜歡你，年輕的老師；您像雲杉一般俊秀，像藍天一樣深沉；您有

學問，還有一顆和我們通融的心。

23. 學而不厭，誨人不倦，桃李芬芳，其樂亦融融。祝福您，節日愉快！

24. 別後，漫漫歲月，您的聲音，總在我耳畔響起；您的身影，常在我腦中浮現；您的教誨，常駐在我心田……在今天這屬於您的日子裡，恭祝您平安如願！

25. 我不是您最出色的學生，而您卻是我最崇敬的老師。在您的節日，您的學生願您永遠年輕！

26. 桂花飄香、圓月當空照，「老師，你好嗎？」身處異地的我回憶曾經的點滴，想跟您說一聲：謝謝，節日快樂！

27. 我尊敬的老師，我的成功一半是源於您給予的支持，千言萬語匯成一句話：謝謝！您不僅是我永遠的老師，更是我永遠的朋友，祝您節日快樂！

28. 點一盞心燈，照亮無數學子的前程；灑滿腔熱情，孕育滿園桃李的芬芳。教師節到了，學生祝您節日快樂，並鄭重地向您道一聲：謝謝！

29. 敬愛的老師，您的教誨如春風，似瑞雨，永銘我心。我虔誠地祝福您：安康，如意！

30. 您給了我燦燦如金的生活真諦，經過歲月的磨洗，彌久而越明！

31. 刻在木板上的名字未必不朽，刻在石頭上的名字亦未必永垂千古；而刻在我們心靈深處的您的名字，將真正永存！

32. 一切過去了的都會變成親切的懷念，一切逝去了的方知其可貴—我懷念這您帶我們走過的分分秒秒。

33. 今天，在遙遠的他鄉，您的學生把您給予的昨天，折疊成記憶的小船，任其飄蕩在思念的心湖……

禮在敬老節 —— 重陽節送禮

農曆九月九日，為傳統的重陽節，又稱「敬老節」。因為古老的《易經》中把「六」定為陰數，把「九」定為陽數，九月九日，日月並陽，兩九相重，故而叫重陽，也叫重九。重陽節早在戰國時期就已經形成，到了唐代，重陽被正式定為民間的節日，此後歷朝歷代沿襲至今。「重陽節」名稱見於記載卻在三國時代。據曹丕《九日與鍾繇書》中載：「歲往月來，忽復九月九日。九為陽數，而日月並應，俗嘉其名，以為宜於長久，故以享宴高會。」

關於重陽節的來歷，有這樣一個傳說：

相傳在東漢時期，汝河有個瘟魔，只要它一出現，家家就有人病倒，天天有人喪命，這一帶的百姓受盡了瘟魔的蹂躪。一場瘟疫奪走了青年桓景的父母，他自己也因病差點喪了命。病癒之後，他辭別了心愛的妻子和父老鄉親，決心出去訪仙學藝，為民除掉瘟魔。桓景四處訪師尋道，訪遍各地的名山高士，終於打聽到在東方有一座最古老的山，山上有一個法力無邊的仙長，桓景不畏艱險和路途的遙遠，在仙鶴指引下，終於找到了那座高山，找到了那個有著神奇法力的仙長，仙長為他的精神所感動，終於收留了桓景，並且教給他降妖劍術，還贈他一把降妖寶劍。桓景廢寢忘食苦練，終於練出了一身非凡的武藝。

這一天仙長把桓景叫到跟前說：「明天是九月初九，瘟魔又要出來作惡，你本領已經學成，應該回去為民除害了。」仙長送給他一包茱萸葉，一盅菊花酒，並且密授辟邪用法，讓他騎著仙鶴趕回家去。

桓景回到家鄉，在九月初九的早晨，按仙長的叮囑把鄉親們帶到了附近的一座山上，發給每人一片茱萸葉，一盅菊花酒，做好了降魔的準備。中午時分，隨著幾聲怪叫，瘟魔衝出汝河，但是瘟魔剛撲到山下，突然聞到陣陣茱萸奇香和菊花酒氣，便戛然止步，臉色突變，這時桓景手持降妖寶劍追下

山來，幾個回合就把溫魔刺死劍下，從此九月初九登高避疫的風俗年復一年地流傳下來。

後來，人們就把重陽節登高的風俗看作是免災避禍的活動。

在民俗觀念中，九九重陽，因為與「久久」同音，包含有生命長久、健康長壽的寓意。把每年的農曆九月九日定為敬老節，倡導全社會樹立尊老、敬老、愛老、助老的風氣，因此重陽節又多了一層新含意。

慶祝重陽節的活動其實多彩浪漫，可以帶老人出遊賞景、登高遠眺、觀賞菊花、遍插茱萸、吃重陽糕、飲菊花酒等活動。

送給老人的禮品可以從以下幾類來考慮：

生活實用類

· 保暖內衣、睡袍、絨製睡衣、睡襪：能使老人在溫暖中安然入睡。

· 羊毛圍巾、手套或披巾：給老人帶去溫暖的禮物。

· 電暖器、變頻冷暖氣機：老人在天冷時可用來取暖，心不冷人就永遠也不會冷。

· 泡腳機、按摩椅：舒緩老年人的身心。

· 盆栽：可長期為室內帶來綠意。

· 室內清新劑：使居室的空氣散發出清新的香味。

· 搖椅：老套但很實用，可放在前廊或陽臺。

· 糕餅：適合老人吃的食物，鬆軟易於咀嚼。

· 家居拖鞋、浴袍等：是方便、舒適的浴室用品。

· 家政服務：預約上門清潔打掃及維修服務。

· 家庭醫生服務：僱用醫生上門為老人檢查身體。

方便安全類

1. 手錶：選容易辨認時間的款式。

2. 可折疊的購物推車：可讓老年人購物變得容易且方便。

3. 晚輩的照片：如愛孫的獨照或是全家福照片，再鑲進老式的相框裡，老人一定非常非常喜歡。

4. 拐杖：老人的第三隻腳，在選購時注意拐杖的長短要適合。

5. 助聽器、放大鏡、老花眼鏡：方便老人視聽的工具。

6. 雜誌和書籍：選購粗體字印刷的書刊。

7. 有聲書：可方便視聽和閱讀。

8. 自動翻書器：方便老人閱讀的工具。

9. 電話機：挑選數位和字體容易辨認的機型。

10. 放置在浴缸中的坐椅：方便無法站立淋浴的老人。

11. 附有輪子的垃圾桶：只須滾動即可，方便實用。

情趣嗜好類

1. 花束或盆花：需每週或每隔一週送一次。

2. 鋪好砂石的水族箱和魚類：配上塑膠水草、空氣篩檢程序、魚飼料等。

3. 各種盆景、盆栽：適合對園藝感興趣的老人。

4. 木雕：放在父母的客廳裡，可作為擺設。

5. 老式時鐘：古樸典雅，可購買較大的型號，老人會更喜歡。

6. 晚輩的照片：如愛孫的獨照或是全家福照片，再鑲進老式的相框裡。

7. 照片整理：將老人多年留下的照片，按時間順序記錄。

8. 來自政府機構的生日賀卡。

9. 替年邁的父母寫信給政府機構，那裡通常會有生日卡寄給老人。

10. 自製的精美影片：將長輩回憶家庭成員的趣事錄製下來，這將充滿親情且具保留價值。

11. 自製的年曆：上面標有家庭成員及朋友的生日，結婚紀念日和其他節日，方便查閱。

總之，對於選擇禮品，其實更重要的是你平時的生活觀察，只有細緻的了解了老人的愛好和需求，才能滿足老人；而雖然禮品是表達孝敬老人的一種方式，但更重要的是平時的陪伴和交流以及對老人的理解。

聖誕老人來了 —— 耶誕節送禮

「耶誕節」這個名稱是「基督彌撒」的縮寫。彌撒是教會的一種禮拜儀式。耶誕節又名耶誕節。每年 12 月 25 日，是基督徒慶祝耶穌基督誕生的慶祝日，在耶誕節，大部分的天主教教堂都會先在 12 月 24 日的耶誕夜，亦即 12 月 25 日凌晨舉行子夜彌撒，而一些基督教會則會舉行報佳音，然後在 12 月 25 日慶祝耶誕節。它是一個宗教節。人們把它當作耶穌的誕辰來慶祝，因而又名耶誕節。

據《聖經》記載，耶穌誕生在猶太的一座小城伯利恆（Bethlehem）。關於耶穌的出世，書上還載有一個故事。

聖母馬利亞做了一場夢，夢中懷了孕，以後就生下了耶穌。耶穌生辰無據可考，後來把劃分世紀的那一年（即西元一年），定為耶穌誕生之年，時間是一個冬天的夜晚。到西元 354 年，基督教派中的多數派，把羅馬帝國密司拉教在 12 月 25 日紀念太陽神誕辰的節日定為耶誕節。

耶誕節的來歷，雖然具有濃厚的宗教色彩，但是它從一開始就和世俗有密切聯繫，一般認為：選擇這一天為耶誕節，是為了和世俗的農神節一致

（農神節也是在12月25日），這個日子正當農曆冬至左右，開始晝長夜短，日照時間變長，太陽賜予人們的光明和溫暖與日俱增。

人們為了感謝太陽賜福，常常舉行各種歡慶活動，向太陽頂禮膜拜。把耶穌誕辰定得與傳統的農神節一致，其用意是為了表示耶穌的誕生就是太陽的再生。

隨著基督教的廣泛傳播，耶誕節已成為各教派基督徒，甚至廣大非基督徒群眾的一個重要節日。在歐美許多國家裡，人們非常重視這個節日，把它和新年連在一起，而慶祝活動之熱鬧與隆重大大超過了新年，成為一個全民的節日。但是有很多耶誕節的歡慶活動和宗教並無半點關聯。交換禮物，寄聖誕卡，這都使耶誕節成為一個普天同慶的日子。

傳說中，聖誕老人總是在平安夜乘著馴鹿拉的雪橇，快樂地奔波與各家各戶，他從煙囪爬進屋內，留下給孩子們的耶誕節禮物，吃掉孩子們為他留下的食物。這位身著紅衣，留著雪白鬍鬚，笑容可掬的老人是耶誕節最受歡迎的嘉賓。

隨著全球一體化的發展，不僅促進了國際商業貿易往來，也在不同程度上影響了各個國家各個地區人們的傳統和風俗習慣。慶祝耶誕節在臺灣也非常流行。任何事物都會因為時空的轉變而發生變化，文化也不例外，尤其是當它需要融入另一種文化時，必然會使本來面目有所改變。

1. 送給戀人的聖誕禮物

　　耶誕節正值寒冷的冬季。在這一天如果能收到一份最愛的人親手製作的禮物，身心一定都會感到很溫暖。那就將你全心全意的愛編織到溫暖的毛線中，為愛人嘗試著親手編織一件毛衣、圍巾或手套。

　　許多女孩子都喜歡浪漫的事情，對愛情有著美好的憧憬。如果您是一位懂得品味的男士，不妨帶您的女朋友去一個環境幽雅的餐廳進行一個記

憶美好的燭光晚餐，在這樣微微醉熏的浪漫氛圍下，一定會為你們的感情增加更多的養分，所以，一頓浪漫的燭光晚餐也是在耶誕節時送給女朋友的一份不錯的禮物。

2. 送給孩子的聖誕禮物

每年的耶誕節前夕，孩子們都會充滿幻想地期待著能收到夢寐以求的禮物，所以作為家長應該盡量滿足孩子的願望。

麗達回憶童年，收到禮物時的情景如今仍歷歷在目：「耶誕節的清晨，我一醒來，發現我的床邊沒有任何禮物，我的淚水一下漫了出來。然後賭氣地衝出了門，我甚至沒有跟趴在桌子上瞌睡的母親打聲招呼。傍晚我回到家裡，看見我的書桌上放著一份精美的禮物。那是一把小提琴。我驚喜萬分，當時我正在練習小提琴，這正是我夢寐以求的禮物。其實，聖誕前幾週，母親一直忙於採購給我的禮物。她託人從遙遠的瑞士買了這把小提琴，頭天晚上熬夜包裝，直到清晨才完工，還沒來得及放到我床前，她已經疲憊不堪，趴在桌子上睡著了。母親含著微笑對我說：麗達，聖誕老人給你送禮的時候，你不在家。我感動得淚流滿面，一下撲進母親的懷裡，我知道，這個世界上沒有聖誕老人，只有關心我的母親。從此，我也學會了關心母親，關心別人。」

為了孩子在耶誕節盡情地歡笑，你不妨將自己想像成為聖誕老人，為他們準備一份夢寐以求的禮物。遊戲機、玩具、車模等禮物應該最受孩子們歡迎。即使大人覺得「沒有實用價值」或「毫無意義」的東西，對於孩子來說卻是無價之寶。

3. 送給老人的聖誕禮物

送給老人的禮物，最好展現你對他們的關心。在寒冷的季節，送給他們體貼實用的禮物，如披肩、保暖內衣等，能讓老人們感到晚輩的體貼和

關心。送他們一件品質優良、輕柔保暖的羊毛或羊絨製品也不錯。選擇上好的材質以及能帶來溫暖感的聖誕紅色或純潔的聖誕白色，不僅漂亮，還很體面。

4. 送給鄰居和親友的聖誕禮物

在耶誕節這一天，我們可以贈送給鄰居和親友一些糕點和食品。準備蛋糕、小餅乾、糖果、紅茶、奶茶、咖啡等，大家聚在一起，高興地分享美味糕點，這真是一份深受歡迎的禮物。

5. 送給同事的聖誕禮物

依照西方的傳統習慣，耶誕節是一個互贈禮物的節日，不僅是你最親近的家人、情人和朋友，還要送給和你一起工作的同事。如果你打算送禮物給你的同事，是不需要人人都送的，你只需要送給工作上的拍檔和老友。或是那些曾在工作上幫過你忙的人就夠了。送禮物的時候，最好能夠附一張卡片，寫上幾句致意或讚賞的語句，表示你多謝他（她）一年來的合作和幫助。選擇一些有心意的禮物，那些禮物並不需要十分昂貴，但最好是適合對方使用，並要合他們的個人品味和個性。

第八章

師出有名 —— 不同場合的送禮藝術

在現在的人情世故中，人與人之間要有「禮」，即人與人之間美好感情存在大部分基於「禮」字，所以，送禮也就成了最能表達情誼的一種為人處世、互相溝通的方式。日常生活中，送禮的場合日益增添，開張慶典、生日聚會、結婚紀念……正所謂「送人玫瑰，餘有花香」，在適當的場合送上一份好的禮物，也會讓彼此的心更靠近一點，並讓你的人際關係如魚得水。

開張慶典

在商界，任何一個公司的創建、開業，或是本公司所經營的某個專案、工程的完工、落成，比如：公司建立、商店開張、分店開業、辦公大樓落成、新橋通車、新船下水等等，都是一項來之不易、可喜可賀的成功，故此它們一向備受有經驗的店家的重視。按照慣例，在這種情況之下，當事者通常都要特意為此而專門舉辦一次開業慶典。

開業慶典（又稱開張慶典）主要為商業性活動，它不只是一個簡單的程序化慶典活動，而是一個經濟實體、形象廣告的第一步。它象徵著一個經濟實體的成立，昭示著社會各界人士 —— 它已經站在了經濟角逐的起跑線上。公司透過開業慶典的宣傳，告訴世人，在龐大的社會經濟體裡，又增加了一個鮮活的商業細胞。

開張開業，歷來都被人們視為一大喜事。在開業慶典之時，主人的親戚朋友和相關人員會給主人送去賀禮，這是古已有之的禮儀，今日也不例外。

開業送禮，對於很多人來說還是件難事，不知道該送什麼？下面介紹開業送禮方面的細節以供參考。

送賀聯

祝賀商店開張的對聯，除了採用一些各類商店都可用的通用聯外，一般要切合該店的實際，將美好視願與經營特色融為一體。兼具禮儀和實用特點的各類商業對聯，會給商店的形象增添些風雅氣氛，給顧客帶來美好的享受，亦藉此作為經營宣傳和擴大影響，帶有廣告的功用。

相傳，乾隆皇帝一年除夕夜，脫去龍袍，換上便服到大街巡視，他見一鞋店門上沒貼春聯，經打聽，方知店家因生意不好，無心張貼。乾隆於是略加思考，提筆贈了一副趣聯：「大楦頭，小楦頭，打出窮鬼去；粗麻繩，細

麻繩，引進財神來。」橫批是：「鞋店興隆」。故事傳開，人們紛紛前來觀看，店家殷勤接待，鞋店生意果然興隆起來。

如今，慶賀商店開張的現成對聯很多，可按接受者的具體情況選用。

升臨福地；祥集德門。

鴻圖大展；裕業有孚。

財源若海；顧客盈門。

隆聲遠布；興業長新。

大業開鵬舉；東風啟壯圖。

雄心創大業；壯志寫春秋。

開張迎喜報；舉步盡春光。

飛馳千里馬；更上一層樓。

開張添吉慶；啟步肇昌隆。

利澤源頭水；生意錦上花。

財源通四海；生意暢三春。

吉星欣在店；祥靄喜盈門。

恆心有恆業；隆德享隆名。

生意如春意；新行勝舊行。

利似春潮帶雨來；十分生意穩如山。

文明經商心常樂；名牌譽滿三江水。

禮貌待客品自高；好貨能招四海賓。

門市笑迎遠近客；經商信義堅如鐵。

滿面春風開業喜；應時生意在人為。

看今日吉祥開業；待明朝大富啟源。

公平有德財源廣；和氣致祥生意興。

乘風誓興鵬程路；興廠功高有志人。

貨暢其流通四海；譽取於信達三江。

迎八面春風志禧；祝十方新路昌隆。

顧客如川川流不息；生財有道道暢無窮。

靈活經營財源茂盛；春夏秋冬門庭若市。

薄利多銷生意興隆；東西南北賓至如歸。

創百世基業宏圖大展；美萬物乾坤前程無限。

祝開門大吉喜看四方進寶；賀同道呈祥欣期八路來財。

舉鵬程北匯南通千端稱意；祝新業東成西就萬事順心。

文明經商丹心似火三冬暖；禮貌待客笑臉如春一店香

樹雄心創大業江山添錦繡；立壯志寫春秋日月耀光華。

興旺發達文明待客生意溝通四海；繁榮昌盛禮貌經商財源融匯三江。

送賀函

如果因某一些原因，你不能受邀參加慶典儀式，一般要發去賀函賀電表示祝賀。祝賀商店開張的函電形式上和普通函電相仿，內容不外稱頌吉慶之語，但不宜過於矯飾，切忌連篇累牘，不著邊際。

例一：

××電腦公司：

貴公司落成開業，是商界也是企業界的一件大喜事。在此謹向你們致以熱烈的祝賀！

祝貴公司開業大吉，鴻圖大展！

××公司全體員工同賀

×年×月×日

例二：

×××先生（女士）

值此寶肆宏開之際，遙祝隆業日增。因事不能躬逢其盛，敬祈鑑諒。

專此即頌

×× 謹上

××××年×月×日

送匾幛

　　祝賀商店開張的賀匾和賀幛，語言一般為四字句，講究具有個性化，富有表現力。內容除了一些常用的吉利稱頌之詞外，一般是圍繞該店經營的特點而作。賀匾、賀幛一般掛在店面中引人注目的地方，使人過目不忘，從而給店家帶來喜慶之色，並能招攬生意。

　　下述的賀匾、賀幛語亦可用作行業對聯的通用橫批。

禮貌待客　　公平有德　財源若海

文明經商　　和氣致祥　　顧客盈門

公平交易　　四面招財　　生意興隆

老少無欺　　八方進寶　　財源亨通

商德昭世和氣生財情繫萬戶

恭喜發財財運興旺信譽神通

商納千祥財聚四海開張宏發

開業大吉開張志喜服務周到

全心全意百貨齊備萬商雲集

利祿亨通門市吉慶四通八達

送賀詩

　　前人祝賀店家開張的賀詩，不外乎運用一些對店家開張的祝賀之語，帶有喜慶色彩，並稱頌店家商品精良、服務周到，祝願店家經營有方、財運亨通，這種應酬之作，當不會引起社會反響。但前人的一些詠物詩，因其有高雅不俗的意味，有人將之移用於相對的店家，作為賀詩，卻能達到很好的效果。當代，也有寫得很好的行業慶典賀詩，既能給讀者以美的享受，又能達到廣告的作用，這是難能可貴的。下面列選幾首賀詩，以供參考。

　　唐代著名詩人李白的〈客中作〉，被人移贈酒肆：

　　　蘭陵美酒鬱金香，玉碗盛來琥珀光。
　　　但使主人能醉客，不知何處是他鄉。

　　宋代黃庭堅的〈品令·詠茶〉，被人移贈茶館：

　　　味濃香永，醉鄉路，成佳境。
　　　恰如燈下故人，萬里歸來對影。
　　　口不能言，心下快活自省。

　　明代瞿佑的〈剪刀〉，被人移贈剪刀店：

　　　雙環對剪魚腸快，兩股齊開燕尾長。
　　　針線有功憑製造，綺羅無價任裁量。

　　據說宋代大文學家蘇軾在海南儋縣時，曾給一個賣饊子的老婦作了一首〈饊子〉詩：

　　　纖手搓來玉色勻，碧油煎出嫩黃深。
　　　夜來春睡知輕重？壓扁佳人纏臂金。

　　這首詩唯妙唯肖地道出了油炸饊子的色豔、酥脆和香氣。老婦將這首詩精心裱糊後，掛在店堂裡，遠近聞知，品賞者不絕，生意也就越做越好。

清代文人李靜為北京王麻子剪刀鋪寫了一首賀詩：

> 刀店傳為本姓王，兩邊更有萬同汪，
> 諸公拭目分明認，三橫一豎看莫慌。

這首詩告訴顧客認準標牌，由於通俗易懂、朗朗上口，對王麻子剪刀鋪的生意起了不小的促進作用。

開張送花

祝賀開張或慶典，最好選用鮮花或觀賞類綠葉植物，鮮花可以美化環境、增加氣氛，觀賞類綠葉植物可用來淨化室內空氣。送花應讀懂花語，並考慮對方的禁忌。在港臺地區，忌送梅花和茉莉，因為梅與「黴」同音，「茉莉」與「沒利」諧音。

下面推薦的花木僅供參考：

1. 花束或花籃的祝福

- 選用花材：唐菖蒲、百合、玫瑰、菊花、滿天星、魚尾葵、鈴蘭、太陽花
- 替代花材：康乃馨、鶴望蘭、火鶴
- 寓意：財源廣進，生意興隆，大吉大利。

2. 賀開張的鮮花

- 牡丹：富貴榮華
- 月季：興旺發達
- 紅掌：大展宏圖
- 扶桑：生意興隆
- 百合：喜氣洋洋
- 桃花：好運降臨

- 金橘：財源滾滾
- 一品紅：喜慶熱烈
- 富貴竹：富貴吉祥
- 萬年青：萬古長青
- 八仙花：興旺發達
- 大理花：吉慶滿堂
- 鬱金香：吉祥興旺
- 山毛櫸：繁榮昌盛
- 向日葵：前途光明
- 夾竹桃：蒸蒸日上
- 紫薇盆景：好運將至
- 紅色美人蕉：千秋大業
- 紅色金魚草：鴻運當頭
- 黃色金魚草：金銀滿屋
- 劍蘭襯孔雀草：宏圖大展
- 盆栽紫紅鳶尾：前程遠大
- 月季、文竹、紫薇組合：興旺發達
- 非洲菊、紫蕨、文竹組合：鴻鵠將至

其他禮品

　　傳統上新業務開張之日人們送去花籃，這是個好主意，但其他選擇似乎更令人難忘。

　　對新開張的業務來說，可送的禮品是無限的，為主人訂閱一份貿易雜誌或送高級辦公擺件和辦公輔助用品（筆座、筆筒、高級本冊、鏡框、花瓶、茶具等）都是合適的禮品。

　　一張本地的或跟業務往來有關的地圖、鑲在框內的圖片或是一本不易買到的效率手冊、經理夾、百科全書都是辦公室的珍品。高級漆器名片盒、書籤、裝有鋼筆和簽字筆的文具套裝、一個小巧的不銹鋼茶杯都是令人難以忘懷的禮品。

新婚燕爾

　　人生一生中最幸福的事莫過於與有情人共結連理。結婚，是人生的一大喜事。因此近至家人、遠至街坊鄰居都會參與道賀。注重禮尚往來的華人，便把收納禮金的紅包作為了傳達祝福的一個載體。這種「禮」上的「往來」流傳至今，不僅有了「送禮」和「回禮」兩項流程，也產生了「禮金」和「禮物」兩種形式。實際上，無論是單送禮金或禮物，還是兩者皆送，都有一定的禮儀和技巧可循。

　　通常，人們一說到新婚的禮品，床單、餐具就成了首選。因此，就造成新婚夫婦收到的禮品重複率十分高。許多新婚夫婦本來自己已經置辦好的東西，你又重複地送，結果弄得家中堆了一大堆。

　　結婚無疑是人生當中的一件大事，嫁娶喜慶，有喜當賀。收到新婚請貼，無論能不能參加婚禮，我們都應該備好禮品送去。賀禮可以是一人送的，也可以是聯名送的。一般來說，關係比較親密的朋友適宜單獨送禮。如果是公司同事、一對夫妻或一個家庭則常聯名送禮。收禮者可以是新郎、新娘中的一方，也可以是新郎和新娘一起，或者是他們所在的家庭。

　　一般情況下，當你一接到對方的婚禮邀請或通知時就要準備送禮，雖然不必對每份請柬都送去禮品，但只要你接受邀請就得送禮。你可以挑選一件特殊的禮物送給他們，也可以自己設計一樣禮品。

恰到好處的賀禮能點綴婚禮的浪漫，給婚事慶典增添美妙的音符，使新婚夫婦留下深情的回憶。每一對新人都希望在結婚那天收到珍貴的結婚禮物，以供日後品味。那麼，在贈送結婚禮物時要注意哪些事情呢？

禮品題詞

　　禮品題詞一般用紅紙金字寫好貼在親友贈送的禮品上。其款式是右上方寫「抬頭」，中間大書題詞，左下方寫署名。其抬頭與署名的措詞要切合身分，舉例如下：

賀訂婚：

締結良緣文定吉祥成家之始喜締鴛鴦
緣訂三生姻緣相配白首成約鴛鴦璧合
誓約同心終身之盟盟結良緣許訂終身

賀新婚：

天作之合百年好合百年琴瑟鴛鴦對舞
白頭偕老天緣巧合佳偶天成珠聯璧合
永結同心永沐愛河心心相印佳偶聯盟
情投意合花好月圓相敬如賓連枝並蒂
美滿良緣良緣締結琴瑟永偕鸞鳳和鳴
宜室宜家鳳凰於飛花開並蒂百年偕老

賀嫁女：

跨鳳乘龍淑女於歸於婦協吉燕燕於飛
乘龍志慶之子於歸易輔御之適擇佳婿
蒂結同心鳳卜歸昌祥征鳳律妙選東床

240

贈送結婚禮金的注意事項

結婚禮金，是指參加婚禮的人向舉行婚禮的新人贈送的現金，也稱之為「喜錢」。據說是從漢朝傳達至今的。

親戚、朋友、同學、同事新婚之喜，免不了要送上數額不等的禮金前往祝賀。不過，結婚禮金怎麼送、送多少呢？

在禮金金額上一般是取決於地域經濟水準，和個人人脈圈子的經濟情況而定。同時，還要參考相互之間的親疏關係、交往深淺。關係一般的，意思一下就可以了，關係好的，數額適當增加，有些關係特別親近的，禮金還可適當增加。如果新人從前曾給自己隨過禮，那麼回禮的金額通常不少於所收禮金的數目。

結婚是喜事，禮金的數額也要吉利。民俗有「好事成雙」一說，所以送禮講究雙數，忌諱單數。這通常取決於數字的諧音。比如 6 寓意著六六大順、8 是恭喜發財、9 是長長久久，而 300、400、700 這樣的金額是比較忌諱的。

典禮時男方父母給新娘的禮金，肯定要是單數，比如 10,001，1,001 等等，表示萬裡挑一，千里挑一的意義。

關於送禮金的方式，有些人不講究形式，直接把鈔票送給新人，但是送得多了，有炫耀之嫌，送得少了，免不了要披披藏藏，恨不得誰都別看見。所以，把禮金放在紅包裡就不會有這些問題了。見到新人，奉上鮮豔的紅包，大方又體面。不過，別忘了在紅包背面寫上一些祝福語和送禮人的名字，以免新人忙碌過後想不起是誰送的。

贈送禮金的最佳時機是到達簽到臺時。在簽到本上簽到之後，就可以把裝有禮金的紅包交給專門負責替新人收取禮金的婚禮總監。應注意不要直接把紅包塞進新人手裡，也不要在新人敬酒時交給新人，新人在忙亂中很有包

第八章　師出有名—不同場合的送禮藝術

紅包弄丟的危險。如果你不巧因為出差等某種原因無法到達現場，則應該提前告知新人，並在事後補上禮金。當然，如果時間已經過去蠻久，送禮物比送禮金更適宜。

傳統的賀禮：

- 紅色喜燭，這是象徵喜慶氣氛的禮物。
- 香茗，即上等茶葉，婚禮上正好能派上用場。
- 金酒、銀酒，所謂的金酒即紹興酒，也叫黃酒；銀酒即燒酒。這些都是喜慶典禮不可缺的物品。
- 果席，果是指乾、鮮果品及蜜餞、糕點等。席是指備好的菜餚、成桌的筵席。
- 衣料，多為絲綢、紗、緞，注意，這是送雙不送單的。
- 喜幛，材料多為紗、綢子或緞子，顏色多為大紅、粉紅等。上有金色喜字和吉祥、祝福的話。喜幛以豎寫為多見，稱賀在右上，署名在左下，當中為幛語，祝賀的年月日則豎寫在署名左邊。
- 炊具、茶具、酒具、燈具等等新婚家庭能用得上的禮物。
- 寢具，如床墊、蠶絲被、鵝毛毯、茶葉枕、枕巾、涼藤席等等，是常見的婚嫁禮物。
- 家庭花飾品，如花瓶、插花和栽花容器等。
- 廚房用品，如筷子、瓷器、玻璃器皿、刀具、湯匙等。
- 食譜或一系列的烹飪叢書，應該送精裝版的，推薦適合新人口味的菜餚。

送花祝福新人

　　參加婚禮送花，不妨選擇百合、月季花、鬱金香、香雪蘭、荷花（並蒂蓮）、紅掌，以象徵「百年好合」、「永浴愛河」、「相親相愛」。而選擇

242

花朵碩大、花色富麗、香味濃郁的大把花束，可為新房增添情趣。

- 紅色系列石竹：寓意幸福美滿。
- 文竹：寓意婚姻幸福、愛情天長地久。
- 萬年青：寓意愛情之樹常青。
- 鳶尾花：表示心心相印。
- 芙蓉、桂花：寓意夫榮妻貴。
- 香味月季：代表愛情甜蜜，永久不衰。
- 紅色或粉紅色薔薇：祝福新人婚姻美滿、幸福吉祥。
- 石榴盆景：寓意多子吉祥。
- 海棠：祝賀新婚快樂，姻緣美滿。
- 並蒂蓮：幸福美滿、白頭偕老的象徵。
- 水仙：代表堅貞不渝的愛情。
- 海芋：可懷紅玫瑰、月季相配，寓意新人愛情純潔，永結同心，幸福美滿。
- 天竺葵藤：新婚之愛，兩相依偎，是不錯的結婚禮物。
- 梧桐：在古代傳說梧為雄，桐為雌，梧桐同長同老，同長同死。故而新婚夫婦互贈梧桐，象徵白頭偕老、至死不渝的愛情。
- 合歡花：葉片對光照和氣溫變化很敏感，晚上低溫重露，小葉雙合，早上日出溫暖，兩葉自然張開，寓意夫妻和睦。

有創意的賀禮

　　我們的生活中，不乏出手大方的人士，在親友結婚的時候往往會送上一個大紅包，而隨著大家送禮方式的改變，這些人士饋贈新人的禮物也與時俱進。如果結婚禮物能獨具特色，具有個性和創意，使人印象深刻，那麼所獲得的新婚祝福也會更多。將來，這份特別的結婚禮品也會成為這對新人的美好回憶。

下面介紹一些客製化的禮物：

· 客製化的結婚報紙或結婚雜誌。以新婚夫婦兩人交往的點點滴滴編輯一份報紙或一本雜誌，是讓新人享受的真正的獨家報導。在婚禮上送出這樣一份禮品，新人怎麼會不感動。也可以把這些內容做成影片，在婚禮現場播放。當然，能夠送得出這份禮物的人必須要對兩人交往的經過很了解，與兩人的關係都很親密才能做到這一點。

· 個性陶偶。以新人的形象做出富有趣味的陶偶，肯定能夠得到新人歡心。

· 十字繡。如果你心靈手巧，也可以給新人送十字繡。以新郎新娘為圖案的可愛十字繡抱枕或是可以裱起來掛牆上的那種。你親手繡的，當然最能展現你的心意。

· 客製化拼圖。以新人的結婚照為藍本，訂製一套拼圖。讓新婚夫妻在玩拼圖的過程中再一次沉浸在愛情的甜蜜中。

新婚夫婦互贈禮品

通常，新婚夫婦在婚禮前夕交換禮品，這些禮品往往帶有永久的價值。傳統的選擇有一支手錶，一件刻有對方姓名首字母和結婚日期的心形飾品、祖傳的珠寶、一串珍珠、精緻的襯衫袖口鍊扣或鑲進鏡框的對方的相片。值得注意的是，某一方不要贈送太奢侈的禮品，以免使另一方相形見絀。

給參加婚禮者送禮

當婚禮接近尾聲，新人也想用禮物表達對來賓的感謝之情。這些禮物一般都刻有新郎新娘姓名的首字母和婚禮日期。男女儐相通常會比參加婚禮的其他人得到更為精緻的禮品。傳統的紀念品有金銀手鐲，襯衣袖口鍊扣，領帶夾子，銀色鏡框，小鏡子，鑰匙圈等。更富想像力的選擇可以包括旅行鬧鐘，精緻的拆信刀片或一盒特殊的錄音帶。參加婚禮的其他人如上門送花的

小女孩等也不能忽視。對新婚夫婦來說，在婚後將兩人的照片或是整個婚禮場景的照片鑲入鏡框送人是很有想像力的。

結婚送禮忌諱

- 普遍有好事成雙的說法，凡是大賀大喜之事，所送之禮均好雙忌單，所以禮品如果是多個組合，最好是雙數，忌單數。
- 4 聽起來就像是死，是不吉利的，一般禮物的數量要避開 4，而相反數字 6、8、9 寓意較好。
- 白色雖有純潔無瑕之意，但華人比較忌諱，在白色常是大悲之色和貧窮之色。同樣，黑色也被視為不吉利、是凶災之色，哀喪之色。在大紅色通常很受歡迎。
- 鐘錶不能送，與終同音，不吉利，貴重的鐘錶可以在生日、紀念日贈送朋友，但婚禮上最好不送。
- 扇子不能送，扇與散同音，而且只用於夏天，一到秋涼天即被拋之不用，有絕情之意，無論你贈送的扇子多麼精緻多麼昂貴，最好不送。
- 鏡子容易破，不破也會照出人的真面目，有叫人現醜之意，故屬忌諱之物。
- 刀子易傷人，有凶相、且有「一刀兩斷」的成語，結婚時送人有不懷好意之感，故多忌諱。儘管你收藏的刀具非常精美且價值不菲，但這在婚禮上並不受歡迎。
- 手巾一般是喪家用以答謝弔喪者的回敬品，用於婚禮或其他場合，故不受歡迎。除了毛巾之外的結婚床品、絲綢、織物就可以。
- 結婚時綠色的帽子不能送，以綠帽為禮物被看成帶有侮辱性，為忌諱。
- 傘不能送，傘與散同音，散即離散，寓意不吉利。

除了以上一些禁忌事項，當中的一些細節也是值得去注意的。送禮物最好是投其所好，避免讓人認為你是隨意買來充數的。投其所「惡」則讓人誤會你是不是存心挑釁。不要轉送別人送給自己的禮物，也不要送你結婚時對方送你的禮物，不能類似，否則讓人覺得你精於算計，寡於人情。

總之，送禮講究心思，要考慮到對方的身分，還有要思量對方與自己的關係，注意一些禁忌的事項，結婚是件喜事，送份適宜的禮物不僅讓對方幸福美滿，也增進你們的友誼。

嬰兒誕生

喜迎新生嬰兒的誕生，是一件神聖莊嚴而又讓人喜悅的事，對於家人、親友來說更是一件最大的喜悅，對於嬰兒和母親來說這也是一生中最值得回憶的一刻，讓我們用最溫馨的祝福來分享這份快樂吧！

孩子出生時，丈夫應送給妻子一些充滿感謝和慰問的禮品。此時，新生兒可能會受到更多的關心，但是，順利分娩下嬰兒的媽媽也是主角之一。作為丈夫，如果能說一句「你辛苦了」，會讓她感動萬分；之後送一束表示愛情的永恆不變的玫瑰花。

作為最有品味的出生賀禮，贈送「銀湯匙」是最受歡迎的，這種習俗最早是在英國形成的。在歐美國家，從很久以前就把銀製餐具作為富裕生活的象徵。如果作為禮物送給嬰兒，就表達了一份「送你一個不會貧窮的將來」、「一生不會缺衣少食」的含義。

小生命的誕生，是一件神聖莊嚴值得祝賀的事，得到報喜消息的親友，都應該攜帶禮品去看望產婦並向其表示祝賀。但此時新生兒和產婦的身體都比較弱，最好先打電話向其家人表示祝賀，待一段時間後，再去拜訪。

拜訪時，你不妨帶一束香氣不太濃的鮮花、賀卡前去。把這份禮品交給

產婦，你那顆善解人意的心以及溫暖的友情，必定令她感動不已。此時，千萬別忘了讚美新生命，應盡可能說讚美的詞句：「好可愛喔！」「集合了父母親的優點！」「太迷人了！」……

　　針對出生的男嬰還是女嬰，送的禮品也會有些差別。所以，在嬰兒誕生後，事先應問清楚才贈送，而往往具有實用性的禮品也最受歡迎。另外，在選擇物品的時候，還要注意禮物的保存價值以及它的紀念性，以使寶寶長大後能感受到禮物的價值。

送給孕婦的禮物

　　當您去探望孕婦時，應該選擇她穿的孕婦服，或適合孕婦營養需要的食品和補品。也可根據當地民俗，送一些寄意物品。

- 孕婦服：最好選棉織品的服裝。
- 寬鬆的休閒服：方便孕婦活動的衣服。
- 雞蛋、魚、蝦：能補充孕婦的營養。
- 水果、豆類、核桃：補充營養的禮品。
- 黑木耳、海帶：補充營養的食品。
- 牛奶、蜂蜜或蜂王漿（Royal jelly）：補充營養的食品。

送給嬰兒的實用品

- 手推或電動設計的搖籃床：對於哭鬧不止的嬰兒有安撫作用。
- 電動嬰兒床墊：具有安撫嬰兒的作用。
- 讓娃娃發聲或笑的禮物：通常會吸引寶寶的注意力。
- 嬰兒淋浴用品組：如浴巾、玩具、嬰兒洗髮露、沐浴乳等。
- 嬰兒用品：如嬰兒枕頭、嬰兒房的小檯燈或夜明燈。
- 嬰兒尿布、奶粉等：這類物品多多益善，可以先打聽一下嬰兒慣用的品牌。

- 嬰兒禮品籃：裝有新生兒的生活用品，如尿布、嬰兒爽身粉、嬰兒乳液、奶瓶等。
- 嬰兒被與床墊：最好選棉布或土布材料製成。
- 嬰兒的衣服：最好買尺碼大一些的，因前幾個月的衣服都買好了，可留待以後穿。
- 懸掛式的音樂鈴：可以掛在嬰兒床的上方或圍欄上，吸引孩子的注意。
- 填充玩具：注意填充玩具的縫邊會不會脫落，毛料會不會讓寶寶過敏。
- 兒童沐浴玩具：選購有卡通造型、能發出聲音的玩具，使寶寶在洗澡時不再哭鬧。
- 洗澡海綿：挑選有色彩的海綿。

送給嬰兒的紀念品

- 銀鍊、金手鍊等：刻上孩子的姓名，具有紀念價值。
- 手工的針織被套：很傳統的老祖母式的禮物，通常如果保養得當，可做傳家之寶。
- 刻字紀念的銀盤：值得永久保存紀念。
- 嬰兒用的棉斗篷或相簿：您親手為寶寶縫製或製作的。
- 嬰兒攝影集：每一時期的嬰兒照片，並捕捉一些值得珍藏的可愛鏡頭。
- 生肖硬幣套盒：通常會隨著時間的流逝而增值。
- 種植一棵樹：以此紀念小寶貝的誕生，讓樹和它一起茁壯成長。
- 將嬰兒穿的鞋仿製成銅鞋模型：嬰兒滿一歲時的禮物，可永久保存。
- 嬰兒紀念冊：可記錄一些事蹟、日期及珍貴的回憶。如保留一束嬰兒的頭髮，以記錄小寶貝早年的珍貴回憶。

方便照顧嬰兒的禮物

· 育兒叢書：可學習不少養育孩子的知識。

· 嬰兒連鎖用品店的禮券：可讓新媽媽隨時購買嬰兒用品。

· 嬰兒尿片收納袋：將其收集一起清洗。

· 嬰兒監視器：大人不在身邊時，也可隨時了解小寶貝的狀況。

· 嬰兒柵欄：通常可架設在出入口或樓梯口。

· 折疊式嬰兒車：可方便攜帶孩子出門。

· 招待寶寶的父母出外用餐：在這一段時間裡，由您負責照顧他們的小寶貝。

· 介紹育兒常識的雜誌：幫助大人們獲得育兒的常識及新知，可代為訂閱。

· 嬰兒食譜：年輕的父母便可以應付因飢餓而哭鬧的孩子。

· 吸塵器：可減輕新媽媽的家事負擔。

登門拜訪

　　隨著生活節奏的加快，人們時常處在緊張的狀態。而透過登門拜訪，結交新知，可以調節生活，開闊視野，加深同親友的情誼。

　　拜訪是否帶禮物，這方面中西方的文化觀念差別很大。西方人一般不會請客人到家裡做客，除非是非常親近的朋友，所以西方人是一定要帶禮物的，否則很不禮貌。禮物無須很貴重，一束鮮花、一塊巧克力都是合適的禮物，意思到了就可以。華人是非常看重送禮的，所以送禮是一件有壓力的事情：禮物過輕拿不出手；禮物太重又是一個經濟負擔。其實，禮物不一定很貴重，只要能適當地表達情感就可以了。當出門訪親探友時，為表示對親友的尊重、慶賀、問候和感激，有時需要在登門拜訪時贈送一些禮物。贈送禮物是家庭交往活動的形式之一，也是向對方表示心意的物質表現。

華人講究禮節，不能夠隨隨便便地迎接客人，所以，登門拜訪時選擇的禮物不必太過昂貴，不要給對方增添任何心理負擔。

　　親戚家可以送些年貨，如果不住在一個城市可以送一點自己住的地方的特產。或者如果人多一起吃飯的話可以帶幾瓶酒助興。

　　去老師家送茶葉之類的，如果是年紀大的男性老師，可以考慮送酒。

　　去朋友家如果是熟悉的朋友可以隨便一點，不要太注重價錢，送他們需要的，在朋友之間就不要互相送禮比較了。

　　送主管是最有講究的了，有孩子的送糖果（當然是要高級的了），或者玩具，或者給主管的太太送香水，化妝品，還有就是補品。有能力的話打聽一下主管的愛好，投其所好。

　　下面介紹一下拜訪親友時適合贈送的禮物：

· 鮮花：最好是一束花或花籃。

· 葡萄酒或對方喜歡的酒：選購有禮盒包裝的酒類。

· 糖果或糕點：進行適當的包裝後送出將更受歡迎。

· 茶葉、茶具：適合送給對茶有興趣的親友。

· 土產：從自己故鄉帶來的土產，可送給親友嘗嘗鮮。

· 旅遊紀念品：出差或旅遊時特地為親友選購的禮物。

· 一袋裝有散發香味的用品：如護手霜、護唇膏、古龍水等，日常用品，很受青睞。

· 上好的火腿：當然要附帶一些其他的禮物。

· 新鮮草莓或其他時令水果：這些禮品將深受主人的喜愛。

· 最新、最熱門的暢銷書：適合送給喜愛閱讀的親友。

· 一組玻璃器皿：適合裝飾親友的酒櫃或櫥櫃。

· 小小的門環：放置在門上的裝飾品，有時候也很實用。

- · 花飾：可擺放在客廳桌子中間或臥室裡，起裝飾作用。
- · 瓷盤或者碗盤組：根據親友的品味來選購精美的盤和碗。
- · 連鎖超市購物券：可選就近的超市將購物券花出去。

正式宴會

在參加祝賀宴、歡慶會、迎新會和聖誕晚會等時。宴會由主辦方或負責人全面負責，所以如果沒有特殊要求，不需要送禮。只需日後贈送感謝卡。這會讓主辦者感到非常高興。感謝卡的內容要與當時宴會的內容相呼應，而且應當選擇高品質的賀卡。在接到邀請函後，你需要準備的，就是根據場合穿上既能展現自己魅力、又非常得體的服裝赴宴。

在正式宴會上，保證餐飲品質和宴會中輕鬆、快樂的氣氛，就已經是給予來賓最好的禮物。如果主辦方還想進一步考慮贈送一些能讓來賓記憶深刻的禮物，那不妨選擇能表達「感謝光臨」的心意物品。參加宴會的人數越多，想贈送適合每一個人的禮物就越難，所以選擇禮物的關鍵是「為所有人準備相同的禮物」和「能盡量得到大家喜愛的禮物」。

最好的宴會禮品是那些與宴會主題有關的，如藝術節化裝舞會上可以準備一些面具模型紀念品，聖誕宴會可以準備一些白瓷搖鈴等。

在況賀宴或聖誕晚會上準備的禮物，應該是只有來賓才可能有的特色紀念品。可以在水杯、毛巾、T恤上印獨特的標記，或者特別設計一款獨家禮物或圖片，讓大家能感覺到「所有人都得到了相同的禮物」、「真是別出心裁的禮物」。

生日聚會

生日作為人生的開始之日，是真正屬於自己的節日，一直受到人們的重視。眾所周知，生日伴隨著一個生命的全過程，它見證了生命最初來到世間時的「哇哇」啼哭聲，也記載著歲月流逝中的道道痕跡，每個人對生日都有著一份特殊的情感。

每個人的生日都是對於個人來說比較重要的日子。它代表著年齡的成長和閱歷的增加。每逢生日來臨，人們都要以各式各樣的形式舉行慶祝活動，藉以提醒自己珍惜光陰，同時感激給予自己各種幫助的親朋好友。

慶祝生日已經成為世界各地的傳統。雖然一些國家的生日風俗有所雷同，但是每個人慶祝生日的方式都不一樣。人們根據各自的宗教信仰和古老的文化傳統，在生日時都有各自的活動方式。

送禮在生日慶賀活動中是很重要的祝賀方式，親人、朋友、同事過生日的時候，送上禮物表示祝賀，可達到加深友情，增進關係，改進工作的目的。

作為生日禮物的花樣和品種很多，但人們還是經常為送生日禮物而煩惱，而琳琅滿目的商品，卻不知該送什麼好。下面就為大家介紹一下：

送給孩子的生日禮物

對於父母來說，孩子是生命的延續，孩子是人生的望，孩子的身強體壯、聰穎明慧、活潑開朗是他們所有的希望和期盼，小孩第一次開口說話，開始學爬，開始學走路……每一個小動作每每牽動父母的心扉，而父母更願意把最好的留給自己的孩子，希望他／她開心快樂，聰明伶俐！作為父母，應該將孩子的生日銘記於心，那麼送孩子什麼生日禮物呢？

1. 一歲的生日

　· 孩子的周歲紀念照：這是值得孩子一生珍藏的禮物。

　· 一本相冊：把孩子的成長過程記錄在裡面。

　· 毛巾被、毛毯：孩子的生活必需品，注意買小號的。

　· 訂製的紀念香幣：銅幣經熏香後，製成有嬰兒出生日期和生肖圖案的香幣。

　· 用嬰兒胎髮製成的紀念胎毛筆：特別的禮物具有珍藏意義。

　· 嬰兒車、畫冊、玩具等：選擇適合一歲孩子的物品。

2. 學齡前兒童的生日

　· 生日照片：充實他的相簿，值得永遠留念。

　· 遊樂園一日遊：讓他快快樂樂地「野」一回。

　· 生日晚會：可邀請他的朋友們一同聚會，過一個熱鬧的生日。

　· 製作白金吊墜：在上面刻上孩子的姓名、生日、血型、星座等，很有紀念意義。

3. 學齡後兒童的生日

　· 七巧板：此類玩具可益智動腦，趣味無窮。

　· 去動物園、參觀博物館、逛公園：許多孩子都對這些場所感興趣。

　· 馬戲團、球類比賽：適合送給有此類興趣的孩子。

　· 迪士尼經典卡通動畫 DVD：每個孩子都渴望得到的禮物。

　· 溜冰場、速食餐廳、游泳池或飲料店的禮券：為遊玩的孩子提供各種方便。

　· 芭比娃娃系列：許多孩子以擁有這樣的玩具而感到驕傲。

　· 音樂盒：最好選有輕快音樂節奏的音樂盒。

　· 足球、網球拍和球、小籃球、棒球、排球：適合喜歡球類的孩子。

　· 小型的自行車、踏板車、滑板車：適合對各種車有興趣的孩子。

　· 掌上遊戲機：便外出時攜帶，隨時可玩。

送給同輩者的生日禮物

- 生日卡：最常見最普通的生日禮物。
- 一晚上的 Happy 時光：去酒吧、夜店等場所共度生日之夜。
- 一本生肖、星座以及個性分析書籍：從中可了解到與自己生日有關的內容。
- 精美的生日書：請依據出生年月日及相關情況加以購買。
- 為對方籌辦的特別生日晚會：要聯絡對方的親朋好友布置會場、準備音樂和食物等。
- 別出心裁的生日《快報》：報導其生平事蹟、人生大事或轉捩點、他的生日新聞及生日宴會等消息。
- 電臺點歌：可表達您對對方生日的祝福。
- 帶有賀卡的生日電報：如果您不能親自參加生日聚會。

送給戀人的生日禮物

- 一枚象徵性的戒指：表明您想在生日這天暗示對方談婚論嫁。
- 時尚款式的情侶對表：可以在任何場合顯示你們是一對親密伴侶。
- 豐盛的生日晚餐：準備好燭光、音樂，享受屬於兩人的美好時光。
- 與眾不同的藝術插花：參考他的生日花語，了解他的生日花朵，然後結合他的愛好進行設計。

送老人的生日禮物

　　我們慶祝老人的壽誕比較隆重，習慣於 60 歲為下壽，80 歲為中壽，百壽為上壽。無論是參加別人的祝壽活動，還是給自己的長輩祝壽，都需要送上一份壽禮，這是千百年來的禮俗，今日也不例外。

普通壽品類

- 現金：用大紅的紅包裝好，寫上祝賀語並署名。
- 設計精美的蛋糕：根據人數多少，選購大小合適的蛋糕。
- 金賀卡：具有紀念意義，請選擇適合老人的種類。
- 書畫或其他藝術品：如玉製小佩件較受歡迎，多以壽星、蝙蝠等吉祥圖案為主。
- 滋補藥品、滋補食品：注意它的保存期限及適用人群。
- 健康檢查：最好是有您陪伴去醫院，這樣老人會感到更加舒心。
- 魚竿、魚鉤、魚標等：也可是別的物品，注意是老人愛好和感興趣的物品。
- 拐杖、軟墊靠背椅、老花眼鏡、放大鏡等：能為老人帶來生活便利的物品。
- 衣服、衣料等：如絲綢袍子，寓意像抽不斷的蠶絲一樣長壽綿綿。

傳統壽品類

1. 壽幛。壽幛是用大幅或整幅布帛題以吉語賀詞，一般有中堂大小，多為金色、紅色。明代時盛行幛詞，並形成壽幛。

   壽幛用語也可作為壽匾用語。

- 通用用語：德高望重、松柏長青、松鶴延齡、青松不老、壽比南山、高風亮節、益壽延年、福如東海、老當益壯、高壽齊天、人歌上壽、福星高照、壽山福海、鶴算添壽、海屋添壽、共祝期頤（90歲）、人中真瑞（百歲）
- 男壽用語：松嶽長生、春秋不老、呈輝南極、詩詠南山、庚星耀彩、大椿不老、鳩杖熙春、慶衍古稀（70歲）、觴詠香山（80歲）、渭水經綸（80歲）、國策鳩仗（90歲）
- 女壽用語：慈嚴長駐、萱草長茶、金萱煥彩、萱庭日麗

· 雙壽用語：日月長明、借光齊眉、弧悅齊輝、雙星並耀、伉儷壽禧、盤
獻雙桃

2. 壽聯。壽聯即是祝壽用的對聯。

壽聯是為將要過壽的人前去祝壽而專門準備的對聯，其內容一般都是評
贊過壽者的功業才能、道德素養、人格魅力、以及祝福過壽者能夠多福
高壽，家庭美滿幸福，具有熱烈而莊敬的感情色彩。

A. 女壽聯

薔薇香送清和月，芍藥祥天吉慶花

花發金輝香蜚玄圃，斑聯玉樹春永瑤池

五十壽：蟠桃捧日三千歲，萱樹參天五十圍

六十壽：青松翠竹標芳度，紫燕黃鸝鳴好春

七十壽：金桂生輝老益健，萱草長春慶古稀

八十壽：八秩壽筵開萱草眉舒綠，千秋佳節到蟠桃面映紅

九十壽：明月有恆紀年合獻九如頌，長春不老添潤當稱百歲人

百歲壽：桃熟三千瑤池啟宴，籌添一百海屋稱觴

B. 男壽聯

菊水不皆壽，桃源境是仙

鶴算千年壽，松齡萬古春

五十壽：五嶽同尊唯嵩峻極，百年上壽如日方中

六十壽：甲子重新如山如阜，春秋不老大德大年

七十壽：從古稱稀尊上壽；自今以始樂餘年

八十壽：渭水一竿閒試釣，武陵千樹笑行舟

九十壽：瑤池果熟三千歲，海屋籌添九十春

百歲壽：稱觴共慶千秋節，祝嘏高懸百壽圖

C. 雙壽聯

梅竹平安春意滿，椿萱昌茂壽源長

園林娛老兒孫好，夫婦同耕日月長

五十壽：屈指三秋天上又逢七夕，齊眉百歲人間應有雙星

六十壽：花甲齊年弱項臻上，芝房聯句共賦長春

七十壽：日月雙輝唯仁者壽，陰陽合德真古來稀

八十壽：望三五夜月對影而雙天上人間齊煥彩，占八千春秋百分之一椿
庭萱舍共遐齡

九十壽：人近百年猶赤子，天留二老看玄孫

百歲壽：孫子生孫上壽同臻稱國瑞，老人偕老百年共樂闔家歡

3. 壽桃。有的用鮮桃，多數是用麵粉製成。
   神話中，王母做壽，在瑤池設蟠桃會招待各路神仙，因而後也都用桃祝壽。
   陳放在壽堂幾案上的壽桃，一般九疊盛作一盤，三盤並列擺放。用麵粉
   蒸成的壽桃，桃嘴還要染紅。

4. 壽酒。「無酒不成席」，慶賀時，主人都要擺酒筵款待客人，所以很多
   人也要送酒。在北部，以竹葉青、古井貢、狀元紅等酒作壽酒，東北則
   以人參酒作為禮品。

5. 壽麵。用來祝壽，壽宴上吃的麵條，親友可以贈送，主人也可自備。
   傳統食品麵條綿長，壽日吃麵，取延年益壽之意。壽麵要長 3 尺，每束
   須百根以上，盤成塔形。罩上紅綠紙的拉花，敬獻壽星要備雙份。

6. 壽燭。是專供祝壽用的蠟燭，均為紅色。蠟面上印有金色的「壽」或「福
   如東海」等古語，一般長一尺，重 500 克左右。在慶典開始時，插在壽
   堂香案的蠟燭上點燃，既作慶賀之用，也增添熱鬧的氣氛。

7. 富貴耄耋圖。八十歲老人生日時，常用此來祝賀生日。圖的下方畫有盛開的牡丹花一株，蝴蝶在花上繚繞，有幾隻貓，在撲蝶遊戲。

「耄、耋」都是長壽的意思，牡丹花是富貴的象徵，而貓與「耄」諧音，蝶與「耋」諧音，所以三組景物構成該圖。

8. 福祿壽圖。祝賀的賓客也有贈送這張圖，以供懸掛在中堂，以示慶賀。

圖中有一老壽星捧桃伴鹿，上有飛蝠。鹿諧音「祿」，做官升遷之意；蝠諧音「福」，寓幸福常伴之意；壽星即指被恭賀者，祝其長壽。

有的畫面上還有童子仰望飛蝠，暗示著「翹盼幸福」。

賀人壽誕所贈之錦幛，一般在整幅的色綢或色布上綴以題詞。錦幛有直式與橫式之分，不論直式與橫式，皆採用長方形。考慮其實用性，亦可以被面代替，折疊成長方形，再在其上剪貼題詞。

花賀壽誕

給老人送上花籃或鮮花，用以增加壽禮的氣氛。下面花木可以作為賀壽鮮花：

- · 萬年青、壽星草：祝賀老人延年益壽的花木。
- · 龜背竹：被稱為「植物烏龜」象徵長壽吉祥。
- · 松樹、鶴望蘭：松鶴延年，是祝賀老人長壽的花木
- · 菊花：別名「壽客」。為老人祝壽，顏色可挑紅色、粉紅色、紫色，寓意高風亮節，健康長壽。
- · 鐵樹：寓意吉祥長壽。
- · 佛手：「佛」與福音近，被視為吉祥之物，贈送長者，寓意多福多壽。
- · 長壽花：可用來祝福家樂長壽，吉祥富貴。
- · 紫薇、一品紅、仙客來：寓意健康長壽。
- · 壽星雞冠：祝老人幸福長壽。

· 牡丹：賀富貴榮華的鮮花。

· 劍蘭：祝賀老人福壽康寧。

· 南天竹：祝賀幸。

結婚紀念

「執子之手，與子偕老」。每一個民族都很重視結婚，認為結婚是人生極為重要的一幕。許多民族為了避免忘卻這一幕，往往要舉行名目繁多的結婚紀念活動。

結婚紀念日也叫婚齡紀念日或者結婚週年紀念日。美國人對結婚紀念日非常重視。每逢重要結婚紀念日，總要舉行結婚週年紀念會，並逐漸形成了按每次結婚紀念活動贈送傳統規定的禮物的習俗，進而又演化成為各種禮物名稱來命名每個婚齡的習慣。

下面是主要婚齡紀念日的名稱：

· 一週年稱紙婚，最初結合薄如紙。

· 二週年稱楊婚，像楊樹葉子一樣飄動。

· 三週年稱皮婚，像皮革一樣有點韌性。

· 四週年稱絲婚，緊緊地纏在一起。

· 五週年稱木婚，已經如同木質樣堅硬。

· 六週年稱鐵婚，夫妻感情牢固如鐵。

· 七週年稱銅婚，比鐵堅韌而不易生鏽。

· 八週年稱陶婚，如陶瓷樣堅硬美麗。

· 九週年稱柳婚，如垂柳樣搖擺不折。

· 十週年稱錫婚，像錫器柔韌不易破碎。

· 十一週年稱鋼婚，像鋼一樣堅硬不鏽。

· 十二週年稱鏈婚，像鐵鍊一樣扣一起。

· 十三週年稱花邊婚，不但堅韌而且很美。

· 十四週年稱象牙婚，時間越久越晶透美麗。

· 十五週年稱水晶婚，透明晶澈而光彩奪目。

· 二十週年稱琺瑯婚，光滑無瑕但需防跌。

· 二十五週年稱銀婚，婚姻恆久第一大慶。

· 三十週年稱珍珠婚，美麗珍貴使人羨慕。

· 三十五週年稱珊瑚婚，嫣紅而寶貴。

· 四十週年稱紅寶石婚，更名貴難得。

· 五十週年稱金婚，婚姻恆久第二大慶。

· 五十五週年稱翡翠婚，如同無價之寶。

· 六十週年稱鑽石婚，人生難得最隆重慶典。

　　隨著時代的發展，如今的人們都開始崇尚精神享受，結婚紀念日越來越被人們重視起來。結婚紀念日不僅是對那個難忘的一幕的紀念，更是快速增加情感的一個的特別的日子。

　　1985 年 7 月 23 日，是女演員德勃拉‧克爾和丈夫彼得‧菲特爾結婚 25 週年的紀念日。丈夫送給她的禮物是銀手鐲和黃金鏈。

　　德勃拉說：「我最珍貴的禮物在我的手腕上，我整天都戴著它，從不摘下來。」她上還戴著一條結婚飾帶，上面有心形紅玉和鑽石，設計人就是丈夫彼得，並由瑞士著名的珠寶商克勞‧斯特茲製造。

　　德勃拉清晰地記得這個銀婚紀念日，當時，彼得十分靦腆地說：「我想今天是我們的紀念日，親愛的。」說著，就遞給她裝著手鐲的那個小盒子。

　　同樣為了紀念這個日子，德勃拉送給彼得一個蘇格蘭古代銀碗，把手上分別刻著 P、D。這個碗剛好用來盛裝彼得喜歡吃的葵花籽。

德勃拉對這次銀婚的看法是：「25 年像是蓋了一半的樓房，也許蓋不到 35 或 45 層，所以第 25 層是很重要的。」

結婚紀念日是夫妻兩人再一次重溫當初相遇和結婚時喜悅心情的日子。在這一天，你們互送禮物，將會給平凡的生活再添一個美麗的音符，那一定充滿情趣，令人快樂！

結婚紀念日禮品只是一個載體，一個承載夫妻情意的對象，無論是丈夫還是妻子，一定要牢記這一點。所以，花一點心思，換取一生的感激，這樣的禮品很划算。那麼結婚紀念日送什麼禮物好呢？

一般以彼此嗜好或共用的禮物為佳。其實送上的是一份體貼心意。送老婆的結婚紀念日禮物，應該是最有創意的結婚紀念日禮物。而送老公的結婚紀念日禮物，則是莊重體貼的一些好。送給父母長輩的結婚紀念日禮品，就應該是一些最實用的或者是有等級的禮品了。重要的不是禮物的貴重，而是您用怎樣的方式。一份平平的禮物，由於您的用心，能使對方感受到您確實很珍惜這份感情，那麼，它就達到了慶祝的目的。

下面，讓我們具體介紹一下：

送給老公的結婚紀念日禮物

實用型

- 帽子：有時可滿足男人的某種幻想，如一頂大牛仔帽、藝術家風格的帽子，或是一頂海盜帽。
- 名牌打火機、高級手錶、名牌筆和領帶夾：比較適合經常有社交活動的丈夫。
- 放名片的皮夾、小錢包、公事包等質感高級的皮具：選著名品牌，小巧精緻，可隨身攜帶，通常較受男人喜愛。

- 全套香水組合：依他所喜愛的香味，將整個系列買全，包括古龍水、香皂、爽身粉等。
- 珠寶：其實男人也配戴珠寶。可根據他的品味與風格選購，例如手鍊與戒指等。
- 盥洗用品：如洗髮精、香皂、保溼乳液、棉花棒、面紙、刮鬍刀等之類，包裝好，藏起來叫他自己找。
- 健身器材、運動服裝：可讓他堅持鍛鍊身體，表示您對他健康的關心。
- 懶人椅墊組：放在椅背上當作靠墊，感覺非常舒服。靠墊上縫有內袋，可方便放置書刊或其他物品。
- 絲綢質料的睡褲：最好買一套，只送睡褲給他，睡衣則留給自己穿。
- 古老款式的懷錶：有小的相框可以放下您的人頭照片，將表連同照片一起送給他。
- 繪有米老鼠、唐老鴨等卡通圖案的領帶：定能受到童心未泯丈夫的青睞。
- 高級的絲質領帶：適合嚴肅穩重型的男士。

設計型

- 別樣的晚餐：您親自下廚為他特別製作。
- 久別的約會：帶他去你們初次見面的地方。
- 書籤：紅色的玫瑰花瓣製作而成，再在上面寫一首情詩。
- 漂漂亮亮的您：可用一條漂亮的絲巾繫在頸上，把自己當做禮物送給他。
- 一條漂亮的小毛巾：寫上您的心意，把維他命、鈣片等營養食品，擺在他的公事包裡。
- 溫柔的「綁架」：下班後突然出現在他的工作地點，將他「劫持」到一處浪漫的地方共進晚餐。

- 您和孩子照片的精美相框：將它放在他公司的辦公桌上，讓他一看到照片就想起您和孩子。
- 裝框的海報：將他最心愛的海報裝框，留作紀念。
- 特別的數字：數數你們在一起多長時間，送上數目相同的鮮花，內附一張情意綿綿的卡片。

情景型

- 高級領帶、皮夾、皮帶：送給有望升遷的丈夫，別忽視精美的包裝，晚餐時，別忘了準備酒和玫瑰花。
- 手錶、項鍊和墜子：送給調到海外工作的丈夫，附一張卡片：無論您在何處，請不要忘記我。然後放進他的公事包。
- 豐盛的晚餐：送給出差回來的丈夫，準備好他喜愛的香檳，以及蠟燭的鮮花，好好妝扮一下自己，今晚您就是最好的禮物。
- 盆栽：送給單身去遠方工作的丈夫，特別選擇必須每天澆水的植物，萬一植物枯死，就表示他見異思遷。

送給老婆的結婚紀念日禮物

實用類

- 新造型的戒指：結婚多年，早該考慮重新設計她的戒指。
- 一串珍珠項鍊：買不同方式養殖的珍珠，如淡水珍珠、海水珍珠等。
- 水晶墜子：據說水晶擁有特別的能量，能帶給人們財富、健康及幸福。請選擇一種能帶給對方永恆之愛的水晶。
- 寶石手鍊：根據她的生日選擇寶石類型。
- 鏈表：最好是情侶式的鏈表。
- 項鍊：附一個表示「愛意」的墜子，如心型或愛神邱比特等。

- 手提袋：結實、時尚，最好由名家設計。
- 金鐲或珠寶手鐲：在手鐲上繫一張表達愛意的卡片。
- 情趣內衣：點燃熱情，重溫浪漫歲月，是送給老婆最好的結婚紀念日禮物。
- 法蘭絨短褲：比較適合夫妻兩人共同購買。
- 襪帶：吊絲襪用，價格不貴，隨時可送。
- 絲質睡袍以及同樣材質的衣物：富有情致和性感的禮物。
- 極為浪漫的風情畫作或照片：將它裝裱起來掛在臥室裡
- 商店禮券或百貨公司禮券：方便她自由選購她喜愛的商品。

興趣類

- 交際舞課程：如探戈、華爾滋、土風舞、任何適合兩人共舞的舞蹈課程皆可。
- 健身課程：你為她報名的前提是她對健身有興趣，而且有閒餘時間。
- 她喜歡的電影光碟：您陪她蜷縮在沙發上，看到第二天清晨。
- 香味蜂蠟燭：在幽暗之中，點著的蠟燭香氣彌漫，劈啪作響，富有古典的浪漫氣息。
- 聖誕樹上用的水晶、草杆或是彩紙飾品：在耶誕節時為她選擇，以後每年的耶誕節送去相同的飾品，增添她的藏物。
- 獎盃、銀器、鏡框、奇特的書籤和有名人簽名的書畫：對那些有收藏嗜好的妻子，這將會是很好的禮物。
- 自製的剪貼紀念品：在厚紙板上剪貼許多她與其他人的合照、從遊玩的地方收集到的明信片和小型紀念品等。

浪漫類

- 錄下一首情歌：自己作詞、自己譜曲、自己演唱的，裡面有一段您對她愛的表白。

- 錄製您朗誦歌詞或情詩：詩詞可自己創作，也可從書刊上摘錄。
- 護膚保養全套服務：由美容沙龍提供，您可抽時間陪她定期前往。
- 一晚上的旅館住宿：每次都選擇不同的旅館投宿，可增加新鮮感及幻想。
- 出外晚餐：地點可選擇豪華郵輪、旋轉餐廳或觀景山莊。
- 一頓晚餐：由您親自掌勺，也許飯菜讓人難以下嚥，但您的苦勞會得到妻子表彰。
- 親手種的一盆常青藤或萬年青：一盆綠色植物比一束鮮花活得更長久，更能象徵你們的愛情。
- 一個金屬盒子的墜飾：內可珍藏你們的合影照片，可留作紀念。
- 全套足部保養品：可考慮附贈一張足部按摩的招待券，這些保養品便都可派上用場。
- 一枝新鮮芬芳的玫瑰：用雙手捧給她，最好補上一個吻。
- 約會記事簿：記上一個日子，寫上您約她的度假計畫。您甚至可將買好的車票夾在記事簿中送給她。
- 做一些她喜歡的事情：比方說，聽一場歌劇或逛一天商場。
- 深夜演唱會：觀賞完後可在外閒雲野鶴一夜。
- 鄉下自己開車兜風旅遊：當一天她的司機，載她到任何她想去的地方。
- 腳踏車之旅：可分騎或兩人共騎一輛，選一些人煙稀少的路徑，會有比較浪漫的感受。
- 休閒野餐：別忘了帶上一條毯子、一瓶酒及一些點心。
- 出外踏青或到一個特色城鎮遊玩：請記得準備一份野餐或晚餐。
- 絲質床單：一份浪漫而且是很享受的禮物，還可加上一條絲質被單。

送給父母親的結婚紀念日禮物

鄭啟亮是爸爸媽媽的「心肝寶貝」，從小就被捧著寵著，戀家孝順的他，為了不讓爸爸媽媽寂寞，從小學到大學都是在這個城市裡，從來沒有離開過爸爸媽媽的身邊。然而，大學畢業後，由於工作的調動，他不得不去另一城市，遠離家，遠離心愛的爸爸媽媽。

再過幾天就父母結婚 25 週年的紀念日了，離家一年有餘，他想回家為父母慶祝。不過有一件事讓他非常困擾，這次回家要送爸爸媽媽什麼東西好？以前在爸爸媽媽身邊，每天都可以陪著他們，知道他們缺什麼喜歡什麼，可以隨時買，現在離得遠了，不知道他們過得怎麼樣。想到這裡，他又翻出了從小到大的相冊，細細地回憶著自己成長的每一個過程。突然，鄭啟亮靈光一閃，他拿出相機把這些照片全都翻拍了一遍，上傳到網路，製成了一個影片，並配了一首爸爸媽媽最喜歡的歌，也是一直陪伴他成長的歌。然後，他還把自己這一年在異地生活的一些照片和影片也加上，最後把這個影片燒錄成光碟，用精美的包裝紙小心翼翼地包裝好。他還在網路買了一些懷舊物品，特別是有一款項鍊他曾經在爸爸媽媽年輕時的照片中見媽媽戴過。

父母結婚紀念日那天，媽媽拿著鄭啟亮送的項鍊，頓時淚如雨下，回想曾經的種種媽媽感動地說：「這是你爸爸送我的第一件定情信物，不小心丟了，沒想到讓你找回來了。」鄭啟亮什麼都沒說，只是默默地拿出自己精心製作的影片遞給爸爸。當爸爸媽媽看著影片時，沉浸在回憶中連連說：「好，好。」看完影片，爸爸摟著鄭啟亮說：「孩子，謝謝你的禮物，有了這些照片、影片，爸爸媽媽再也不會孤獨了。」

對於父母來說，結婚紀念日是很重要的日子。對於子女甚至整個家庭，它同樣具有很重要的意義。因此，在這個特別的日子裡，送上一份有意義的禮物，能勾起父母對往事的美好回憶。在挑選禮物的過程中，要注重它的紀念價值。父母結婚多年，他們的生活方式也是您選擇禮品時要考慮的因素！

紀念類

- 戒指、耳環、手鐲：結婚紀念時的常用贈品。
- 牽著手的夫妻擺設：象徵著對他們一輩子的祝福。
- 枕頭、純棉布被套：請匠師進行特別設計，在上面繡有他們的名字。
- 銀盤：上面刻有日期及其姓名，具有永久的紀念意義。
- 專業畫家替父母繪的畫像：值得永久珍藏的紀念日禮物。
- 父母的美好事蹟或情書：請書法家謄寫下來，並鑲框紀念。

回憶類

- 製作家庭寫真集：將家庭每一成員的照片裝框，可以是嬰兒照、畢業照，或是結婚照等。
- 製作一部家庭活動電影：可重溫值得回味的聚會或節日，留作日後再行觀賞。
- 翻洗父母的結婚照：進行精心裝裱，使父母重新回到過去的甜蜜回憶中。
- 重新舉行結婚典禮：宴請親友，讓父母重溫幸福的時光。
- 重拍婚紗照：讓子女們充當伴娘、伴郎。
- 蜜月旅行：幫他們實現在結婚時未能實現的願望。
- 安排父母故地重遊：讓他們到曾經生活和工作過的地方，作一次短期居留。

嗜好類

- 電影：選購他們最喜愛的上世紀經典影片。
- 乾燥花或香料：將你自己所種的花草乾燥後製成。
- 一份他們喜愛的雜誌：如健康類或休閒類的期刊。
- 出國旅遊：這是令他們終身難忘的禮物。

探病慰問

人免不了會染疾生病，病人很脆弱，最需要周圍人的關心和親情友情的慰藉。他們最大的希望就是早日康復，希望在遭受疾病和傷痛的折磨時，獲得安慰，並且有戰勝病魔的力量和勇氣。因此，患者比平時更強烈地渴望友情。

探望生病和受傷的親朋好友、同事同學，在對方情緒不好的情況下，送去您的禮物的問候，會給他們留下深刻、美好的印象，甚至使他們終生難以忘懷。所以，探病比平日的一般性探訪更有益於加深友誼。

如果您因故沒有機會去探視病患者，在其病好後與之相遇，最好只問一下他病好了沒有，或裝作不知道，千萬不要愧疚地說沒有去探病請原諒之類的話，那聽起來讓人感到很虛偽。探視病人時效性強，越快越好，不要猶豫不決。

探望病人該送什麼禮物總是個讓人頭疼的問題，下面我們具體介紹一下。

食品類禮品

食品包括的種類很多，比如水果、糕點或者其他有養身作用的食品。但是並不是越貴越好，如果拿過來，不適合病人吃，不僅自己沒有顏面，而且也浪費了自己的一番心意。所以，在送食品之前，先要了解病人的病因以及還有目前的病情，對症送食品，才能達到慰問送禮的效果。

· 探望發高熱的病人，可送有生津止渴作用的生梨、鮮藕。
· 探望患呼吸道感染的病人（特別是伴有咽痛、嗆咳的病人），可送有潤肺止咳功效的生梨，對患慢性氣管炎、肺氣腫的病人，可送有補肺益腎作用的核桃，對咳血的病人，可送有利於養陰補肺的白木耳和有止血功能的黑木耳。

- 探望腹瀉的病人，可送蘋果、楊梅、石榴等水果。對於久瀉不止的病人，可送有健脾止瀉作用的蓮心、百合、藕粉等食品。
- 探望患便祕、痔瘡的病人，可送蜂蜜、香蕉、核桃等食品。
- 探望高血壓、動脈硬化症的病人，可送山楂、橘子、蜂蜜等食品。
- 探望肝炎病人，可送些新鮮的水果或營養豐富的雞蛋、魚、麥乳精、蜂蜜等，對於慢性肝炎病人，最好送甲魚。
- 探望外科手術後和骨折的病人，可送些肉骨頭、雞蛋、奶粉、水果等。
- 探望產婦，可送雞蛋、雞、魚、蝦等食物。對於產後出血較多的產婦，可送豬肝、桂圓、紅棗等。
- 探望腎炎病人，不宜送含有動物蛋白質的食物，如肉、魚、蛋等。
- 探望糖尿病病人，不能帶各種糖果、甜點、水果、果汁等各種含糖品。
- 探望慢性胰臟病人，不宜送高脂食物，如雞、鴨、肉類、奶油、蛋糕等。對急性胰臟炎病人不能送任何食物，只能送其他禮品。
- 探望膽囊炎、膽結石病人，不宜送蹄膀、油炸和含油量較多的食品。
- 探望胃病和十二指腸潰瘍病人，不宜送橘子汁、橘子、奶油蛋糕等含刺激性的食品。

實用性的禮物

有時送營養品的人較多，容易重複，病人一時也吃不了，這時可以別出心裁，送一些實用性的禮物。

- 送個紅包討吉利，相對而言，錢也比較實用。
- 一種植物，特別是開花的植物，這種植物比較不需要照顧和澆水。
- 一件有意思的工藝品，也許可以成為一個「福神」，祝福他早日康復。
- 有香味的東西，例如房間芳香劑、香水或沐浴皂，讓病人放鬆身心。

- 病人整天窩在病床上悶得發慌，送幾本書、雜誌或幾片 CD，幫他打發時間。但要避免送套裝書給需要長時間休養的病人，此類型書籍最容易讓人欲罷不能，熬夜看完，會影響精神狀態；對剛開完刀的病人，可別送太好笑的漫畫書，讓病人笑翻天，小心傷口裂開。
- 一張慰問卡加上幾句情真意切的祝福，又或者自己親手寫一幅字、畫一幅畫，遠比一束鮮花來得更貼心。
- 買一些按摩器也是不錯的選擇，主要還是看病人的實際情況而定。

送鮮花

鮮花是常見的探望禮品之一。鮮花為病床增色添彩。可以鼓舞病人與疾病頑強鬥爭，其效果是不言而喻的。

給病人送花要注意了解病人性格、愛好和習慣。對於性格內向、喜歡文靜的病人，要注意挑選花朵素麗，色彩柔和、悅目恬靜、風韻淡雅的花，如青翠的文竹、高雅的蘭花、文靜的水仙或幽香的米蘭，青枝翠葉，綠影婆娑，放在病房內清幽鮮麗，賞心悅目。也可用麝香百合、唐菖蒲、海芋等與文竹、萬年青插製成禮儀花籃。也可送去淺盆塔形碧綠的水養富貴竹，綠意飄灑，帶去清爽悅目的享受，以促進病人身處幽境，心情愉快，早日痊癒。對於性格外向、比較熱情的病人，可選些情感色彩濃豔的花種，如玫瑰（情意深厚）、各種洋蘭（真切溫馨的愛）、香石竹（愛慕溫馨）、紫羅蘭（青春永在）、唐菖蒲（康寧）等等。送花時也可以把富有保健功能的慰問補品，以及應時水果、糕點等放在花籃內，成為有特殊意義的果品花籃，帶給病人物質與精神兩個方面的美好享受。

雖然鮮花被視為溫馨祝福的「使者」，但送花也有「學問」，一旦送不好，這種看似充滿溫情的舉止可能會給病人的健康帶來不利影響。

鮮花是常見的過敏原，對花粉過敏者並非少數。病人受到花粉危害，容易引發過敏性鼻炎、皮膚蕁麻疹等過敏反應，還特別容易引發嬰幼兒哮喘。

相關病理學家曾對病房中花瓶的水進行過細菌檢驗，花插進花瓶 1 小時之後，花瓶中 1 茶匙的水中即有 10 萬個細菌，3 天之後可增至 2,000 萬個，其中對病人最具危險性的是空氣親水菌、大腸桿菌和單細胞菌屬。空氣親水菌可引起傷口嚴重發炎，大腸桿菌可侵犯腸道和尿道，單細胞菌傳染肺炎和腦膜炎。為避免引起細菌感染，兒科、有傷口或免疫力低下的病人，以及極度虛弱的病人，房中不宜插鮮花。

此外，鮮花在晚上停止光合作用，會消耗氧氣，排出二氧化碳，與病人爭奪氧氣，特別是對心血管疾病、呼吸道疾病、產婦及新生兒來說，尤不適宜。

對於鮮花會給一些病人帶來不良反應的問題，所以專家建議，在探視呼吸道疾病、過敏性疾病、有傷口或免疫力低下的病人，如燒傷、外傷、剛動過手術（尤其是器官移植手術）的病人時，請不要攜帶鮮花。

送保健品和營養品

探病時，送保健品也是一項非常好的選擇，有益身體健康的同時保存期限也較長，不必擔心過久會壞掉。但是保健品也不能盲目送，有時病人有很多的禁忌，很多東西都不能吃的。送之前，先問一下醫生的意見，如果醫生覺得病人可以吃，再買也不遲。由於現在保健品氾濫，購買時一定要到正規的地方購買。

其實，探病送禮，無所謂貴賤，加入你願意抽出時間探望病人，這份心意就是最珍貴的。只要有真心的關懷，讓病人感覺溫暖，心情愉悅，復原得快，就是最好的禮物。

喬遷之喜

「喬遷」即「遷喬」、「遷居」，是指舉家從原宅遷入新宅（即新房子、裝修一新的房子）。人們居住條件有了改善，生活幸福美好，自然是大喜臨門，必須進行慶賀，從古至今皆然。

生活中，我們經常會遇到親朋好友、同事等搬新家的狀況，如果你想藉此機會與主人聯絡一下，加深感情，可以考慮送一些禮品，當然千萬別忘了對主人的新房讚美幾句。

下面的一些禮物可供選擇：

花木類禮品

慶祝親友喬遷新居，鮮花是最中性的禮物，既不失品味又能為主人家增添喜氣。選擇鮮花時，宜送適合陽臺養殖的盆花，最好是多年生花卉。預先送花，花朵就能在就餐時擺在客廳或餐桌上，增加喜宴的歡樂氣氛。

淨化空氣類的花木

- 常春藤：一盆常春藤能消滅 8 至 10 平方公尺的房間內 90% 的苯。
- 吊蘭：24 小時內，一盆吊蘭在 8 至 10 m² 的房間內可殺死 80% 的有害物質，吸收 86% 的甲醛。
- 虎尾蘭：一盆虎尾蘭可吸收 10 平方公尺左右房間內 80% 以上多種有害氣體。
- 龍舌蘭：在 10 平方公尺左右的房間內，可消滅 70% 的苯、50% 的甲醛和 24% 的三氯乙烯。
- 蘆薈：在 24 小時照明的條件下，可以消滅 1 立方米空氣中所含的 90% 的甲醛。
- 月季：能較多地吸收氯化氫、硫化氫、苯酚、乙醚等有害氣體

表達美好祝願類的花木：

- 一盆萬年青：寓意萬象更新，順遂長久。
- 紫薇：寓意紫氣東來，吉祥如意。
- 蘭花：很高雅的花木。古人云：與善人交，如入芝蘭之室。
- 瑞香：代表祥瑞之氣。
- 鐵樹：寓意根基似鐵。
- 鳶尾：美好生活。
- 小蒼蘭：清新舒暢。
- 落新婦：歡暢喜悅。
- 鶴望蘭：吉祥幸福。
- 蜀葵、劍蘭：節節攀升。
- 百合：百事順心。
- 康乃馨：健康快樂。
- 火鶴：生意興隆。
- 紅色石竹、文竹的組合：興旺發達。
- 玉蘭、牡丹、海棠組合：玉堂富貴。

食品類禮物

　　慶祝喬遷新居，食物和酒也是價廉物美的禮物。送酒可選擇一兩瓶葡萄酒或一瓶香檳酒，在喜宴上即可飲用。食品的選擇範圍較寬，任何食品都會深受主人喜愛，特別是冷凍食品或燒煮火腿、燒雞、烤牛肉、蛋糕、水果等。

傳統禮品

- 賀聯、賀畫：表示隆重，增加喜慶氣氛。
- 鏡屏、字畫：表示莊重和高雅的禮物。
- 賀詩：傳統的祝賀方式，現在已很少送賀詩。
- 座鐘：在一段時間裡曾十分流行相送的禮品，但現在已少有人送。
- 魚缸：有雅趣者的傳統禮物，但選送時應配上相關物品。
- 古董大花瓶：可作為新居的陳設。
- 一幅壁畫：這份禮物較適合寬敞的房子。
- 小型家具或床上用品：喬遷時送得較多的禮品。
- 禮金：裝在紅封包裡，並在封包的封套上寫上祝賀語和簽名。
- 賀函：不能前去新居祝賀時，以此表達祝賀之情。賀函可長可短，不拘形式，聞訊即發，以免錯過時日。

家居類禮品

- 新信箱、門環、門牌或垃圾桶：喬遷者可能還沒來得及購買的物品，送去將很及時。
- 掛鉤、燈泡、膠水、電線、衛生紙、筆和紙：新居中必須添置的生活必需品。
- 磨刀器：想得很周到的禮物。
- 蠟燭：避免在停電時急需之用。
- 門前踏步墊：可保持新居的潔淨。
- 剪刀、傘架等：可修剪盆景或家裡種植的花草。
- 一套茶杯或玻璃水杯：新居裡新的添置品，很實用。
- 食譜：家庭餐桌上少不了的工具書。
- 室內裝潢雜誌：可參照書上的裝飾和陳設，進行自家的設計。

- 拖鞋架：遷居者容易忽視購買的物品，可彌補他的急需。
- 穿衣鏡、衣架等：掛衣正容時的必需品。
- 窗簾、百葉窗：徵求主人的意見，選擇適當的顏色及布料。
- 房間照明器具：如精美的小檯燈、夜明燈等，有裝點臥室的功用。
- CD、DVD 及光碟盒：送給喬遷者的家庭娛樂禮品。
- 大號餐布：上面印有或繡有主人的名字，表示對對方的尊敬與重視。
- 寢具、布簾商店的禮券：可滿足喬遷之家的主婦需求。
- 圖案漂亮的茶壺：泡茶或用作裝飾的禮品。
- 浴巾架：可固定在廁所的牆上，使浴室變得整潔。
- 洗衣籃：內盛一些洗衣用品及清潔用品，還可以裝待洗的衣物。
- 電動掃把：極適合用來打掃木板或瓷磚的地板。
- 調味罐木架：將各種調味罐放置在架子上，方便取用。
- 油罐及醬油罐：有裝飾性的為佳，小東西也可裝飾廚房。
- 檯燈：黃銅、鐵或是陶瓷的材質，有新潮或是復古的造型。

裝飾類禮品

- 花盆：選擇能清潔室內有害氣體的植物。
- 陶器、瓷器：可成為新居的家庭裝飾品。
- 壁燈：選外觀造型精美、色彩柔和的燈飾。
- 新房子的外觀照片裝進漂亮的相框：送給新居的主人。
- 酒架：可收集一些精緻的酒瓶進行擺設。
- 調酒用品，濾杯、湯匙等：可方便家庭調酒之用。
- 裝飾性的電話：古典式樣的電話，可擺在房間或客廳裡，能突出主人的意趣。
- 掛在牆上的鍋架：可替廚房節省空間。

- 生長香料或小花的盆栽：適合放在廚房的窗臺上。
- 小裝飾品：可裝飾您的庭院。
- 盆栽架子：放窗臺上裝點家居用。
- 搖椅：家庭休閒之用，可擺在陽臺上。
- 木製萬年曆：客廳或書房裡實用的裝飾品。
- 醫藥小百科或是家事小祕訣之類的書籍：家居生活與健康生活的指南。
- 圖案範本：用來裝飾牆面、家具、地板或天花板等。

其他禮品

- 電話本封套寫上自己的地址和電話：送給新主人
- 預先送來的花：就餐時擺在客廳或餐桌上，起裝飾作用
- 家人電話留言簿：家裡無人時，可記載家人的重要留言
- 漂亮的文具如鋼筆、備忘錄、筆筒等：表心意的物品
- 小巧的開瓶器：別忘了帶上一瓶美酒
- 印製有新地址的名片：您親自幫助新鄰居設計的
- 自製家庭食譜：您的烹調經驗會帶給別人美食享受
- 清潔服務：替您新遷來的鄰居打掃新家，這將使他們對您非常感謝
- 禮籃：籃內裝有便條紙、筆以及電話卡等，是很大方的禮物
- 野餐用品組：包括塑膠餐盤、平底玻璃杯、桌巾及蠟燭，野餐時都能派上用場
- 戶外遊戲用品：如草地槌球遊戲、丟馬蹄鐵、排球、羽毛球等，這些禮物必能獲得新鄰居的青睞

答謝道歉

在生活和工作中，有許多方面需要向人答謝或道歉。這是日常生活中的基本禮節，也是應酬交際的基本技巧之一，能否運用得體，展現一個人的智慧、涵養和境界。

答謝

人生在世，總會遇到種種麻煩和挫折，在困境之中，有些人經常會得到到旁人的幫助之手。對於這些幫助，我們應該在第一時間向答謝人家，這就需要我們贈送答謝禮品。

贈送答謝禮品是為答謝別人的幫助而進行的，因此在禮品的選擇上十分強調其物質價值。

禮品的貴賤厚薄，首先取決於他人幫助的性質，幫助分為精神上和物質上兩類。物質上的幫助往往是有形的，能估量的。而精神上的幫助是無形的，難以估量的，然而其作用又相當大。

禮品的貴賤厚薄還取決於受到幫助的目的，看他的幫助是慷慨無私還是另有所圖，只有那種真正無私的幫助，才是值得真心酬謝的。

另外，還取決於幫助的時機。一般情況下，危難之中見真情，因此，得到幫助的時機，是日後酬謝他人最重要的衡量標準。道謝禮品：

- 一封感謝信：連同您的禮物一同送出。
- 小汽車或小動物模型：先確定對方喜歡的車型，經過精心包裝後送出。
- 室內的花草：可讓對方的家裡充滿生機與活力。
- 日曆、掛曆、桌曆、萬年曆等：最好標明特殊的日子後送出。
- 衣服或者禮券：簡潔而又直接的禮品。
- 一張 CD：與放鬆、冥想引導相關的主題會受到青睞。

道歉

　　在一些場合下，您可能得為您所做錯的事道歉，道歉的話語有時很難說出口，這時候，一份小小的禮物便可以表達您心中的歉意。

　　下面介紹一下致歉禮物：

· 寫一封道歉信：裝進有電影、音樂會等入場券的信封裡。

· 致歉卡：裝進您特意購買的鉛筆盒裡，並進行精美地包裝。

· 一條花手帕或一條領帶：一種友好的表示，當然帶去了您的歉意。

· 餅乾、巧克力、蛋糕等：將您親手焙製的食品送給對方，是表達歉意的最好禮品。

· 印有「我很難過」的卡片：將您難以啟齒的「對不起」寫在卡片上，用螢火筆將「對不起」標明，還可畫一幅您打躬作揖賠罪的模樣。

· 漂亮的書套和精美的書籤：當您忘記把借的書還給他時，不妨親手製作這樣的禮品，連書一同送還，並表示抱歉。

送行離別

　　封建統治下的古代，儒家文化上升為主要國家意識形態，使倫理學最為發達，其思想又以「禮」、「仁」為中心。在這些主要思想的影響下，傳統文化中的人情味自然是不會少的，送別就是其中的一種表現形式。不管是在古代，還是現代社會，送別這一現象已經成為人們生活中不可缺少的一種形式，已經深深地打入我們的內心，成為生活的一部分。

　　送別即是送行，是朋友、親人、同事之間的一種告別禮儀。雖然離別是我們不願意面對的事情，但在送行別離之際，送份禮物來延續我們的情意是非常有必要的。

選擇送別時的禮品，應能展現兩人往日的感情，以及表達對他今後的希望。如送給戀人一件自己編織的毛衣，希望他穿在身上，時刻記起他們在一起的溫馨時光；送給文友一支精美的鋼筆，希望他能在今後的道路上更加勤奮筆耕；給喜歡攝影的朋友送一本相冊，希望他能拍攝出更多更好的作品；送給棋友一副棋，願他能常常想起自己，日後能在棋藝上大有長進。

送別時還可選用一些象徵性的禮品相贈。如朋友遠行，送一隻揚帆的銀色工藝船，祝他一帆風順，鄰里搬遷新居，送上幾幅字畫會顯得很適用和更有意義。同事調動工作，大夥湊點錢，送上一個高級熱水瓶，象徵彼此的心是熱的，友誼是長存的。

多情自古傷別離。離別是傷感的，在這一刻，任何禮物都不能改變什麼，但是它們能夠寄託我們彼此之間的祝福和思念。

離別送行時的送禮原則

· 送情誼：「蘭舟催發，執手相看淚眼」，是情人離別的意境，送上禮品更能表達情人間的綿綿真情；火車一聲長鳴，四年同窗，今朝各奔天涯，但情誼永在。

· 送期望：送別之時的禮品，表達了您對親友的期望，期望他記住你們曾有過的情誼，期望他在新的天地大有作為。

· 送紀念：在送別時給遠行者的禮品有時應具有紀念意義。

離別送行時的禮物

· 點心、水果或書籍雜誌附上一張卡片：祝他一路平安。

· 一本紀念冊或精美的電話簿：在紀念冊上留下贈言，送給即將離別的同學。

· 剪一束秀髮繫一個結放在錦盒裡：送給即將遠行的他。

· 親手織的毛衣、手套或圍巾：在離別之際送給他。

- 鑰匙圈、工藝品項鍊、手鍊等：這些禮物雖然小，然而他卻能夠時刻伴隨在對方身邊，對方見到它們的時候就會想到我們。
- 你們最愛看的電影光碟：包裝好送給對方。
- 紀念錶：象徵你們的情感或友誼。

離別送行時的花

離別之時贈花，萬種離別愁緒，都憑藉鮮花表達無遺。

- 玫瑰：玫瑰代表愛情，情人之間無論何時何地，送玫瑰總是不會有錯的。可在即將遠行的戀人的衣襟上佩上一朵，讓你的款款深情跟隨他（她）到天涯海角。
- 芍藥：又名「將離」，寓意依依惜別，長相思念。在送別戀人及親人遠行時，送上一枝芍藥花，可表達依依惜別之情。
- 柳枝：柳諧音「留」，送行者欲借柳枝表示最後的挽留；柳枝冬枯春榮，贈柳枝盼遊子早歸；柳枝隨插隨活，贈柳祝願遠行者隨遇而安。
- 杜鵑：杜鵑花因杜鵑鳥而得名，鳥啼花開。離鄉背井的遊子聽到聲聲「不如歸去」的啼喚，看到朵朵燦若錦霞的鮮花，不免觸景生情，引發「歸去來兮」的恩情。朋友將離，贈一盆家鄉的杜鵑花，以慰遊子的思鄉之情。
- 勿忘我：送別友人，贈一束勿忘我，留下永恆的回憶。

久別重逢

　　重逢，是人生中的一大樂事。「久旱逢甘露，他鄉遇故知」，寫的就是重逢時的激動與高興；「金鳳玉露一相逢，便勝卻人間無數」，更把戀人間重逢時的喜悅心情，表現得淋漓盡致。

　　重逢時，人的心情一般來說是喜悅和激動的，這時如果恰當地帶些小禮品，送給久別的朋友和戀人，定會增強這種喜慶的效果。

　　聚會一般發生在同學或朋友之間，如果地點在家裡，舉辦聚會的主人會參加聚會者準備禮品，如酒類、鮮花，還有精心準備的小點心。採自花園的鮮花和糖果等雖不昂貴但令人愉快，還為聚會增添了樂趣。而一些水果和幸運點心之類，還可以打破同一桌上陌生客人之間的沉默。

　　當然，如果你想送些有個性有創意的禮品，建議你到一些禮品類網站看看，有些禮品全可以是自己定製的，比如把自己的照片做到衣服，水晶，馬克杯等上面。

　　和購買的整套禮品相比，自己訂製或親手製作的禮品，不但絕對的新奇，而且能讓對方感覺到你的用心，往往更有價值。

　　重逢時送的禮品：

- 一束茉莉花或檸檬花：送給久別重逢的友人。
- 保健品或菸、酒等禮品：送給重逢的老師和長輩。
- 食品、茶具、酒具，或為親人的孩子買玩具及衣物等：送給久別相逢的親人。
- 表達情意的物品，如戒指、項鍊，或是一顆紅豆：送給久別重逢的戀人。

家庭聚會

在現實生活中，每個人難免要到朋友、同事、鄰里等家中做客或赴宴。當你收到邀請後，很可能會為帶什麼禮物而煩惱。其實，只要你以「大家一起高興度過」、「一起享受熱烈的氣氛」為出發點準備禮物，你的禮物一定會受到普遍的歡迎。

為表示對主人的感謝，給主人家帶去一些小禮品也是一種禮儀的表現。

在赴私人家宴時，最好為女主人帶些土產、小藝術品、紀念品、食品、水果以及花束等。

在赴私人家宴時，也可為男主人帶些禮品，但要根據他的興趣愛好選擇禮品。如果男主人愛喝酒，你不妨買兩瓶有特色的酒帶去，一則可以助興，二則可以增強宴會的氣氛；如果男主人喜歡文學，則不妨帶一些文學類書籍，從而使席間更平添幾分融洽的話題。

如果赴私人家宴時，主人家如果有老人或孩子，也要為他們帶些禮品。給老人帶些禮品能表達晚輩的關心與尊敬之意，如助聽器、老花眼鏡、暖水袋等等。給主人的孩子可送玩具、少兒書籍以及水果、糖果等。

參加家庭聚會推薦禮物

· 酒：白酒、葡萄酒或香檳等只需在酒瓶上繫一根絲帶就可以作為禮物了。如果是耶誕節，可以使用紅色和綠色的絲帶，與節慶主題相吻合的顏色搭配可以提升品味。

· 鮮花：不管數量多少，漂亮的鮮花都是最方便也最不易出錯的禮物。聚會現場的鮮花數量應該不會太少，如果收到的鮮花量過大，主人可以把它作為小禮物，將其分為若干份，讓客人帶回各自家中。

· 巧克力、蛋糕和糖果等：由於大家都帶來了禮物，聚會時無論如何都會

多多少少剩下一些，所以若選擇適合保存、便於攜帶和分享的小糕點，一定會大受歡迎。

除此之外，也可以選擇類似紅茶和 CD 等和大家一起分享的禮物或者不會占據很多空間的禮物以及能夠帶來主要話題的禮物。

回贈的紀念品

為了能讓回憶永存，主人最好送出一件聚會時的物品作為紀念品。

如果在葡萄酒聚會上，主人可以事先根據參加人數準備酒杯，最好選擇各種不同形狀和風格的杯子，讓客人挑選自己喜歡的一款。使用過的玻璃杯在結束時清洗乾淨，並簡單包裝後讓客人們各拿一個帶回家。每當看見這個玻璃杯時，大家就一定會回憶起當初愉快的聚會情景。

採用這種方式時，應選擇小巧、易於攜帶的物品。日常生活中的小型酒杯和酒具比較具有實用價值。

另外，在聚會上受到好評的茶點的種類和味道，在其他場合作為禮物送給別人也一定受歡迎。

赴宴時送的禮物推薦

· 運動器具：如網球、高爾夫球，或者任何對方感興趣的球類。
· 家庭飾品：如香爐、乾燥花罐、一籃乾燥花瓣，可為主人的房間增輝。
· 大型帆布背袋或旅行包：適合經常外出的旅行者。
· 噴灑劑、花香、香皂和香水，能散發香氣的物品：使居室內充滿清新的氣息。
· 手提式收音機：可在適當的時候收聽節目。
· 漂亮的文具：例如鋼筆、古色古香的便箋、筆筒等。
· 鮮花蠟燭：五顏六色的蠟燭，富有裝飾性，且能散發出奇怪的香味。

- 香皂碟子：附上一塊彩色的香皂便會成為一件精美的禮物。
- 美味的堅果、特別的點心或一籃水果：適合在宴會之後相送禮物。
- 有益主人的書或小說：對於苦苦尋找該書的讀者，當然是份好禮。
- 裝飾品：有異域風格或民族特色的物品會很受歡迎。

喪事殯葬

在人生的旅途中，我們每個人都要經歷生離死別，難免有悲痛和惋惜之感。但不能僅止於悲痛，喪事要辦出莊嚴、肅穆的氣氛，以及恰當地表達對死者的緬懷和思念。

當接到喪事通知，人們會以各種形式表示哀悼，如寫信慰問死者的親屬，發訊息表示哀悼或親自去弔喪、參加追悼會等。同時，根據死者生前的遺願、家屬的喪事規格、本人同死者生前交往的深淺、死者家屬的經濟狀況等，決定送去什麼樣的禮品。

贈送喪事禮品需要遵循一定的規範，喪事禮品通常在喪事辦理過程中贈送，很少在辦喪事之前或之後送去。

傳統喪葬禮品

輓聯、輓軸、輓額也稱禮幛 —— 題辭不拘形式，通常以四字為多，多是直寫，橫寫的稱「輓額」

- 祭奠禮品 —— 如贈送香燭紙錢、鞭炮、「三牲」、果品之類的祭祀用品，並隨祭品附送禮單帖。
- 現金：用白色或素色紙封套包好，在封皮上寫上「奠儀」、「帛金」之類的黑字並署名。

· 花圈或花籃：鮮花或紙花均可，上寫有挽帶，有上下款，上款寫對死者的稱謂和極簡短的悼詞，表示對死者的懷念。
· 種一棵紀念樹：參加骨灰安葬儀式時，在墓地植一棵小松樹、小柏樹或萬年青之類常綠植物，象徵逝者如松柏常青，精神永垂不朽。

送一束默哀的花

黃色和白色是代表哀悼的顏色，黃、白色的花兒最宜表示哀悼之意，黃色和白色的花襯上蒼翠草葉組成的花圈和花籃，是對死者最深切的緬懷。

黃菊和白菊：紮在一起表示肅穆哀悼。

白菊：表示真實的哀悼。

翠菊：表示追念和哀悼。

黃色和白色的康乃馨：留戀之意，讓逝者走好。

白色大理花：可布置靈堂、靈車，寄託哀思。

白玫瑰：表示對故人的追思和哀悼。

白色海芋：表示真摯的哀悼。

黃色的鳶尾：種植在墓地，盼為已故者的來世帶來財富。

訪外交往

送禮是國際上通行的社交方式之一，人們經常互相贈送禮品表示心意，增進友誼。

涉外交往的饋贈更多是為了表示對他人的祝賀、慰問、感謝的心意，因此在選擇禮品時應挑選具有一定紀念意義、民族特色，或具有某些藝術價值，或為收禮人所喜愛的紀念品、食品、花束、書籍、畫冊、一般日用品等。事先了解收禮人的性格、愛好、修養，以及所在國的習俗等，因人而異。

第八章　師出有名—不同場合的送禮藝術

一般來說，歐美等國家人們重視的是禮物的意義價值而非貨幣價值，他們僅把禮物看作是傳遞友誼和感情的手段。有時贈送很昂貴的禮品，對方會懷疑你是否要賄賂他另有所圖，因而心存戒備。所以可選擇那些價值不太高，而具本土特色的禮品。但亞洲、非洲、拉美和中東國家的人們則比較重視禮物的價值。

在國際交往中，送禮的方式一般以面交為好。西方人在送禮時十分看重禮品的包裝，多數國家的人們習慣用彩色包裝紙和絲帶包紮，西歐國家喜歡用淡色包裝紙。向外國友人贈送禮品時，既要說明其寓意、特點與用途，又要說明它是為對方精心選擇的。不要畫蛇添足地說什麼「小東西，實在拿不出手」等等，這種過謙的說法，會大大減低禮品的分量。與東方人的習俗不同，在西方國家接受禮物後應即刻表示感謝，並當面拆看，無論其價值大小，都應對禮物表示讚賞。

送禮是一門很深的學問。送禮並不是想送什麼就送什麼，不同的民族，不同的國家，有著不同的社會文化背景，而不同的文化背景會帶來不同的思維模式及風俗習慣，在禮儀文化方面也會形成一定的差異。如果你費盡九牛二虎之力尋覓的一份禮物，還觸犯了對方國家的一些禁忌，而惹得對方不悅甚至生氣，那豈不是冤枉至極了嗎？因此，在送禮時必須和具體國家、民族的社會文化背景聯繫起來，否則就會因文化衝突而造成「以禮失禮」的結果。

某一家外貿公司與印度某商貿公司做成一筆生意。為表示合作愉快，加強兩家公司今後的聯繫，努力成為密切的商業夥伴，外貿公司決定向印方贈送一批具有地方特色的工藝品 —— 皮革的相框。外貿公司向當地的一家工藝品廠訂製了這批貨，這家工藝品廠也如期完成了。當贈送的日子快要臨近時，這家外貿公司有一位曾經去過印度的職員突然發現這批皮革相框是用牛皮做的，這在奉牛為神明的印度是絕對不允許的，很難想像如果將這批禮品

贈送給印方會產生什麼樣的後果。幸好及時發現，才使這家外貿公司沒有犯下大錯誤，造成損失。他們又讓工藝品廠趕製了一批新的相框，這回在原材料的選擇上特地考察了一番。最後在將禮品送給對方時，對方相當滿意。

不同的禮品在不同國家、民族經常會被賦予不同的寓意。所以，在訪外交往中，在為對方挑選禮品的時候，應當十分注意，不應冒犯對方的禁忌。

下面，簡單介紹一些世界各國送禮的習慣：

日本人送禮習慣

日本人將送禮看作是向對方表示心意的物質展現。禮不在厚，贈送得當便會給對方留下深刻印象。送日本人禮品要選擇適當，華人的文房四寶、名人字畫、工藝品等最受歡迎，但字畫的尺寸不宜過大。所送禮品的包裝不能草率，哪怕是一盒茶葉也應精心打理，但日本人忌諱打上蝴蝶結。華人講究送菸送酒，而日本人卻送酒不送煙。送禮成雙，日本人則避偶就奇，通常用1、3、5、7等奇數，但又忌諱其中的「9」，因為在日語中「9」的讀音與「苦」相同。按日本習俗，向個人贈禮須在私下進行，不宜當眾送出。

日本人喜歡絲綢和名酒及中藥，對一些名牌貨也很喜歡，但對狐獾圖案的東西則比較反感，因為狐狸是貪婪的象徵，獾則代表狡詐。到普通百姓家作客，送菊花只能十五片花瓣，皇家徽章才有十六瓣的菊花。

日本還有這樣的習俗，把蔬菜、魚、雞以及鮮花等作為禮品贈送的時候，只能送到主人的家門口。如果是送現金，一般都要裝在信封裡面，最忌諱直接用手遞錢。而裝錢的信封也都是有正反面的。為喜慶的事情送錢，要把紙幣有人物的一面與信封正面相吻合，如果是為喪事送錢，就要把紙幣有人物的一面面對信封的背面。

此外，到醫院探望病人的時候，不能送載在花盆裡面的花，也不能送菊花，前者含有盼人早死的意味，後者是在葬儀上使用的。

對於新娘子，不能贈送茶葉。古代有「嫁出去的閨女，潑出去的水」的俗語，日本則有「嫁出去的閨女，潑出去的茶」的俗語，送新娘子茶葉，猶如叫新娘子從此不再回家一樣。對新婚夫婦，還不能送廚房使用的刀具以及瓷器。刀具含有切斷婚緣的意味，瓷器易碎，夫妻關係當然是越牢固越好，因此也就遠離瓷器禮品。另外，梳子也是不能送的，在日文裡面，梳子的發音是「苦」和「死」，顯得不吉利；遇到新店開張的時候，不能送紅色的花朵，因為這讓人想起「火」——火災的事情，人們自然是避之唯恐不及了。

德國人送禮習慣

德國人不興厚禮。一瓶香水、一條領帶、一張賀卡、甚至自製的蛋糕、果醬都是送給親朋好友的最好禮物。向德國人贈送新年禮品時，不宜選擇刀、劍、剪刀、餐刀和餐叉，因為這是「凶兆」，若非送不可，則應向對方要 1 歐元，以示對方自行購買，而非贈予。

德國人對禮品的包裝紙很講究，但忌用白色、黑色或咖啡色的包裝紙裝禮品，更不要使用絲帶作外包裝。在德國還有一些與「納粹」和「希特勒」有關聯的禮物禁忌，比如納粹的軍服是墨綠色，所以這種顏色的衣服是不能作禮品的。此外，在德國，送上一束包好的花，是不禮貌的。

德國公職人員不能收禮，這是明文規定的。如果官員收了不該收的禮物，要受到法律的制裁或承擔相對的後果。一些官方的場合，出於某種需要，可以接受最多 15 歐元的禮物，但必須登記。

英國人送禮習慣

英國人向來以克制、禮貌、尊重傳統著稱，這點也展現在送禮方面。受禮和送禮的雙方都應盡量避免感情的外露。一般送價錢不貴但有紀念意義的

禮品,由於該禮品花費不多就不會被誤認為是一種賄賂。合宜的送禮時機應定在晚上,請人在上等餐館用完晚餐或劇院看完之後。

　　英國人也像其他大多數歐洲人一樣喜歡高級巧克力、名酒和鮮花,收到禮品的人要當眾打開以觀看禮品。對飾有客人所屬公司標誌的禮品他們大多數並不欣賞,除非主人對這種禮品事前有周密的考慮。但切記不要送百合花,因為英國人認為百合花意味的死亡。不要送有大象、鶴圖案的禮物,大象代表愚笨,鶴代表蕩婦。

阿拉伯人送禮習慣

　　阿拉伯人認為,不讓他們表示自己的慷慨大方是不恭的,這會危害到雙方的關係。送給他人的禮品一般都是貴重禮品,同時也希望收到同樣貴重的回禮,因為阿拉伯人認為來而不往是有失尊嚴的問題。阿拉伯人喜歡豐富多彩的禮品,喜歡「名牌」貨,而不喜歡不起眼的古董,喜歡富有知識性和藝術性的禮品。所以一定要給阿拉伯朋友送名牌禮品,這樣才更有品味!

　　在阿拉伯,初次見面時不送禮,否則會被視為行賄,阿拉伯習俗,用舊的物品和酒不能送人;特別不能送禮物給有商務往來的熟人的妻子。更不可詢問他們的家居情況,去阿拉伯人家參觀做客,千萬不能盯住一件東西看個不停,那樣阿拉伯主人一定要你收下這件東西,否則心裡將鄙視你。

美國人送禮習慣

　　一般來說,美國人不隨便送禮。有的在接到禮物時常常顯得有些難為情。如果他們湊巧沒有東西回禮,就更是如此。但是逢到節日、生日、婚禮或探視病人時,送禮還是免不了的。

　　美國人最盛行在耶誕節互贈禮品。耶誕節時,天真爛漫的孩子們為收到各種新奇玩具而興高采烈,以為這是聖誕老人送給他們的禮物。大人們之間

常送些書籍、文具、巧克力或盆景等。禮物多用包裝紙包好，再繫上絲帶。按照美國傳統，耶誕節的前幾天還有個「白耶誕節」，屆時，人們用白紙包好禮物送給附近的窮人。

美國人注重實用。送有實用價值的物品，成為平民百姓送禮的一條不成文原則。特別有意思的是，喜慶之前，準備接受禮物的人可以列出一個自己所需物品的清單，單子裡從幾塊錢的小玩意兒到幾百元的電器等一一列出，讓賓客根據他們的經濟承受能力在單子裡自選。這樣一來送的禮物不會重複，也保證都是主人需要和喜愛的東西。美國人送禮一般還附送禮品收據，如果主人發現禮品不合用，還可以退掉換禮品卡，避免浪費。

美國人送禮，無論禮物大小、貴賤都喜歡用精美的彩紙包裝起來，給人一種特別的期待和神祕感。一般是店員根據顧客的要求用漂亮的彩色包裝紙和多彩絲帶包好，再加上一張寫有祝福話語的卡片，便算是一個很體面的禮品。值得注意的是，美國人一般比較忌諱黑色，包裝禮品時不要用黑色的紙，在美國人眼裡是不吉利的顏色。

此外，美國人認為單數是吉利的。有時只送三個梨也不感到被冒犯，不同於華人講究成雙成對。美國人收到禮物，一定要馬上打開，當著送禮人的面欣賞或品嘗禮物，並立即向送禮者道謝。

韓國人送禮習慣

在韓國，慷慨是很受推崇的品格，盡可能送昂貴高級的禮品。業務夥伴之間送禮表示讚賞和感激，酒是送給韓國男人的最好禮品，但不能送酒給婦女。

在贈送韓國人禮品時應注意，韓國男性多喜歡名牌紡織品、領帶、打火機、電動刮鬍刀等。女性喜歡化妝品、提包、手套、圍巾類物品和廚房裡用的調味料。孩子則喜歡食品。如果送錢，應放在信封內。

按傳統，只有葬禮才送花，因此韓國人極少拿花當禮物送人的。

泰國人送禮習慣

給泰國人送禮品,最好選用有包裝的食物、糖果等,泰國人熱愛明亮的顏色,可以用色彩明亮的包裝紙和緞帶包裝禮品,但是,當面撕開包裝紙、打開禮品是很粗魯唐突的行為。給泰國人遞禮品通常用右手,不得已用左手時,先要說「對不起」。如果泰國人回贈給你禮物,要先雙手合十還禮表示感謝,禮品最好別當面打開,除非他們求你打開。

法國人送禮習慣

法國人對送禮有自己的看法。故此贈送禮品的適當與否要特別注意,包裝更要盡善盡美。

法國人很浪漫,喜歡知識性、藝術性的禮品,如畫片、藝術相冊或小工藝品等。贈送笨重、鋪張的禮物被看作是不善交際的。不要送帶有仙鶴圖案的禮物,仙鶴是蠢漢的象徵。在法國送禮,一般選在重逢時。禮品選擇應表示出對法國人的智慧的讚美,應邀去法國人家用餐時,應送幾枝不捆紮的鮮花。

送花時要注意,送花的支數不能是雙數,男人不能送紅玫瑰給已婚女子。在送花的種類上應注意:在法國,送菊花是表示對死者的哀悼。

如果要送禮物給同事家的孩子,最好送時下流行的玩具。但一定不能按華人習慣,在孩子出生之前就把禮物送去,因為法國人認為這可能給他們帶來霉氣、霉運。同理,在法國人結婚前也不要送禮。

俄羅斯人送禮習慣

俄羅斯人送禮和收禮都極有講究。俄羅斯人忌諱別人送錢,認為送錢是一種對人格的侮辱。但他們很愛外國貨,外國的糖果、菸、酒、服飾都是很好的禮物。

十字架一類的飾品屬於禁送品，因為對於俄羅斯東正教徒來說，十字架是每人必備的，每人心中只能有一個十字架，再送就是多餘。

　　俄羅斯人在贈送書籍時，必須保證書的印刷品質和裝幀效果。送書者不宜對該書內容進行評價和推薦，因為每個人的觀點不同，不可強加於人。如果送書者不是該書作者，他不應該在書上簽名或寫贈言，送書時務必另附一張帶贈言的明信片。

　　贈送鮮花是最好的禮物，花為三枝、五枝或九枝，都是單數的，花束越鮮豔，數量越多，越好。只有在服喪追悼亡人時，花才送雙數。顏色以一種為宜，兩種也可，但是不要多種顏色混雜在一起。

拉丁美洲人送禮習慣

　　在拉丁美洲，不能送刀具，否則認為友情的完結，手帕也不能作為禮品，因為它的含意和眼淚相關的。在私人關係尚未建立起來之前，送禮給對方妻子和家人是不妥當的。一般來說，外國女商人不應給男商人送禮物，因為他們會認為這樣「不檢點，太隨便」。

　　拉丁美洲人喜歡美國生產的小型家用產品，比如廚房用具等。在拉美國家，徵稅很高的物品極受歡迎，最好不送奢侈品。

荷蘭人送禮習慣

　　在荷蘭，人們大多習慣吃生、冷食品，送禮忌送食品，且禮物要用紙製品包好。

　　若沒有帶花，千萬不要到荷蘭人家裡去。若有時間，尤其是作正式拜訪時，最好預先將花送去。除了玫瑰花給情人、白百合花給葬禮用是固定的習俗外，上門拜訪時送什麼顏色花、送多少均無規定，還可以帶其他小禮物去。如果送進口食物，不要送巧克力，也不要送琴酒。

　　荷蘭人親自給親朋好友上門送禮時，不管禮物的價格高低，一律附上發票。當收禮者不滿意禮品或者使用過程中出現問題時，可以自行到商店、超市退換貨。

好人緣的送禮社交術：
選對禮物 × 抓準時機 × 看場合說話，讓你送禮不踩雷！

作　　　著：周成功，恩茜

封面設計：康學恩

發 行 人：黃振庭

出 版 者：崧燁文化事業有限公司

發 行 者：崧燁文化事業有限公司

E - m a i l：sonbookservice@gmail.com

粉 絲 頁：https://www.facebook.com/
　　　　　sonbookss/

網　　　址：https://sonbook.net/

地　　　址：台北市中正區重慶南路一段六十一號八
　　　　　樓 815 室

Rm. 815, 8F., No.61, Sec. 1, Chongqing S. Rd.,
Zhongzheng Dist., Taipei City 100, Taiwan

電　　　話：(02)2370-3310

傳　　　真：(02) 2388-1990

印　　　刷：京峯彩色印刷有限公司（京峰數位）

律師顧問：廣華律師事務所 張珮琦律師

國家圖書館出版品預行編目資料

好人緣的送禮社交術：選對禮物 ×
抓準時機 × 看場合說話，讓你送禮
不踩雷！/ 周成功，恩茜著 . -- 第一
版 . -- 臺北市：崧燁文化事業有限
公司 , 2022.07
　面；　公分
POD 版
ISBN 978-626-332-473-2(平裝)
1.CST: 禮品 2.CST: 人際關係
538.36　　111009308

電子書購買

臉書

定　　　價：375 元

發行日期：2022 年 07 月第一版

◎本書以 POD 印製